中國學術思想 研究輯刊

二五編
林慶彰 主編

第19冊

國學史研究（下）

謝桃坊 著

花木蘭文化出版社

國家圖書館出版品預行編目資料

國學史研究（下）／謝桃坊 著 ― 初版 ― 新北市：花木蘭
文化出版社，2017〔民 106〕
目 2+184 面；19×26 公分
（中國學術思想研究輯刊 二五編；第 19 冊）
ISBN 978-986-404-930-1（精裝）
1. 漢學史 2. 漢學研究
030.8   106001003

ISBN-978-986-404-930-1

中國學術思想研究輯刊
二五編 第十九冊   ISBN：978-986-404-930-1

國學史研究（下）

作　　者　謝桃坊
主　　編　林慶彰
總 編 輯　杜潔祥
副總編輯　楊嘉樂
編　　輯　許郁翎、王筑　美術編輯　陳逸婷
出　　版　花木蘭文化出版社
社　　長　高小娟
聯絡地址　235 新北市中和區中安街七二號十三樓
　　　　　電話：02-2923-1455 ／傳眞：02-2923-1452
網　　址　http://www.huamulan.tw 信箱 hml810518@gmail.com
印　　刷　普羅文化出版廣告事業
封面設計　劉開工作室
初　　版　2017 年 3 月
全書字數　316860 字
定　　價　二五編 20 冊（精裝）新台幣 38,000 元

國學史研究（下）

謝桃坊　著

目

次

下　冊

致中國歷史語言之學於自然科學之境界中
——論傅斯年與歷史語言學派在國學運動中的意義

　　傅斯年是中國二十世紀前期著名學者和學術界領袖人物。他青年時代曾參加五四運動，繼而在歐洲留學，接受了西方近代諸種自然科學和哲學知識。1926 年他三十一歲時自德國經巴黎歸國，抱著「致中國歷史語言之學於自然科學境界之中」〔註1〕的宏偉理想，於次年在廣州中山大學創設語言歷史研究所。此年國民黨中央政治會議決定設立中央研究院籌備處，隸屬中華民國大學院，蔡元培任院長。1928 年 3 月底傅斯年受聘爲國立中央研究院歷史語言研究所籌備委員，11 月任歷史語言研究所所長。此所設歷史、語言、考古、人類學四組，最初研究人員——包括特約研究員約 30 人，在抗日戰爭勝利後僅本所人員已發展至 60 人。此所集聚了當時著名學者並培養了新一代學者，其中如陳寅恪、徐中舒、胡適、劉復、陳垣、容庚、商承祚、顧頡剛、朱希祖、馬衡、容肇祖、趙萬里、陳槃、李家瑞、勞幹、趙元任、羅常培、李方桂、林語堂、沈兼士、楊時逢、丁聲樹、李濟、董作賓、梁思永、丁文江、翁文灝、石璋如、岑仲勉、梁思成、芮逸夫、全漢昇、張政烺、董同龢、高去尋、夏鼐、王崇武、周法高、逯欽立、王叔岷、楊志玖、何茲全、馬學良、嚴耕望等。他們遵照傅斯年擬定的《歷史語言研究所工作之旨趣》進行學術研究，研究論文主要發表於《國立中央研究院歷史語言研究所集刊》，它自 1928

〔註 1〕 傅斯年《致王獻唐》（1930），歐陽哲生主編《傅斯年全集》第七卷，湖南教育出版社，2003 年，第 92 頁。

年創刊，迄於 1949 年共出版二十本；此外還出版學術專著單刊和專刊多種，搜集了大量文獻資料，並在考古發掘、史地考察、方言調查、人類學調查和語音實驗等方面取得很大成就。1948 年 12 月，中國臨近解放，傅斯年率歷史語言研究所大多數研究人員遷至臺灣。1950 年 12 月 20 日傅斯年逝世於臺灣，但他創立的歷史語言研究所，仍存在於今。歷史語言研究所的學術特色十分顯著，在國內與國際學術界甚有影響，形成了一個龐大的歷史語言學派。關於這個學派的性質、學術特點、學術意義，及它與國學運動的關係，這系列的問題，涉及較廣的學術層面和複雜的史事，很值得我們探討。這將有助於我們對國學運動的歷史能有更全面和更深入的認識。

一

當傅斯年於 1928 年創立中央研究院歷史語言研究所時，自二十世紀初年興起的國學的新傾向已經形成，並成為國學運動的主流，整理國故已取得一定成就。歷史語言學派的興起與發展，事實上與國學運動存在非常密切的內在聯繫。雖然傅斯年力圖在國學之外別創新的學派，而且有著國際學術的視野，但他及其學派始終不可能擺脫國學運動新傾向的學術環境與影響。因此，我們有必要追溯國學運動新傾向形成與發展，以便認識歷史語言學派與它的聯繫。

清代末年一批民族文化保守主義者組成國學保存會，於 1905 年在上海創辦《國粹學報》，以商量舊學，弘揚國粹為宗旨。他們出於愛國熱忱，面臨西方文化在中國的傳播和新學的興盛，深感它們對中國傳統文化的破壞而導致中國之學的失落，遂奮力保衛國學。國粹派學者們以中國傳統文化為國魂，以為只要保存傳統文化即可保國，因此志於復興以儒學為核心的「古學」。《國粹學報》的撰稿者鄧實、黃節、章太炎、鄭孝胥、鄭文焯、王闓運、廖平、陸紹明、劉師培、黃侃、章絳、江慎中、馬敘倫、蕭穆、胡蘊玉、李詳、譚獻、羅振玉、張采田、孫仲容、陳仲、田北湖等，他們主張「通經致用」，希望弘揚國粹以改造社會，負擔起重大的社會使命。他們對中國傳統文化是深有研究的，在論著裡探討了中國歷史與文獻的若干問題，然而僅在經學、小學和舊史學的範圍裡，採用傳統的注疏或考證方法，探討並重複著陳舊的課題。1911 年辛亥革命之後《國粹學報》停刊、標誌國粹主義思潮由盛到衰，但其殘餘勢力卻強固地存在於國學運動之中。民國元年（1912）四川省政府

成立國學院，杭州成立國學會，此後各地亦紛紛成立國學館或國學學校，這些都是以弘揚國粹爲宗旨的。

　　新文化學者們在提倡新文化的同時，考慮到對待傳統文化的問題，他們是反對國粹主義的。新文化運動的發起者胡適首先提出「整理國故」的號召。他於 1919 年 2 月 1 日的《新青年》第七卷第一號發表《新思潮的意義》，將新思潮的根本意義理解爲是對文化的新態度，即「批判的態度」，主張「研究問題，輸入學理、整理國故，再造文化」。他認爲對中國學術思想的積極主張是整理國故。在此工作中，他特別提倡「要用科學的方法，作精確的考證」。毛子水同時發表《國故和科學的精神》，他說：「用科學的精神去研究國故，第一件事就是用科學的精神去採取材料。凡考古的學問和他種學問相同，最要的事情就是有精確的材料。論斷的價值和材料有密切的關係，材料不精確，依據這個材料而立的論斷，就沒有價值了。」〔註2〕胡適和毛子水提倡的以科學方法整理國故，這是國學運動興起以來的新傾向。1922 年 8 月 1 日北京大學校長蔡元培主持召開了北大季刊編輯討論會，成立國學組，胡適爲主任，計劃出版《國學季刊》。胡適於 1923 年發表《〈國學季刊〉發刊宣言》，從新文化的觀念對「國學」作了界說，以爲它是「國故的縮寫，它是研究中國的一切過去的歷史文化的學問」，提出擴大國學研究範圍，進行系統的整理工作〔註3〕。這樣以科學方法整理國故成爲國學運動的方向和國學研究的內容，受到學術界廣泛的響應。在北京大學的帶動下，東南大學成立國學院，北京師範大學成立國學學會，清華學校成立國學研究院，以科學方法研究國學的論文在各種國學雜誌湧現。1925 年曹聚仁分析國學運動的新傾向說：「近頃之治國故學者，雖取捨不同，準的非一，使非極端守舊，局守宋儒之陋見者，其用力之所在，必不離於考訂名物訓詁諸端，群力所注，則國故之各各資料，必由一一考證而日趨正確……國故之新傾向昭然呈現於吾人之前。新考證之盛行，即昭示吾人以國故學中心之所在。」〔註4〕我們回顧這一時期整理國故的成就，它在學術界產生的影響是：（一）對新出土和新發現的新資料的研究，

〔註 2〕毛子水《國故和科學的精神》，《新潮》第一卷第五號，1919 年 5 月。

〔註 3〕胡適《〈國學季刊〉發刊宣言》，歐陽哲生主編《胡適文集》（3）北京大學出版社，1998 年，第 7～9 頁。

〔註 4〕曹聚仁《春雷初動中之國故學》，收入許嘯天輯《國故學討論集》，群力出版社，1927 年。

開闢了國學的新課題，使人耳目一新；（二）胡適關於中國古代長篇白話小說的系列考證，採用新的科學方法；（三）顧頡剛在胡適的啓發下開始古籍辨僞工作，發起關於中國古史的討論。國學家們在以上三方面發表的論文具有明顯的共同傾向，即以批判的態度和科學的方法，探討中國歷史與文獻存在的狹小的學術問題。當時的一些新文學家們是反對國學運動的，對整理國故的新傾向也表示反對。成仿吾說：「他們的方法與態度，不外是承襲清代的考據家。所以他們縱然拼命研究，充其量不過增加一些從前那種無益的考據……我看我們這些所謂國學運動，充其量不過能造出一些考據死文字的文字，充其量不過增加一些更煩碎的考據學者。」〔註5〕郭沫若以嘲諷的語氣說：「我們常常向朋友們談笑話，說我們應該努力做出些傑作出來，供百年後的考據家考證——這並不是藐視考據家或者國學研究家的尊嚴，實在國學研究或考據、考證的價值原是只有這樣。」〔註6〕從他們的反對意見中可以看出，他們將國學等同於考據，將國學家等同於考據家。他們對國學新傾向的認識是淺表的，而且認爲這種考據不能創造新的價值。從這否定的意見，可見到國學運動新傾向在學術界的影響。國學運動新傾向形成後，取代了國粹派在國學中的主導地位，大力推動了國學的發展。1926 年 1 月顧頡剛發表《北京大學〈國學門周刊〉發刊詞》，進一步發展了新傾向的觀點，重申了胡適的純學術主張，摒棄勢利成見，不考慮研究成果的社會應用價值，並給予國粹派以嚴厲的批評。他說：「老學究們所說的國學，他們要把過去的文化作爲現代人生活的規律，要把古聖遺言看做『國粹』而強迫青年們去服從。他們的眼光全注在應用上，他們原是夢想不到什麼叫做研究的。」〔註7〕此年 4 月顧頡剛完成《古史辨第一冊自序》，它是國學運動中古史辨派的宣言。《古史辨》自 1926 年迄於 1941 年共出版七冊，其中主要作者有顧頡剛、胡適、錢玄同、丁文江、魏建功、容庚、傅斯年、馬衡、繆鳳林、姚名達、周予同、馮友蘭、劉復、羅根澤、梁啓超、余嘉錫、高亨、唐鉞、劉盼遂、呂思勉、童書業、譚戒甫、唐蘭、楊向奎、蒙文通、楊寬等數十位學者。他們以擬古的態度討論古史，形成一個鬆散的古史辨派。他們討論的內容是古史，而基本上是關於先秦典

〔註5〕 成仿吾《國學運動之我見》，《創造周刊》第二十八號，1923 年 11 月。
〔註6〕 郭沫若《整理國故的評價》，《創造周刊》第三十六號，1924 年 1 月。
〔註7〕 阿英編《中國新文學大系・史料索引》，上海良友圖書公司，1936 年，第 169 頁。

籍的辨偽、諸子考辨和秦漢史學術問題；他們使用傳統的考據學與科學方法的結合。國學的新傾向和國學研究的新方法在古史辨派中得到集中的體現。〔註8〕國學新傾向的學者們在思想上吸收了西方近代實證主義方法論，在具體研究中繼承了中國清代傳統的考據學，並使之與西方近代自然科學方法相結合，研究中國歷史與文獻上的狹小學術問題，堅持純學術的道路。這些基本特徵，皆與歷史語言學派是一致的。歷史語言學派在組織機構、擴充材料、擴充工具、研究範圍、治學精神等方面與古史辨派略異，但它們在學術性質上是屬於國學運動新傾向的兩個重要流派，因它們豐碩的研究成果促進了國學的繁榮興盛。然而要論證歷史語言學派與國學運動的關係，卻是複雜而困難的，特別是傅斯年曾表示反對國學的，而且向來學術界以歷史語言學派是中國新史學一個學派。

二

歷史語言學派是歐洲十九世紀出現的一個重要的新史學派。其創始者是德國柏林大學史學教授蘭克（Leopolde ron Ranle, 1795～1886）。他以科學方法研究歷史，主張對史料作精確的考證，真實地客觀地反映歷史。此派或稱實證主義史學，受到歐洲近代實證主義哲學思潮的影響，採用自然科學——數學、天文學、地質學、生物學等方法，用於社會科學研究，強調史學研究的客觀性和實證性。蘭克在《1494～1514 年的拉丁和日爾曼民族史·前言》裡表示撰寫歷史著作的態度說：「歷史學被認為有判斷過去，為未來指導現在的職能，對這樣的重任，本書不敢企望。它只想說明：什麼確確實實發生了。對任何一種新研究，資料從何而來？：作為本書的資料是回憶錄、日記、信函、外交報告、見證者的敘述。他種材料只在下述情形方可引用：它們可從上述材料直接推衍出的，或是材料具有某種第一手的性質。這些材料必須頁頁核定過。」〔註9〕他在《論十九世紀》裡強調「沒有精確的研究，整體的概念只能是一個幻想」，但他通過對歷史細節的精確研究後，將在更高的層次上關注歷史的事件的普遍性，將批判方法、客觀研究和系統構造聯合起來。因此，他認為：「歷史學家還必須注意事物的普遍性。他與哲學家不同，沒有什

〔註 8〕 謝桃坊《古史辨派在國學運動中的意義》，《文史哲》2009 年第 6 期。
〔註 9〕 何兆武主編《歷史理論與史學理論——近現代西方史學論著選》，商務印書館，1999 年，第 223 頁。

麼先驗的思想，當他考慮特殊性時，作為普遍性的世界的發展也將在他的面前展開。」〔註10〕蘭克學派將史學等同於史料學，提倡考據堅實，以調查材料、考辨材料的真偽為史學的更高藝術。這是對蘭克史學思想的片面發揮，然而此派在歐洲近代史學上的影響是非常深廣的。

傅斯年於1923年6月離開英國到德國留學，他曾學習比較語言學、邏輯學、醫學心理學、人類學、梵文和語音學等。1924年下期，他開始轉向史學，由於追求客觀的、科學的、嚴密的學術傾向，遂選擇了蘭克學派。傅斯年歸國後創立的中國歷史語言學派，便直接受到蘭克學派的影響，他在論著中多次主張借鑒歐洲近代的新史學，如1928年在《歷史語言研究所工作之旨趣》裡說：「歷史學和語言學在歐洲是很近才發達的。歷史學不是著史，著史每多多少少帶點古世中世的意味，且每取倫理家的手段，作文章家的本事。近代的歷史學只是史料學，利用自然科學給我們的一切工具，整理一切可逢著的史料，所以近代史學所達到的範域，自地質學以至目下新聞紙，而史學外的達爾文論正是歷史方法之大成。」〔註11〕1931年他在《中西史學觀點之變遷》裡談及歐洲近代史學方法時說：「近代史學之方法——排比、比較、考訂、編纂史料方法——所以近代史學亦可說是史料編輯學。此種史學，實超希臘、羅馬以上，其編纂不僅在於論述，而且有特別鑒訂之工夫。」〔註12〕以上均是對蘭克學派「史學即史料學」之闡釋與推崇。1943年傅斯年在《〈史料與史學〉發刊詞》裡關於史料的論述，明確地介紹了歐洲實證主義史學派的蘭克（軟克）和莫母森，而且表明歷史語言研究所治史學是從史料以探史實的宗旨；他說：「本所同人之治史學，不以空論為學問，亦不以史觀為急圖，乃就史料以探史實也。史料有之，則可因鈎稽有此知識，史料所無，則不敢臆測，亦不敢比附成式。此在中國，固為司馬光以至錢大昕之治史方法，在西洋，亦為軟克、莫母森之著史之點。史學可為絕對客觀乎？此問題今姑不置答，然史料中可得之客觀知識多矣。」〔註13〕在這些論述裡我們可見到傅斯年的歷史語言學與歐洲近代實證主義史學的密切關係，然而它絕非蘭克學派在中國的移植或化身。傅斯年僅吸收了蘭克的史學的實證精神和對史料細緻考辨

〔註10〕 《歷史理論與史學理論》第229、226頁。
〔註11〕 《傅斯年全集》第三卷，第3頁。
〔註12〕 同上，第155頁。
〔註13〕 同上，第335頁。

的態度，而更多的是從德國蘭克學派的伯倫漢（Ernst Bernheim, 1850～1942）的《史學方法論》裡吸收實證主義史學方法的〔註14〕。傅斯年的科學實證主義思想的來源是較複雜的，他創立的「中國歷史語言之學」並非如朱家驊所說「歷史語言『同列合稱』」是「根據德國洪堡爾德一派學者的理論，經過詳細考慮而決定的」〔註15〕。蘭克雖然學過歷史語言學，但從未將「歷史和語言」鎔鑄爲一個新詞。王汎森參證西方史學界的意見認爲：「歷史和語言的結合是蘭克學派和德國史學的一個重要特徵，但這個口號卻是傅斯年提出的。」〔註16〕這個論斷是較爲合理的，因爲傅斯年關於「歷史語言」中的「歷史」和「語言」的含義有其獨特的理解，將二者合爲一個新的學術名詞，更賦予它以特定的內容，由此創立了「中國歷史語言之學」。

中央研究院設置歷史語言研究，這應是傅斯年向院長蔡元培建議而爭取到的。我們注意到中央研究院於 1927 年籌備時，決議先設立理化實業研究所、社會科學研究所、地質研究所和觀象臺。次年 4 月研究院正式成立，傅斯年受聘爲歷史語言研究所籌備委員，旋任所長。此所的名義很新異，其設置是傅斯年在歸國前夕即準備實施的計劃，故到中山大學創辦語言歷史研究所。如果爭取到此所在中央研究院設置，其成就與影響將會更大，由此可實現他的學術理想。中央研究院的成立，恰是一個最佳的機遇。《歷史語言研究所集刊》創刊時，蔡元培特寫了發刊詞：他闡釋「歷史語言學」之義云：「發明文字以後，傳抄印刷，語言日加複雜，可以助記憶力，而歷史始能成立……人類有這種特殊的語言，而因以產生歷史，這也是人類在動物中特別進步的要點，而歷史語言學，便是我們最有密切關係的科學。」〔註17〕他強調記錄語言的是文字，文字用以記載史事。「歷史」等同於中國傳統文化，是廣義的歷史概念；「語言的材料」即文獻資料，自然屬於史料。這樣，「歷史語言學」即是「歷史文獻學」。蔡元培很可能依據傅斯年向他表述之意而撰述發刊辭的，這從傅斯年對相關的諸概念的解釋可以得到印證。

〔註14〕李孝遷《西方歷史學在中國的傳播》，華東師範大學出版社，2007 年，第 343 頁。

〔註15〕朱家驊《紀念史語所傅故所長孟眞五十六歲誕辰特刊序》，《傅所長紀念特刊》，歷史語言研究所，1951 年 3 月，第 1 頁。

〔註16〕王汎森《傅斯年：中國近代歷史與政治中的個體生命》，三聯書店，2012 年，第 70 頁注釋 2。

〔註17〕蔡元培《集刊發刊辭》，《中央研究院歷史語言研究所集刊》第一本，商務印書館，1928 年。

　　《歷史語言研究所工作之旨趣》是傅斯年創立歷史語言學派的宣言〔註
18〕，他對中國歷史語言學的淵源作了追溯，並含蓄地對其涵義作了簡略的論
述。其所推崇的歐洲近代史學是將歷史學等同於史料學的，即用科學的方法
整理史料；這並非傳統意義上的史學。其所推崇的歐洲近代語言學，以爲它
超越了比較語言學，已同生物發生學、環境學、生理學相似，而更科學化了，
因「語言即思想」，所以其範圍是很廣大的；這並非傳統意義上的語言學。傅
斯年正是在歐洲近代歷史學與語言學的啓發下形成中國歷史語言學觀念的。
他在回顧中國傳統的史學和語言學時，有意將兩種學問結合。中國傳統的史
學，自漢代司馬遷的《史記》以來，皆非「客觀的史學」。從宋代歐陽修的《集
古錄》對金石碑刻文字的考訂，司馬光的《資治通鑒考異》用無限的史料考
訂舊記，以及南宋諸多對史料的考訂辨疑；這種傾向直到明代已有歐洲近代
史學的精神了。中國傳統的語言學以東漢許愼的《說文解字》爲代表，是一
部沒有時代觀念的系統哲學。關於清代學術，傅斯年以爲最具歐洲近代特色
的，是顧炎武搜求直接史料訂文史和以因時因地的音變觀念爲語學，閻若璩
以實在地理訂古記載和以一切比核辯證儒家經典，他們是以考訂史料方式來
對待歷史學和語言學。關於怎樣繼承傳統的考據學，傅斯年在致王獻唐的書
信裡說：「弟以爲近千年來之實學，一炎於兩宋，一炎於明清之際。兩宋且不
論，明中世後焦竑、朱謀㙔、方密之實開實學之風氣。開風氣者爲博而不能
精……林亭（顧炎武）、百詩（閻若璩）謹嚴了許多。然此時問題仍是大問題，
此時材料仍不分門戶也。至乾嘉而大成，亦至乾嘉而硬化，專題能精確之，
而忘卻整個立場。至於王、段諸人而樸學觀止。此後如再開大路，非（一）
有大批新材料使用不可；（二）或一反明清之季之風氣，擴大其範圍，認定大
題目，能利用乾嘉樸學之精詣，而不從其作繭自縛之處。」〔註 19〕自清初顧
炎武與閻若璩興起了考據之學，亦稱樸學，至乾嘉時期江永、王念孫、王引
之、段玉裁等而臻於極盛。乾嘉學派的學風，梁啓超概括爲：孤證不爲定論，
羅列事項之同類進行比較研究，專治一業爲窄而深的研究，文體貴樸實簡潔〔註
20〕。然而晚清以來，今文經學的復興和國粹主義的湧動，中國的歷史語言學
不能隨時發展而處於落後的局面。傅斯年借鑒歐洲近代學術的成功經驗，總

〔註 18〕 《傅斯年全集》第三卷，第 3～12 頁。
〔註 19〕 《傅斯年全集》第七卷，第 100～101 頁。
〔註 20〕 梁啓超《清代學術概論》，商務印書館，1944 年，第 28～29 頁。

結中國近代學術落後的教訓，提出三項標準以判斷學術的價值：（一）凡直接研究材料，便進步，凡間接的研究前人所研究或前人所創造之系統，而不繁豐細密的參證所包含的事實，便退步；（二）凡一種學問能擴張它所研究的材料便進步，不能的便退步；（三）凡一種學問能擴充它作研究時應用的工具的，則進步，不能的，則退步。這是傅斯年創辦歷史語言研究所的宗旨，力圖採用新工具，以處理新獲的材料，在學術上取得新的成就。

歷史語言研究所原計劃在歷史的範圍設置五個組：文籍考訂，史料徵集，考古，人類及民俗，比較藝術；在語言的範圍設置四個組：漢語，西南語，中央亞細亞語，語言學。在工作具體展開時，最初設置歷史、語言和考古三個組，至 1936 年增設人類學組。從其分組情況表明歷史語言學並非簡單的歷史學和語言學的並列，它是一個新的綜合性的學科。它以研究中國傳統文化為對象，採用西方自然科學與中國考據學相結合的方法，以解決歷史與文獻上存在的若干學術問題。因此，歷史組重在搜集史料並進行文籍的考訂；語言組進行語言學研究之外，作大量的方言調查，考證文字、語音、語義等問題；考古組進行大量的考古發掘工作，以提供學術研究的新材料；人類學組搜集人類學資料以為新材料，並對少數民族的族源進行考辨。歷史、語言、考古、人類學，都是作為歷史語言學的「幾個不陳的工具」的，它們並非獨立於歷史語言學之外的學科，而是其有機的組織部份。傅斯年關於中國歷史語言學的觀念是很獨特的，其學術組織亦是獨特的，是他創建的一個新的綜合性的學科。

三

二十世紀初年瑞典的斯文赫定，俄國的柯茲洛夫，英國的斯坦因，法國的伯希和等探險家和學者相繼在中國西北地區考古，發現大量的漢文、中亞文、西夏文和藏文的歷史文獻資料。他們將這些資料帶回歐洲進行整理和研究，使海外研究中國學問的漢學一時興盛，取得舉世矚目的成就。西方漢學家研究中國學問的關注對象和使用的方法與中國傳統學術是有差異的。傅斯年舉例說：「我們中國人多是不會解決史籍上的四裔問題的，丁謙君的《諸史外國傳考證》遠不如沙萬君之譯外國傳。玉連之解《大唐西域記》，高幾耶之注《馬哥博羅遊記》，米勒之發讀迴紇文書，這都不是中國人現在已經辦到的。凡中國人所忽略，如匈奴、鮮卑、突厥、回紇、契丹、女眞、蒙古、滿州等

問題，在歐洲人都施格外的注意。說句笑話，假如中國學是漢學，爲此學者是漢學家，則西洋人治這些匈奴以來的問題，豈不是虜學，治這些學者豈不是虜學家嗎？然而也許漢學之發達有些地方正藉重虜學呢！又如最有趣味的一些材料，如神祇崇拜、歌謠、民俗，各地各時雕刻文式之差別，中國人把它們略了千百年，還是歐洲人開頭有規模的注意。」〔註21〕西方漢學的新成就曾使中國學者感到震驚，促使他們對中國傳統文化研究的新的思考。關於中國某些困難的學術問題的研究，這是中國學者特具優勢的，而且是能在世界漢學中居於領先地位的。1923 年 1 月梁啓超在東南大學講國學時，將中國文化比喻爲一個豐富的礦藏，他提議說：「我們感覺有發起一個合作運動之必要，合起一群人在一個共同的目的的共同計劃下，各人從其性之所好，及平時的學問根底，各人分擔三兩門做『窄而深』的研究，併著一二十年的工夫下去，這個礦可以開得有點眉目了。」〔註22〕爲此他曾建議建立「古典考釋學」，用科學方法將所有重要典籍重新審訂和重新解釋。胡適於 1924 年 1 月在東南大學講關於整理國故的問題，他很自信地說：「我國各種科學莫有一種比得上西洋各國，現在要比倫於歐美實在不容易，但國故是我們自己的東西，總該辦起來比世界各國好。」〔註23〕傅斯年雖然肯定西方漢學的成績，同時也肯定中國學者治中國學術存在的優勢，他說：「西洋人研究中國或牽連中國的事物，本來沒有很多的成績，因爲他們讀中國書不能親切，認中國事實不能嚴辨，所以關於一切文字審求、文籍考訂、史事辨別等等，在他們永遠一籌莫展。」〔註24〕梁啓超和胡適以中國歷史文獻爲國學研究的重要對象，傅斯年同樣以之爲歷史語言學研究的對象，而且重在文字審求、文籍考訂、史事辨別等方面；這與國學研究對象和重點是完全一致的。雖然中國學者治中國學頗有自信並有優勢，但西方漢學的成就對中國學者來說卻是一種巨大的挑戰和壓力，這點是傅斯年留學歐洲的後期的感受特別深的。1925 年在柏林大學時，他的學術興趣轉向，關注中國四裔的歷史、中亞語和歐洲東方學研究文獻，並通過蔡元培的介紹而與法國著名漢學家伯希和取得學術聯繫。他歸國創立中國歷史語言學即有意同西方漢學爭勝。當傅斯年受任爲中央研究

〔註21〕《傅斯年全集》第三卷，第 6 頁。
〔註22〕梁啓超《治國學的兩條大路》，《飲冰室合集》文集卷三九，中華書局，1936年，第 110 頁。
〔註23〕胡適《再談談整理國故》，《故適文集》（12），第 94 頁。
〔註24〕《傅斯年全集》第三卷，第 6 頁。

院歷史語言研究所籌備委員時，「甚欲步法國漢學之後塵，且與之爭勝，故其旨在提高」〔註25〕。在研究所設置之初，傅斯年致蔡元培和楊杏佛書信表示：「此研究所本不是一個國學院之類，理宜發達我國所能歐洲人所不能者（如文籍考訂等），以歸光榮於中央研究院，同時亦須竭力設法將歐洲人所能我國人今尚未能者而亦能之，然後中國之歷史學與語言學與時俱進。」〔註26〕這力圖趕上西方漢學，揚長避短，並在某些方面超越漢學的範圍。在《國立中央研究院歷史語言研究所十七年度報告》裡，傅斯年重申了趕上和超越西方漢學之意：「今若決意設置，正以自然科學看待歷史語言之學，此雖舊域，其命維新。材料與時增加，工具與時擴充，觀點與時推進，近代歐洲之歷史語言學其受自然科學之刺激與補助昭然若揭。以我國此項材料之富，歐洲人為之羨慕無似者，果能改以新路，將來發展正未有艾。」〔註27〕在傅斯年的觀念中歷史語言學是廣義的漢學，他準備建立一個嚴格的專業學術機關、形成一個集體，因而學術研究如同近代工場的分工合作一樣，發揮合力的優勢。1933 年他在致胡適的書信裡說：「這個研究所確有一個責任，即『擴充工具，擴充材料』之漢學（最廣義的）。這樣事業零星做也有其它的機會，但近代的學問是工場，越有聯絡，越有大結果。」〔註28〕他在青年時代對中國傳統學術的弊端即有所認識，認為中國學術以學為單位者少，以人為單位者多；不認個性之存在，而以為人奴隸為其神聖之無聊；不懂得學術分工原理；好談致用，結果一無所用；不能使用優良的先進的工具；以空洞間架到處應用〔註29〕。他創建歷史語言研究所，即志在改變這諸種弊端。在籌備歷史語言研究所時，顧頡剛亦是籌備委員，當商議建所的組織時，他認為「欲與人爭勝，非一二人獨特之鑽研可成，必先培育一批人，積纍無數材料加以整理，然後此一二人者方有所憑藉」〔註30〕。當時傅斯年不讚同此意見，但稍後卻完全接受了，所以除本所之專業研究人員外，還聘請特約研究員和外國通信員，並招收研究生，從而聚集了一大批著名學者並培養了許多青年學者。羅家倫評價傅斯年說：「他辦歷史語言研究所時所樹立的標準極高，觀念很近代化。

〔註25〕顧潮《我的父親顧頡剛》，人民文學出版社，2010 年，第 123 頁。
〔註26〕《傅斯年全集》第七卷，第 61 頁。
〔註27〕《傅斯年全集》第六卷，第 9 頁。
〔註28〕《傅斯年全集》第七卷，第 121 頁。
〔註29〕《傅斯年全集》第一卷，第 22～25 頁。
〔註30〕《我的父親顧頡剛》，第 123 頁。

他的主張是要求辦成一個有科學性而能在國際間學術界站得住的研究所，絕對不是一個抱殘守缺的機關。」〔註 31〕這個研究所是中國近代的學術典範，它在艱苦的多難的歲月裡成長壯大，取得輝煌的成就。傅斯年具有世界學術的視野，力爭中國歷史語言學在世界學術中發生影響。在研究所裡特聘請西方著名漢學家米勒、伯希和、高本漢爲外國通信員，通過他們將本所學術研究成果推向歐洲。數年後傅斯年自豪地說「彼等（伯希和等漢學家）應知此時代表漢學者爲本院」，而蔡元培也說「中國學之中心點由巴黎而移至北平」〔註32〕。這是當時世界學術界所承認的事實了。

四

中國歷史語言學派的研究方法與胡適和顧頡剛的國學研究方法基本上是一致的。他們都主張用科學的方法，即自然科學的實證方法，而且都認爲這種方法與中國傳統考據學的精神有相通之處，但在具體理解方面是存在一些差異的。胡適提倡整理國故「要用科學的方法，作精確的考證」。他所說的科學方法源自美國杜威的實驗主義──實用主義，它是西方實證主義哲學的一個分支。胡適將杜威的方法概括爲五個步驟：感到疑難的存在，確定疑難之點，假設解決的種種方案，選擇一個假設，對假設的證實〔註 33〕。由此他形成一種簡單適用的方法，即「尊重事實，尊重證據」，「大膽的假設，小心的求證」〔註34〕。顧頡剛認爲國學「就是用了科學方法去研究中國歷史的材料」〔註35〕。他對科學方法具體解釋說：「我先把世界上的事物看成許多散亂的材料，再用這些零碎的科學方法實施於各種散亂的材料上，就喜歡分析、分類、比較、實驗，尋求因果，更敢於作歸納，立假設、搜求證成假設的證據而發表新主張。」〔註 36〕傅斯年提倡的科學方法原自歐洲近代實證主義史學派，但由於他在歐洲留學期間廣泛學習過多種自然科學，受過嚴格的科學訓練，從而形成更爲嚴密的實證的科學方法。他提倡的新方法是採用西方近代的地

〔註31〕 羅家倫《元氣淋漓的傅孟眞》，臺北《中央日報》1950 年 12 月 31 日。
〔註32〕 《傅斯年：中國近代歷史與政治中的個體生命》第 318 頁。
〔註33〕 胡適《實驗主義》，《胡適全集》（2），第 233 頁。
〔註34〕 胡適《治學的方法與和材料》，《胡適文集》（4），第 105 頁。
〔註35〕 《中國新文學大系・史料索引》第 169 頁。
〔註36〕 顧頡剛《古史辨第一冊自序》，《古史辨》第一冊，上海古籍出版社重印本：1982 年，第 94～95 頁。

質學、地理學、考古學、生物學、氣象學、天文學等自然科學的方法為工具，以整理史料，以為「若於歷史學的問題非有自然科學之資助無從下手，無從解決」。〔註37〕他所列舉的自然科學都是重資料的搜集，具有歷史進化特點，須考察、實驗，並按合理程序進行工作的。他特別重視比較的方法，以為史料學即是比較方法的應用：「歷史的事件雖然一件只有一次，但一個事件既不盡止有一個記載，所以這個事件在或種情形下，可以比較而得其近真；好幾件的事情，又每每有相關聯的地方，更可以比較而得其頭緒。」〔註38〕歷史上的某個問題，某個事件，當比較了各種性質的文獻記載之後，便可發現矛盾、疑難、真偽等問題，從而經過科學的考證尋得歷史的真實。傅斯年將文字的訓詁考訂作為「語言學的觀點」，他認為其代表著作《性命古訓辯證》便是「『以語言學的觀點解釋一個思想史的問題』之一法。自十九世紀中葉以來，研治柏拉圖、亞里斯多德著書者，其出發點與結論，每屬於語學」，但是他仍然主張「語言學的觀點之外，又有歷史的觀點，兩者同其重要」〔註39〕。因為用文字訓詁考訂只可能解決個別語源與語義問題，若進一步以歷史的觀點考鏡源流，才能使問題得到充分而圓滿的解決。歐洲的蘭克學派和中國的乾嘉學派都注重歷史與文獻的考證，追求客觀真實的學術境界，傅斯年說：「最近百年來，文史的學問趨向於考證，誠然考證只是一種方法，而不是一種目的。但人類的工作，目的和方法是很不容易分別的。考證學發達的結果，小題大做可成上品，大題小做便不入流。」〔註40〕這是關於考證學最重要的經驗總結，即旨在解決學術上存在的狹小問題，若是宏大的問題則分別屬於其它各學科了。國學與歷史語言學都採用西方近代的自然科學方法，但在具體研究中國歷史與文獻存在的若於狹小問題時，還得具體地運用中國傳統考據學使用的方法；二者的結合而成為科學考證方法。這是二十世紀初年以來國學新傾向的顯著特徵。傅斯年與歷史語言學派在其具體論著中，貫徹了「致中國歷史語言之學於自然科學之境界中」的理想。

傅斯年的代表性專著是《性命古訓辯證》，代表性論文是《夷夏東西說》；它們在當時的學術界曾產生很大的影響。關於這兩著的學術性質和方法是有

〔註37〕《傅斯年全集》第三卷，第 2 頁。
〔註38〕傅斯年《史料論略》，《傅斯年全集》第二卷，第 308 頁。
〔註39〕《傅斯年全集》第二卷，第 506～508 頁。
〔註40〕《傅斯年全集》第三卷，第 367 頁。

必要重新認識的。《性命古訓辯證》是針對清代學者阮元的《性命古訓》一書
而進行考辨的。阮元之著是用考據學的方法以否定宋明理學家對「性命」的
闡釋。「性命」是中國哲學的一個範疇，《周易・乾》：「乾道變化，各正性命。」
其中「性」指人的天生個性，「命」指人的命運或生命。儒家經典《中庸》：「天
命之謂性，率性之謂道，修道之謂教。」宋代理學家朱熹解釋說：「命猶令也。
性即理也。天以陰陽五行化生萬物，氣以成形，而理亦賦焉，猶命令也。於
是人物之生，因各得其所賦之理，以爲健順五常之德，所謂性也。」在宋明
理學中，「性命」是非常重要的問題。傅斯年很注意阮元使用的方法，他說：
「阮氏聚積《詩》、《書》、《論語》、《孟子》中之論性、命，以訓詁方法定其
字義，而後就其字義疏爲理論，以張漢學家哲學之立場，以搖程、朱之權威。
夫阮氏之結論，固多不易成立，然其方法則是後人治思想史者所儀型。其方
法惟何：以語言學的觀點解決思想史中之問題是也。」〔註41〕傅斯年在上卷
釋字，以先秦遺文中之「生」、「性」、「令」、「命」諸字之統計，分析各字的
含義；中卷釋義，考釋古代「帝」、「天」爲何如之物，及「天命」、「天人」
之義；下卷釋緒，辨析漢代的「性」二元論、理學家論心性，以及關於性善
論之說。他通過細緻的考辨，證實宋人朱熹之說在學理上的成立。「性命」的
討論本屬於中國思想史的問題，但傅斯年的辯證卻不是用哲學或思想史的方
法，而是用考據學的和歷史考察的方法，這正是他提倡的歷史語言學方法。
關於「性命」的辯證，是一個細小的問題，它竟成了一部專著，這是典型的
「小題大做」，而且是以考證方式論證的，在考證中使用了新發現的甲骨文和
金文的資料，在語音的辨析中使用西方語言學的音素分析方法；這正是傅斯
年主張的擴充材料和擴充工具的實踐。因此，這不屬於哲學研究性質，而屬
於國學研究性質的課題，可爲哲學提出新的事實和依據。傅斯年的其它專著
如《中國古代史講義》、《詩經講義稿》、《先秦子家敘論》、《史記研究》和《東
北史綱》均著重考證專題之下若干細小的學術問題，而且以資料的排比與辨
析取勝，具有歷史語言學的特色。在《夷夏東西說》的論文裡，傅斯年採用
歷史地理學的方法對古地名毫、殷、商、帝丘、窮石、東夏、華夏、釣台、
塗山、伊洛、崇山、戎夏、昆吾等的考證，考證中引用了大量的先秦史料，
還使用了域外及金石文獻資料，提出了中華民族起源的新見解。他認爲：「在

〔註41〕《傅斯年全集》第二卷，第 505 頁。

三代時及三代以前，政治的演進由部落到帝國，是以河、濟、淮流域爲地盤
的。在這片大地中，地理的形勢只有東西之分，並無南北之限。歷史憑藉地
理而生，這兩千年的對峙，是東西而不是南北。現在以考察古地理爲研究古
史的一個道路，是以證明三代及近於三代之前期，大體上只有東西不同的兩
個系統。這兩個系統，因對峙而生爭鬥，因爭鬥而起混合，因混合而文化進
展。夷與商屬於東系，夏與周屬於西系。」〔註 42〕這探討的是中國古代的一
個問題，但卻是採用的自然科學與考據學結合的方法，去解決一個狹小的學
術問題，爲古史研究提供事實的依據；所以它不是歷史學的研究，而是國學
研究的一個課題。傅斯年的其它論文如《戰國文籍中之篇式書體》、《論所謂
五等爵》、《大東小東說——兼論魯燕齊初封在成周東南後乃東遷》、《明成祖
生母記疑》、《跋〈明成祖生母問題匯證〉並答朱希祖先生》、《誰是〈齊物論〉
之作者》、《誰是〈後出師表〉之作者》等文，皆是以科學考證方法研究中國
歷史與文獻存在的若干狹小的學術問題，亦屬於國學研究性質的，但在傅斯
年則屬於歷史語言學研究。

　　歷史語言研究所每年都有周密的工作計劃。傅斯年在《國立中央研究院
歷史語言研究所二十年度報告》裡〔註 43〕，總結了各組的工作情況。歷史組
整理了許多資料，研究成果有陳寅恪的《西夏文佛母孔雀明王經考釋序》、《支
敏度學說考》、《李唐氏族之推測》，徐中舒的《石本歷代鐘鼎彝器款識法帖再
跋》、《銅器中古代狩獵圖像考》，朱希祖的《吳三桂周王紀年釋疑》、《後金國
汗姓氏考》，趙萬里的《兩宋諸史監本存佚考》，趙邦彥《漢代石刻中遊戲圖
像考》等。語言組進行了方言調查及整理語言學資料外，研究成果有羅常培
的《閉口九韵之古讀及其演變》、《知徹澄娘音值考》、《敦煌寫本守溫韻學殘
卷跋》，王靜如的《佛母大孔雀明王經夏梵藏漢合璧校釋》、《釋定海方氏所藏
至元通寶四體錢文》，劉文錦的《〈洪武正韵〉聲類考》等。考古組進行發掘
與調查外，研究成果有董作賓的《耒矛說》，郭寶鈞的《古器物釋名》，李濟
的《殷墟銅器五神及相關之問題》，劉峙霞的《殷代治銅術》，丁山的《伯懋
父郭跋》等。這些研究成果都屬於考證性的論文。

　　《歷史語言研究所集刊》是有國際學術影響的大型連續出版的學術集刊，
發表所內研究成果。其大半以上的論文是考證性的，例如胡適《建文遜國傳說

〔註 42〕《傅斯年全集》第三卷，第 181～182 頁。
〔註 43〕《傅斯年全集》第六卷，第 287～371 頁。

的演變》，陳寅恪《靈州寧夏榆林三城譯名考》、徐中舒《耒耜考》、陳垣《〈大唐西域記〉撰人辯機》、趙蔭堂《〈康熙字典·字母切韵要法〉考證》、孟森《清史祖布庫里雍順之考訂》、勞幹《漢晉閩中建置考》、陳樂素《〈三朝北盟匯編〉考》、陳述《阿機保與李克用盟結兄弟之年及其背盟相攻之推測》、黎光明《明太祖遺僧使日本考》、陳叔陶《〈新元史〉本證》、孫楷弟《敦煌寫本〈張維深變文〉跋》、周一良《論宇文周之種族》、鄧廣銘《〈宋史·職官志〉考正》、岑仲勉《天山南路元代設驛之今地》、屈萬里《甲骨文從比二字辨》、何茲全《東晉南朝的錢幣使用與錢幣問題》、王崇武《劉鋌征東考》、芮逸夫《伯叔姨舅姑考》、全漢昇《元代的紙幣》、陳槃《戰國秦漢間方士考論》、王明《〈周易參同契〉考》，等等。集刊是傅斯年計劃主辦的，最能體現歷史語言研究所的宗旨和學術特色的刊物。其中的論文以新資料、新工具、新問題見長，以自然科學與中國考據學相結合的科學考證方法，對中國歷史與文獻的狹小的學術問題作窄而深的研究。集刊在學術界獨樹一幟並取得巨大成功，這是傅斯年的「致中國歷史語言之學於自然科學之境界中」的宏圖的實現。

五

從 1923 年胡適發表《〈國學季刊〉發刊宣言》標誌國學運動新傾向的興起，1926 年顧頡剛發表《古史辨第一冊自序》標誌古史辨學派的興起，1928 年傅斯年發表《歷史語言研究所工作之旨趣》標誌歷史語言學派的興起，它們迄於 1949 年新中國的成立而結束。我們回顧這一段學術史，不難發現三者雖旗幟不同，名稱相異，但研究對象和方法卻是基本相同的，在學術性質上都應屬於國學研究〔註 44〕然而傅斯年對待國學的態度與其治學宗旨和學術活動是相矛盾的。

1916 年秋，傅斯年 21 歲於北京大學預科畢業後升入北京大學本科國文門，1919 年夏畢業。「國文門」即「國學門」。他在這三年中獲得了國學的基本知識，整理國故運動的倡導者胡適是其終身崇敬的師尊。1920 年傅斯年在英國留學，於致胡適的書信裡，談到同學俞平伯自英國輟學歸國之事，間接地表述了對國學的看法。他說：「（俞平伯）『輸入新知』的機會雖斷，『整理國故』的機會未絕。舊文學的根柢如他，在現在學生中頗不多。況且整理國故也是現在很重要的事。受國文先生毒的人對於國故整理上定然有些隔膜的

〔註44〕謝桃坊《古史辨派在國學運動中的意義》，《文史哲》2009 年第 6 期。

見解，不深入的考察，在教育盡變新式以後，整理國故的憑藉更少。趁這倒運的時期，同這一般倒運的人，或者還可以化成一種不磨滅的大事業。」〔註45〕傅斯年對俞平伯的歸國是不贊同的，故語帶嘲諷。他肯定俞平伯舊學的功底深厚，以為俞平伯此決定雖然失去吸收新知的機會，但歸國卻可整理國故。在大多數年輕人對整理國故無興趣時，像俞平伯這樣「倒運」的人，或者可能成就一番事業的。俞平伯不久關於《紅樓夢》的考證即取得了很大的成就。傅斯年在這封書信裡明顯地表現出對國學的憎惡的態度，更傾向於接受西方近代新的科學知識。在歸國後，他所開創的中國歷史語言學，這與國學名異實同，但他仍然表示反對國學，並且是作為歷史語言研究所的宗旨而提出的。傅斯年說：「我們反對『國故』一個觀念。如果我們所去研究的材料多半是中國的，這並不是由於我們專要研究『國』的東西，乃是因為在中國的材料到我們手中方便些，因為我們前前後後對於這些材料或已經有了些研究，以後堆積上研究去方便些……世界中無論那一種歷史學或語言學要想做科學的研究，只得用同一的方法，所以這學問斷不以國別或邏輯的分別，不過是因地域的方便成分工。」〔註46〕這裡他明確地表示反對「國故」這個觀念。關於「國故」，胡適曾解釋說：「『國學』在我們的心眼裡，是『國故學』的縮寫。中國的一一切過去的文化史，都是我們的『國故』；研究這一切過去的歷史文化的學問，就是『國故學』省稱『國學』。『國故』這個名詞，最為妥當；因為它是一個中性的名詞，不含褒貶的意義。」〔註47〕傅斯年認為歷史語言研究所雖然研究的材料大多數是中國的，但卻並不限於此，研究這種學問不應當以地域或國界來區分，例如研究中國的地質是屬於地質學一樣，研究歷史語言只得用同一方法，特別是由於材料的擴充和工具和擴充，勢必超越「國」的界限，弄得「不國」、「不故」。此外還因「國故」很容易與「國粹」淆混。晚清以來各地辦的存古學堂和民國以來各地辦的國學院，都是以弘揚國粹為宗旨的，所以傅斯年認為「國故」的觀念是不能成立的。傅斯年承認國學研究的內容主要是言語、歷史、民俗等題目，它們也是歷史語言學研究的範圍，但歷史語言學卻是合力工作，專業研究，動手動腳找材料，改變「讀書就是學問」的風氣，注重新材料的發掘，採用自然科學各學科的方法，而且研究

〔註45〕《傅斯年全集》第七卷，第 12 頁。
〔註46〕《傅斯年全集》第三卷，第 9 頁。
〔註47〕胡適《〈國學季刊〉發刊宣言》，《胡適文集》（3），第 7～9 頁。

的範圍擴大到東方各國；因此它在某些方面與國學有所區別。關於國學與歷史語言學之辨，在傅斯年看來，這不僅是名詞——概念之爭，而是體現為學術精神的差異。此差異源自歷史語言之學是在與歐洲漢學爭勝的背景下創立的，目的是要在中國建立「東方學」——漢學的正統。西方的漢學是東方學的重點，傅斯年力爭以中國歷史語言學成為真正的東方學——漢學，使它在世界學術中取得應有的地位。國學運動新傾向的代表人物胡適與顧頡剛則確實缺乏國學的高瞻遠矚的眼光和博大恢宏的氣魄。我們客觀地回顧這一段學術史，將整理國故、古史辨派和歷史語言學派在研究對象，研究方法、論文性質，以及相關的許多學者在這三個領域的交互情形加以比較，則它們的基本特徵是相同的，即以科學考證方法研究中國歷史與文獻存在的若干狹小的學術問題；這種研究不負擔社會的道德的使命，不主張普及，不考慮成果的社會效應，是一種純學術的研究。自1905年《國粹學報》創刊以來，國學思潮逐漸興起和發展，在國粹派衰微之後，以科學方法整理國故的新傾向成為國學運動的主流，使國學思潮在學術界和社會上產生了極為廣泛的影響。古史辨派和歷史語言學派正是在這種思潮下出現的兩個國學運動的流派。它們的巨大成就促進了國學運動的發展與興盛，致使二十世紀四十年代科學考證成為一時的學術風尚。蒙思明談到當時的情形說：「中外學術交通的結果是一批所謂的學者們，在中國不能繼承公羊家的經學，而繼承了考據派的經學，在西洋不能吸收綜合派的史學，而吸收了考據派的史學，於是雙流匯合，弱流變做了強流，在科學方法整理國故的金字招牌之下，如打了一劑強心劑，使垂滅的燼火又將絕而復燃，竟成了學術界唯一支配的勢力。學者們高談整理國故，專崇技術工作，使人除考據外，不敢談史學，評文章的以考據文章為優，倡學風的以考證風氣為貴，斥理解為空談，尊考據為實學。」〔註48〕專崇尚科學考證的國學——包括古史辨派和歷史語言學派，在中國現代學術系統中是有合理地位的，但它的學術價值和作用是非常有限的，胡適、顧頡剛和傅斯年從來沒有誇大它在學術中意義。傅斯年即清楚地認為，這種研究「不見得即是什麼經國大業不朽之盛事」，少數學者辛勤地工作僅可以在很小的範圍內「點綴國家之崇尚學術了」〔註49〕這些學者的工作僅停留於事實與

〔註48〕蒙思明《考據在史學上的地位》，《責善半月刊》第十二卷第十九期，1941年
　　　　12月。
〔註49〕《傅斯年全集》第三卷，第10頁。

材料的研究層面，然而他們追求事實的客觀性和眞實性，爲許多學科提供新的事實依據；這些依據可能動搖某學科的基礎理論，可能澄清歷史與文化的重大疑案，可能清除傳統文化觀念中的諸多謬誤，其力量是堅實而巨大的；這是在更高學術境界中尋求眞知。國學是中華文化的命脈，如果我們回顧中國各學科的成就，尋找有關中國學問的淵源，則不難發現自國學新傾向興起之後，許多狹小學術問題的考證在中國現代學術發展中的作用，它往往是傳統學術轉向現代學術的起點。傅斯年力圖「致中國歷史語言之學於自然科學之境界中」，爭取「科學的東方學之正統在中國」，這個崇高而宏偉的願望是非常不易實現的；它若實現應是在一個方面標誌著中華民族文化的偉大復興。

（原刊《社會科學戰線》2014 年第 9 期）

科學的考據與從新的批判
——郭沫若對國學運動的貢獻

一

　　四川的國學運動是開展得較早的。辛亥革命後的 1912 年元月四川軍政府
將原樞密院改爲國學院，由吳之英任院長，劉師培任院副，以研究國學、發
揚國粹爲宗旨，創辦了《國學雜誌》。四川地處西南，中國新文化運動雖然影
響所及，但舊文化的勢力仍十分強大。1923 年 1 月，胡適的《北京大學國學
季刊發刊宣言》由北京大學《國學季刊》第一期刊出，標誌了國學運動的一
種新思潮的形成，使國學運動脫離了國粹主義的羈絆而走上一條新的道路。
然而四川的國學運動尙沿著舊學的軌道行進，活躍於國學界的，主要是晚清
尊經書院和存古學堂培養的以今文經學爲優勢的學者們。四川國學運動性質
發生根本變化是在抗日戰爭時期。中國抗日戰爭全面爆發後，國民政府於 1938
年底遷都重慶。在特殊的歷史條件下，重慶成爲全國政治與文化中心。國民
政府軍事委員會政治部第三廳廳長由郭沫若擔任，因此集合了一大批進步文
化工作者。1940 年秋第三廳改組，成立文化工作委員會，郭沫若爲主任委員。
文化工作委員會是國民政府專設的學術研究機構，參加工作者有茅盾、老舍、
陶行知、沈志遠、張志讓、鄧初民、杜國庠、王崑崙、翦伯贊、侯外廬、鄭
伯奇、田漢、洪深、馬宗融、盧于道、胡風、黎東方等學者和作家，出版了
許多經典的學術論著。〔註 1〕中國著名學者雲集於西南，重慶的學術空前活

〔註 1〕 翁植耘《郭沫若在第三廳、文工會及其它作活動》，《四川文史資料集萃》第
　　　　四卷，四川人民出版社，1996 年，第 3～9 頁。

躍，這大大推進了四川國學運動的發展。1938 年 12 月至 1946 年 5 月，郭沫若在重慶期間動員抗日力量，團結進步人士和文藝工作者展開救亡工作，激發了創作熱情，同時是他國學研究的豐碩時期；其學術研究與國學運動存在密切聯繫。

郭沫若少年時代在家鄉樂山的家塾裡學習《四書》、《五經》，又讀過《莊子》、《老子》、《墨子》、《管子》、《韓非子》等典籍，培養了後來研究中國古代社會的興趣，並奠定了國學研究的基礎。郭沫若的一生主要從事革命文化活動，卻又因命運的偶然與學術的追求，在特殊的環境裡沉潛地進行學術研究。1928 年 2 月，郭沫若流亡到日本，此後的十年間，他利用新的資料，採取科學的方法研究甲骨文和金文，著有《中國古代社會研究》、《甲骨文字研究》、《殷周青銅器銘文研究》、《金文叢考》、《兩周金文辭大系考釋》等著述，為後來深入研究中國古代社會思想作了準備，展示了深厚的學術潛力和敏銳的創見，預示著一代學術的新開拓。郭沫若是以一種革命者的恣態從事學術研究的，有一種宏偉的新的文化觀念。他曾充滿激情地宣稱：

> 世界是我們的，未來世界文化是我們的。我們是世界的創造者，是世界文化的創造者，而未來世界、未來世界的文化已經在創造的途中。〔註2〕

這超越了中國文化的視野，放眼世界文化，表現出對民族文化的自信。他以此種精神投入中國學術研究，具有一種博大的氣魄和創造的活力，因而能為中國學術開拓新的道路。自 1942～1945 年內，郭沫若發表了近二十篇關於中國古代學術思想的考證與批判的論文，最後結集為《青銅時代》和《十批判書》，於 1945 年分別由重慶群益出版社和文治出版社出版，使其關於中國古代社會的研究得以圓滿完成，標誌其學術事業臻於巔峰。他的三大史學巨著——《中國古代社會研究》、《青銅時代》、《十批判書》，構成一個完整的系統，成功地運用了馬克思主義的唯物史觀探討中國古代社會性質，以人民的價值標準對古代思想進行清算，而在方法上則是理論批評與傳統考據的結合。這樣，它們異於傳統的講義式的著述，在主要的方面具有國學研究的傾向。他在《我怎樣寫〈青銅時代〉和〈十批判書〉》裡說：

〔註 2〕郭沫若《我們的文化》（1930 年），《郭沫若全集》文學編第 16 卷，人民文學出版社，1989 年。

歷史研究的興趣，不僅在我一個人重新抬起了頭來，同一傾向
近年來顯然地又成了風氣。以新史學的立場所寫出的古代史或學說
思想史之類，不斷地有鴻篇巨製的出現。這些朋友們的努力，對於
我不用說又是一番鼓勵。我們的方法雖然彼此接近，而我們的見解
或所得到的結論有時卻不一定相同。我不否認，我也是受到刺激。
我的近兩三年的關於周秦諸子的研究，假使沒有這樣的刺激或鼓勵
恐怕也是寫不出來的。〔註3〕

當時新史學的研究蔚為風氣，學術思想自由活躍，出版有侯外盧的《中國古
代思想學說史》、杜國庠的《先秦諸子的若干問題》、侯外盧與紀玄冰合著的
《中國思想通史》、翦伯贊的《中國史綱》、呂振羽的《中國政治思想史》，以
及盧于道的《科學與民族復興》、沈志遠的《政治經濟學大綱》、蔡儀的《新
美學》和王崑崙的《紅樓夢人物論》等。此外在重慶出版的國學著作有顧實
的《國學運動大綱》（中華國學出版社，1943 年），章太炎的《國學概論》（中
國文化服務社，1943 年），錢穆的《國學概論》（商務印書館，1943 年），蔣
梅笙的《國學入門》（正中書局，1943 年），譚正璧的《國學常識》（世界書局，
1943 年）等。顧頡剛於 1941 年在重慶創辦了國學研究刊物《文史雜誌》。郭
沫若在這樣的學術氛圍中受到了刺激，產生了靈感，發表了新穎的創見，以
實證性和批判性震撼了中國學術界。

二

　　20 年紀初，胡適以新思潮的觀念來認識國學運動。關於怎樣治國學的問
題，他於 1919 年提出了一種建設性的意見──「整理國故」，具體步驟是：條
理系統的整理，尋求每一種學術思想的歷史線索，用科學方法對文獻作精確的
考證，弄清各家學術的面目〔註4〕1923 年胡適在《北京大學國學季刊發刊宣言》
裡主張擴大國學研究範圍，關於國故的系統整理工作提出三方面，即編製索
引，對古籍的匯編集注，編著各種學科的專史。〔註5〕整理國故是為了再造中
華文明，必將有助於建設新文化。胡適的大力倡導，得到學術界的響應，於是

〔註 3〕 《十批判書‧後記》，《郭沫若全集》歷史編第 2 卷，人民出版社，1982 年，
　　　　 第 468 頁。
〔註 4〕 胡適《新思潮的意義》，《胡適文集》（2），北京大學出版社，1998 年，第 558
　　　　 頁。
〔註 5〕 胡適《胡適文集》（3），第 7～9 頁。

整理國故的運動展開了。郭沫若當時也是新文化的重要人物。他迅即於 1924
年1月發表《整理國故的評價》，提出了異議。關於「整理國故的流風」，他認
爲從上到名人教授，下至中小學生皆以「整理」相號召，竟向中學生也講演整
理國故，似乎研究國學是人生和社會的唯一要事；這樣，國學研究家們超越了
自己的範圍，擾亂了別人的業務，誇大了國學的價值，因而無此必要。關於整
理國故的價值，他以爲不可估之過高，因爲「一般經史子集的整理充其量只是
一種報告，是一種舊價值的重新估價，並不是一種新價值的創造。它在一個時
代的文化的進展上，所效的貢獻殊屬微末」〔註6〕，希望國學家認識到此點。
此外郭沫若大膽地提出了古籍的今譯，他認爲：「整理國故的最大目標，是在
使有用的古書普及，使多數的人得以接近。古書所用文字與文法與現代已相懸
殊，將來通用字數限定或者漢字徹底革命時，則古書雖經考證、研究、標點、
索引，仍只能限於少數博識的學者，而一般人終難接近。於此今譯一法實足以
濟諸法之窮，而使有用古書永遠不朽。」〔註7〕此時郭沫若尙未從事中國傳統
文化的學術研究，對整理國故及其價值的看法是比較客觀的。我們現在重溫郭
沫若的意見，可以見到國學在現代中國學術中的合理位置，不宜過份誇大其在
現代社會中的意義。整理國故的價值，郭沫若最後談到：

> 我們常常向朋友們談笑話，說我們應該努力做出些傑作出來，
> 供百年後的考證家考證。——這並不是蔑視考據家或者國學研究家
> 的尊嚴，實在國學研究或考據、考證的價值原是只有這樣。它只是
> 既成價值的估評，並不是新生價值的創造。〔註8〕

國學研究是否存在「新生價值的創造」，對此郭沫若尙未從民族文化的學術高
度予以認識。然而從其所述裡將「考據家」和「國學研究家」，將「國學研究」
和「考據」等同；這暗示了國學研究即是考據，在中國傳統學術裡它是一門
獨特的學問。

　　1929 年，郭沫若在日本從事學術研究，對於整理國故有了新的見解。他
在《中國古代社會研究自序》裡，對於胡適關於中國古代哲學的研究，以爲
全部都有從新批判的必要：

〔註6〕 郭沫若《整理國故的評價》，《郭沫若古典文學論文集》，上海古籍出版社，1985
　　　 年，第 25～27 頁。
〔註7〕 郭沫若《古書今譯問題》，《郭沫若古典文學論文集》，上海古籍出版社，1985
　　　 年，第 33 頁。
〔註8〕 郭沫若《郭沫若古典文學論文集》，上海古籍出版社，1985 年，第 28 頁。

我們的「批判」有異於他們的「整理」。「整理」的究極目標是
在「實事求是」，我們的「批判」精神是要在「實事之中求其所以是」。

「整理」的方法所能做到是「知其然」，我們的「批判」精神是
要「知其所以然」。

「整理」自是「批判」過程所必經的一步，然而它不能成為我
們應該局限的一步。〔註9〕

胡適和郭沫若均是從較寬泛的意義上來理解「整理」的。郭沫若不滿足於一
般的「整理」，更傾向於對傳統文化的批判，力圖在國學研究中引入批判精神。
這裡他混淆了事實的考證和理論研究的兩個學術層面。國學研究即用傳統的
考據方法以解決中國文獻與歷史的若干細小的疑難學術問題；它提供關於中
國學術研究真實可靠的依據，限於事實的層面，然而它又絕非僅僅是「既成
價值的估評」，它的成果具有新的或很高的學術意義。國學研究是存在局限
的，它不可能對中國傳統文化作全面的本質的判斷；因此郭沫若主張「要跳
出『國學』的範圍」，這樣才可能認清中國文化的真相，於是必須進行「清算」
與「批判」。郭沫若的學術追求大大超越了國學範圍，但談到研究中國的學問
時非常強調其特殊性，他說：

不是說研究中國的學問，應由中國人一手包辦。事實是中國的
史料，中國的文字，中國人的傳統生活，只有中國人自身才能更貼
切地接近……外國學者對於東方情形不甚明了，那是情理中事。中
國的鼓睛暴眼的文字實在比穿山甲、比猬毛還要難於接近的逆鱗。
外國學者的不談，那是他們的矜慎；談者只能依據舊有的史料，舊
有的解釋，所以結果便可能與實際全不相符。在這時中國人應該自
己起來寫這半部世界文化史上的白頁。〔註10〕

關於中國的學問中，只有那些文獻與歷史上細小的困難的考證性的學術問題
——國學研究的問題，是外國漢學家甚感無能為力的，這有賴於中國學者自
己解決。如果我們在此意義上來理解郭沫若這段文字，則最能表現國學研究
的性質與價值。因為郭沫若是具有馬克思主義思想的學者，故勸告談「國故」
的學者們除了飽讀清代乾嘉考據學著述而外，「也應該知道還有馬克思、恩格

〔註9〕 郭沫若《中國古代社會研究·自序》，《郭沫若全集》歷史編第 1 卷，人民出
版社，1982 年，第 7 頁。
〔註10〕《郭沫若全集》歷史編第 1 卷，人民出版社，1982 年，第 9 頁。

斯的著作，沒有辯證唯物主義的觀念，連『國故』都不好讓你們輕談」〔註11〕。
這個建議無論在當時還是現在都有其深刻意義，應爲治國學者們認眞思考
的。郭沫若治歷史和國學正是運用了辯證唯物的觀念，才使他富於批判精神
而取得卓越學術成就。

民國建立以來，舊的封建勢力爲了對抗新文化運動，於 1913 年成立了「孔
教會」。袁世凱發佈了「學校祀孔」的命令。學術界一些國粹主義者們以提倡
舊學，保存國粹，將國學等同於儒學，大力提倡讀經；新文化學者陳獨秀、
傅斯年、胡適等皆反對此種傾向。讀經與反讀經成爲新舊思想論爭的重點，
這一直延續到 20 世紀 40 年代。1943 年 5 月，郭沫若發表專文《論讀經》，他
認爲：「中國古代總是必須研究的，儒家的經典正是研究古代的一部份重要的
資料，這無論怎樣是值得研究值得讀。」〔註12〕古代儒者及統治者將儒家經
典視爲神聖，以爲是治國平天下的工具，倫理的原則，人生的眞理，因而長
期作爲統治思想的理論依據。清代章學誠始大膽地以學術眼光來看待它，提
出「六經皆史」的命題；郭沫若則更把它作爲史料，在研究古代社會時僅具
有史料的價值。這應是學術思想史上的一個大的進步，有助於解放思想，破
除舊的傳統觀念。郭沫若並不反對讀經，但並不希望沒有文學修養的、沒有
研究古代社會的、沒有各種科學知識的青年去讀經，因爲這些青年沒有讀經
的資格；他特別希望那些提倡讀經的先生們認眞地去讀。在讀經的問題上，
郭沫若表現了較客觀求實的態度，並堅持了先進的文化觀念，很含蓄地給予
國粹主義者們提倡在社會和中小學校普遍讀經以一種有力的批評，使國學研
究脫離儒家經典束縛而成爲眞正的學術。

三

在郭沫若的觀念中國學研究即是考據，而且以爲它是屬於解決史料的問
題，因此僅僅是史學研究的基礎。他的史學研究之所以取得卓越的成就是有
堅實的國學基礎的，由此形成其史學獨特的個性。他談到《中國古代社會研
究》的寫作過程時說：

> 研究歷史，和研究任何學問一樣，是不允許輕率從事的。掌握

〔註11〕《郭沫若全集》歷史編第 1 卷，人民出版社，1982 年，第 10 頁。
〔註12〕郭沫若《論讀經》，《郭沫若全集》文學編第 19 卷，人民出版社，1992 年，第
374 頁。

正確的科學的歷史觀點非常必要，這是先決問題。但有了正確的歷
史觀點，假設沒有豐富的正確的材料，材料的時代性不明確，那也
得不出正確的結論。關於中國古代社會的史料苦於不多，而這苦於
不多的史料卻又苦於包含著很多困難的問題，這就限制了我們所能
獲得的應有的成果。〔註13〕

中國古代社會史料中的困難問題，必須採用考據學的方法才能解決。郭沫若
在研究中國古代社會和學術思想時，進行了細密的大量的考證工作，使其著
述具有突出的考辨性質，以區別於學院講義式的論著。在《中國古代社會研
究》中即利用了新的甲骨文和金文的資料以及先秦典籍中的資料對殷代歷
史、鐵的出現、《周易》的時代、井田制、五服、夏禹等進行考證，以此從新
闡釋了中國古代社會歷史。郭沫若在重慶時研究中國古代學術思想，原擬著
成《先秦學說述林》，為出版的方便而將先秦諸子中涉及考證的十餘篇論文集
為《青銅時代》，並將思想史研究的十篇論文集為《十批判書》，而在批判性
的論文裡亦融入考證性的論辯。此外他關於中國古代文學的研究──特別是
關於屈原的研究，亦具有史學與考據相結合的特點。這正實現了他研究國學，
「跳出國學範圍」的主張，力圖使事實與理論的研究融為一體。

　　胡適治國學提倡繼承清代乾嘉學者的考據學，而且認為它是科學的方
法。他解釋說：「科學的方法，說來其實很簡單，只不過『尊重事實，尊重證
據』。在應用上，科學的方法只不過『大膽的假設，小心的求證』。」〔註14〕
此說在學術界產生了非常巨大而深遠的影響。胡適運用這種方法在研究中國
古典小說和《水經注》方面取得了很大的成就，但對某些問題的考證卻又存
在失誤。1922 年胡適發表《讀〈楚辭〉》，其中懷疑屈原的存在，他說：「我現
在不但要問屈原是什麼人，並且要問屈原這個人究竟有沒有？」〔註15〕其理
由是：《史記》本來不很可靠，而《屈原賈生列傳》尤其不可靠；《屈原傳》
敘事不明確；因此屈原只是南方民族神話故事裡的一部份。20 世紀 40 年代之
初，郭沫若在寫歷史劇時，完成了關於屈原的系列研究論著。其中專門考證

〔註13〕　郭沫若《中國古代社會研究‧新版引言》，《郭沫若全集》歷史編第 1 卷，人
　　　　　民出版社，1982 年，第 3 頁。
〔註14〕　胡適《治學的方法與材料》，《胡適文集》（4），北京大學出版社，1998 年，第
　　　　　105 頁。
〔註15〕　胡適《讀楚辭》，《胡適古典文學研究論集》，上海古籍出版社，1988 年，第
　　　　　344 頁。

了屈原的事跡及生卒年。他舉出漢代初年賈誼的《弔屈原賦》、劉安的《離騷傳》證實屈原的存在，又據《離騷》和《哀郢》提供的歷史線索考證出了屈原的生卒年。郭沫若批評說：「胡適在中國學術界是有地位的，所以自他提出否定屈原的論調後，就有很多人響應他……胡適提倡的實驗主義，主張用科學方法批判文化遺產是好的，但他所用的方法，並不科學。」〔註16〕後來在1951 年，郭沫若讀到《學衡》第三十六期朱東潤的《〈離騷〉以外的屈賦》，再次批評胡適的方法說：「朱先生的《楚辭》研究據我看是有兩個『大膽假設』作爲前提的。一個是胡適的假設，另一個是朱先生的假設……他們的假設是他們的前提，同時也是他們的結論。先把新奇的結論假設出來，再來挖空心思找證據。這就是戴著有色眼鏡看東西。」〔註17〕考據怎樣才能更加科學呢？這是很值得探討的。郭沫若指出「大膽假設」的弊病，確是很具灼見的。科學研究中的假設，絕非僅憑主觀感覺遂大膽提出，它本身應是科學的假設。胡適關於屈原考證的錯誤在於尚未全面佔有資料便「大膽假設」了，因而背離了科學的方法。郭沫若關於科學的考據方法的論述概括起來有三點，即材料的辨僞，書外求證與書內求證，定位的綜合考證。

研究中國古代社會最感困難的是資料的眞僞問題。中國先秦典籍裡往往將神話傳說與歷史混淆，對典籍的辨僞以求歷史眞相，這是從 1926 年顧頡剛主編的《古史辨》開始的，由此形成疑古的思潮，標誌新史學的誕生。郭沫若對《古史辨》派是持肯定態度的。他說：「顧頡剛的『層累地造成的古史』的確是個卓識……他所提出的夏禹問題，在前曾哄傳一時，我當時耳食之餘，還曾加以譏笑。到現在自己研究了一番過來覺得他的識見是有先見之明。在現在新的史料尚未充足之前，他的論辯自然並未成爲定數，不過在舊史料中凡作僞之點大體是被他道破了。」〔註18〕如果夏禹尚屬傳說時代，則「三皇」——伏羲、神農、黃帝，「五帝」——黃帝、顓頊、帝嚳、堯、舜，更是屬於早期的傳說了，他們皆非中國歷史的起點。郭沫若認爲殷代是中國歷史的開幕時期，但是他說：「照我的考察是：（一）殷周之前中國當得有先住民族存

〔註16〕郭沫若《屈原考》，《郭沫若全集》文學編第 19 卷，人民文學出版社，1992年，第 101 頁。

〔註17〕郭沫若《譯〈離騷以外的屈賦〉》，《郭沫若古典文學論文集》，上海古籍出版社，1985 年，第 328 頁。

〔註18〕《中國古代社會研究》，《郭沫若全集》歷史編第 1 卷，人民出版社，1982 年，第 304 頁。

在，（二）此先住民族當得是夏民族，（三）禹當得是夏民族傳說中的神人，（四）此夏民族與古匈奴族當有密切的關係。」〔註 19〕這個論斷是較爲合理的，恰當地處理好了傳說與歷史的關係。20 世紀 40 年代，郭沫若再次強調了辨僞工作的意義，他說：「關於文獻上的辨僞工作，自前清的乾嘉學派以至最近的《古史辨》派，做得雖然相當透，但不能說已經做到了毫無問題的止境。而時代性的研究更差不多是到近十五年來才開始的。」〔註 20〕郭沫若的辨僞主要是關於先秦典籍的時代性的考辨，例如關於《尚書》，他以推理的方式斷定：「《堯典》、《皋陶謨》、《禹貢》三篇完全是」託古改制「的僞作，《甘誓》應該歸入《商書》。但就是《商書》和《周書》，也都經過殷周的太史及後世儒者的粉飾。所以這二十五篇的可靠性只能依時代的遠近而遞減。」〔註 21〕關於《周易》的時代，他認爲是春秋後期孔子的再傳弟子所作〔註 22〕。關於《韓非子》中的《初見秦篇》，他以爲是呂不韋所作，應改爲《呂不韋說秦王》。〔註 23〕郭沫若對先秦典籍的辨僞，是他形成中國古代社會歷史觀念的基礎，亦是在國學上的貢獻。

考據是特別重視證據的。胡適曾提出「小心求證」，但未談到怎樣求證。郭沫若說：

> 「五四」以來，讀書的方法更加科學化了，對於一種或一篇作品，假使有可疑的地方，我們曉得用種種方法去考察，在書外求證，在書內求證，總得把它弄得一個水落石出。有時考證所得的結果確是很精確的。讀書的方法確是比前人進步了。〔註24〕

他提出了「在書外求證，在書內求證」的方法，即是考證文獻中某一問題，除了在該文獻內求得證據，還要在其它相關的文獻中求得證據，兼顧內證與外證。例如郭沫若爲探討西周的農業問題，便對《詩經》中的《七月》、《楚茨》、《信南山》、《甫田》、《大田》、《臣士》、《噫嘻》、《豐年》、《載芟》、《良耜》等篇作了細密的分析和今譯，從而有力地說明了西周農業社會的特點〔註

〔註 19〕《中國古代社會研究》，《郭沫若全集》歷史編第 1 卷，人民出版社，1982 年，第 305 頁。
〔註 20〕《郭沫若全集》歷史編第 2 卷，人民出版社，1982 年，第 4 頁。
〔註 21〕《郭沫若全集》歷史編第 1 卷，人民出版社，1982 年，第 96 頁。
〔註 22〕同上，第 393 頁。
〔註 23〕同上，第 583 頁。
〔註 24〕同上，第 573 頁。
〔註 25〕同上，第 405～433 頁。

25〕，這純粹使用的內證。關於戰國時期重要軍事家吳起的生平事跡及思想的考證，郭沫若依據現存《吳子》六篇——《圖國》、《制敵》、《治兵》、《論將》、《應變》、《勵士》爲內證，又廣泛採用《史記》、《戰國策》、《韓非子》、《呂氏春秋》、《淮南子》、《說苑》、《新序》等典籍中的資料作爲外證〔註 26〕，這樣終於將此學術難題考證清楚了。

西周恭王在位的年代有四種說法，即二十年、二十五年、十年、十二年。郭沫若繼王國維之後據西周青銅器趞曹鼎的銘文斷定恭王在位十五年尚存在，證實十年和十二年之說爲非。他深感考證所得錯誤的年代，愈考定而使問題愈混沌和紛亂。他說：

> 這個混沌，由我採取的方法，似乎已經漸被鑿破了。我是先選
> 定了彝銘中已經自行把年代表明了的作爲標準器或聯絡站，其次就
> 這些彝銘裡面的人名事跡以爲線索，再參證文辭的體裁，文字的風
> 格，和器物本身的花紋形制，由已知年的標準器便把許多未知年的
> 貫串了起來。其有年月日規定的，就限定範圍的曆朔考究其合與不
> 合，把這作副次的消極條件。〔註27〕

這雖屬於考古學的範圍，但總結了一種很科學的考證方法，即選擇合理的定位標準，由此進行多方面的綜合考證。它亦可以適用於文獻與歷史的若干學術問題的考證。

文獻與歷史的學術問題的考證同其它科學研究一樣可以有若干假設和結論，它們可以引導人們逐漸接近眞理，其中必有某個假設或結論將會被證實爲正確的。郭沫若反對大膽假設，提倡「大膽推論」，努力採用科學的方法以使傳統的考據學愈趨精密，但他的某些考證仍是有失誤或爭議的，這屬於正常的學術現象。

四

在研究中國古代社會和中國古代思想的過程中，郭沫若始終貫串著批判精神。其「批判」包含兩種意義：一是對文獻或史料的徵引，以及關於文獻的考證，都從新加以審視和辨正；一是以新的觀念從新評價歷史與人物，以弄清歷史眞相，這都是基於史料考證的。關於史料批判的意義，他說：

〔註26〕《郭沫若全集》歷史編第 1 卷，人民出版社，1982 年，第 604 頁。
〔註27〕同上，第 506～533 頁。

　　　　新史學家們對史料的徵引，首先沒有經過嚴密的批判，《易經》
　　　仍被視爲殷末周初的古書，《書經》甚至引用到梅賾的僞古文，《詩
　　　經》則一本《毛傳》。對於舊文獻的批判根本沒有做夠，不僅《古史
　　　辨》派的階段沒有充分達到，甚至有時比康有爲、閻百詩都要落後，
　　　這樣怎麼能夠揚棄舊史學呢？〔註28〕

郭沫若在使用先秦典籍時，對每一文獻都要經自己考證、辨僞，並提出關
於它們的時代的判斷，形成自己新的史觀。這在其《中國古代社會研究》
和《青銅時代》裡皆體現出此種特點。《十批判書》雖然旨在對先秦諸子思
想的研究，但其批判亦完全建立在堅實的文獻考辨的基礎之上。關於韓非
子思想的批判，郭沫若先從典籍的眞僞考辨入手，對《韓非子》的每篇都
逐一考核，而且完成了一篇著名的《韓非子〈初見秦篇〉發微》。他的《孔
墨的批判》是很有新意的論文，他在比較研究這兩家思想時採用了一種新
的方法。他說：

　　　　我們如未能探求得他們的基本立場之前，所有關於他們的傳說
　　　或著作，我們都不好輕率地相信。那麼又從什麼資料上來探求他們
　　　的基本立場呢？很慶幸的是他們的態度差的多完全相反，我們最好
　　　從反對派所傳的故事與批評中去看出他們相互間的關係。反對派所
　　　傳的材料，毫無疑問不會有溢美之詞，即使有誣蔑溢惡的地方，而
　　　在顯明相互間的關係上是斷然正確的。因此我採取了這一條路，從
　　　反對派的鏡子裡去找尋被反對者的眞影。〔註29〕

這樣他從二者的反對材料中去辨識他們思想的基本立場，從而得出與當時學
術界對孔子與墨子的評價完全不同的結論。他由此肯定孔子思想的進步意
義，並對墨子思想作了否定的評價。自中國新文化運動以來反對傳統文化時，
孔子曾是受到批判的對象，「打倒孔家店」是一個時代思潮的熱點。郭沫若經
過客觀的研究與比較之後，認爲孔子是由奴隸社會變爲封建社會的那個上行
階級中的前驅者。他對自己的這個結論是很有信心的，他說：「假使我錯了，
應該舉出新的證據來推翻我的前提。拘守著舊式的觀念來挑擊我的新觀念，

〔註28〕郭沫若《古代研究的自我批判》，《郭沫若全集》歷史編第 2 卷，人民出版社，
　　　　1982 年，第 37 頁。
〔註29〕《古代研究的自我批判》，《郭沫若全集》歷史編第 2 卷，人民出版社，1982
　　　　年，第 74 頁。

問題得不到解決的。」〔註 30〕郭沫若的批判結論有大量文獻事實的依據，他的結論是不易被推翻的。

研究古代社會和古代思想，易於產生附會現代意識的偏向，過份誇大古代的意義；對此郭沫若有非常理性的深刻的認識。先秦的「名家」被稱為「辯者」，如宋鈃、尹文、惠施、公孫龍及墨家辯者，他們的論辯或詭辯是包含有邏輯思想的，但絕不意味著他們就建立了真正的邏輯學。郭沫若不贊成脫離社會背景來談先秦「名家」邏輯的傾向，他說：「整個說來，無論是先秦名家、墨家辯者，或其它學派，對於名辯的努力，都沒有達到純粹邏輯術的地步。或許是資料喪失了吧。但是無徵而必地高揚先秦的學術成就，或稱頌辯者最有科學精神，都不免犯了主觀主義的毛病。我自信對於這種態度似乎還能保持了相當遠的一個距離。」〔註 31〕我們為什麼要去研究中國古代思想呢？這是專門從事文獻與歷史考證的國學家們頗難回答的問題，郭沫若以高瞻遠矚的學術眼光談了自己的感受，他說：

> 我是以一個史學家的立場來闡明各家學說的真相。我並不是以一個宣教師的態度企圖傳播任何教條。在現代要恢復古代的東西，無論所恢復的是那一家，事實上都是時代的錯誤。但人類總是在發展的，在現代以前的歷史時代，雖然都是在黑暗中摸索，經過曲折迂迴的路徑，卻也和蝸牛一樣在前進。因而古代學說也並不是全無可取，而可取的部份大率已融會在現代的進步思想裡面了。〔註32〕

這對我們現在的國學研究猶有啓迪的意義，不僅使我們可以認識傳統與現代的聯繫，尤其警示我們不要再犯「時代的錯誤」。

20 世紀初的國學運動以「整理國故」而展開。郭沫若反對普遍地提倡「整理」，亦反對誇大國學的價值，以為整理國故僅是舊價值的重估而已。在他的觀念中國學研究即等同於考據，而以為中國學問中某些史料考證的困難問題有賴於中國學者自己解決。自 1929 年起的十年內，郭沫若在日本從事中國古代社會研究，抗日戰爭時期，他在重慶繼續對中國古代社會研究，而重點是先秦諸子思想的研究。他的研究具有以歷史唯物主義新史觀的批判性，和以

〔註30〕 《十批判書‧後記》，《郭沫若全集》歷史編第 2 卷，人民出版社，1982 年，第 428 頁。

〔註31〕 同上，第 185 頁。

〔註32〕 《青銅時代‧後記》，《郭沫若全集》歷史編第 1 卷，人民出版社，1982 年，第 611 頁。

國學的傳統考據對史料辨析的實證性相結合的學術特點。郭沫若提出科學的考據，注意材料的辨偽，於書內求證和書外求證，定位的綜合考證，解決了中國古代社會與思想的若干疑難的問題。他治史學突出批判精神，即對史料的時代性和文獻考證的從新檢核，對歷史人物和思想在弄清事實眞相之後給予從新評價。我們從郭沫若的學術論著可見，他有堅實的國學基礎，力圖使用國學研究的考證方法以探討中國古代社會和古代思想問題，構成新的學術體系。郭沫若於抗日戰爭時期在重慶完成的學術論著不僅是對中國學術的巨大貢獻，還推動了四川國學運動的新發展。

（原刊《郭沫若學刊》2008 年第 1 期）

四川國學運動述評

　　國學是二十世紀初年中國興起的學術思潮，它在偏僻的西南一隅的四川引起了強烈的反響，而且由於特殊的歷史與自然條件，國學運動的中心向西南轉移，愈益突出了四川在國學史上的意義。因此在近十餘年來國學熱潮再度在中國學術界興起時，我們總結歷史經驗是不可能避開四川國學運動的。1903 年冬鄧實等於上海成立國學保存會，以「保存國粹」爲宗旨。1905 年國學保存會主辦的《國粹學報》刊行，主要撰稿人有鄧實、黃節、劉師培、馬敍倫、章太炎、王闓運、廖平、鄭孝胥、王國維等五十餘人。1906 年日本東京的中國留學生組織國學講習會，由章太炎主講。1910 年章太炎的《國故論衡》於日本秀光社排印出版。這預示著國學思潮將對中國學術界發生巨大的影響。1911 年四川湧起保路風潮，它成爲辛亥革命的先導。民國元年，即 1912年元月四川又在學術上得風氣之先，首創了國學院，開啓了四川的國學運動。這一時期的國學家們都屬於民族文化保守者，他們實際上以儒學爲國粹，力圖固守傳統文化以抵制西學的東漸與新學的發展。1923 年 1 月胡適發表《北京大學國學季刊發刊宣言》，號召整理國故，再造中華文明，重新闡釋了國學的含義，提倡以科學方法研究國學；這標誌新的國學思潮的出現。此後 1926年顧頡剛主編的《古史辨》刊行，在學術界出現了古史辨學派；1928 年傅斯年領導的國立中央研究院歷史語言研究所出版了《歷史語言研究所集刊》，又在學術界興起了歷史語言學派。這兩個學派都是在新的國學觀念下採用科學考證方法研究國學的，使國學運動得以脫離國粹的羈絆而獲得健康的發展。新的國學觀念與方法在四川的影響甚微，而且還遭到批評與抵制。抗日戰爭的爆發，隨著政治文化中心向西南轉移，國學運動在此時期竟存在與發展了；

這給四川注入新的活力，使它成爲國學運動的中心了。因此，在某種意義上四川的國學具有首創性和豐富性。我們回顧這段歷史，可以見到國學觀念的演變，科學考證方法的改進，學術與時代精神和民族命運的深層聯繫；這必然會引起我們對當前國學熱潮進行冷靜的歷史反思。

一

辛亥革命勝利後，四川於 1911 年 10 月建立軍政府，民國元年──1912 年元月尹昌衡任四川都督，將原四川樞密院改爲國學院，其宗旨是「研究國學，發揚國粹，溝通今古，切於實用」。國學院由吳之英爲院正，劉師培爲院副，院員有樓黎然、曾學傳、廖平、曾瀛、李堯勛、楊贊襄和釋圓乘。國學院的任務是：一、編輯雜誌；二、審定鄉土志；三、搜訪鄉賢遺書；四、續修通志；五、編纂本省光復史；六、校訂重要書籍；七、設立國學學校。1912 年秋成都外南的存古學堂改附於國學院而爲國學館〔註1〕，原存古學堂監督謝无量與劉師培同爲國學院正，增聘廖平主講經學。原存古學堂學生一百人轉入國學館學習，並招收新生五十餘人。1914 年春國學館改爲國學學校，由四川民政公署照會廖平任校長。1918 年國學學校遵教育部之規定改爲四川省立國學專門學校，廖平繼任校長；1923 年由駱成驤接任校長；1926 年蔡錫保任校長。1928 年秋，國學專門學校併入四川大學，改爲公立四川大學中國文學院。在四川國學館及國學學校任課的教師先後尚有黃鎔、戴孟恂、陳文垣、宋育仁、龔鏡清、辜予渠、陶鼎金、易銘生、鄧宜賢、尹端、盛世英、龔道耕、徐炯、饒炎之、曾海敖、譚焯、余舒、蕭仲侖、朱青長、龔聖予等。國學院於 1912 年創辦《四川國學雜誌》，每月一期，發行十二期，自 1914 年改名爲《國學薈編》，仍每月一期，至 1919 年共發行六十三期〔註2〕。此刊以「發揮精深國粹，考徵文獻」爲宗旨，所設欄目有通論、經術、理學、子評、史學、政鑒、校錄、技術、文苑、雜論、蜀略。《四川國學雜誌》主要撰稿人有

〔註 1〕 清代昭勇侯楊遇春別墅在成都外南罊門街，今國學巷成都第十六中學校。宣統二年於此設存古學堂，1912 年秋改爲四川國學院之國學館。原楊遇春故邸建築及國學館建立的四先生（范景仁、范淳甫、張南軒、魏鶴山）祠今已無存。

〔註 2〕 何域凡《存古學堂嬗變記》，《四川文史資料集粹》第 4 卷第 417～428 頁，四川人民出版社，1986 年；楊正苞《四川國學院述略》，《蜀學》第二輯第 20～27 頁，巴蜀書社，2007 年。

劉師培、廖平、曾學傳、吳之英、謝无量、曾瀛、楊贊襄、李堯勛等；所發表的文章以經學、諸子學和史學爲主，如劉師培的《春秋繁露爵國篇校補》、《春秋左氏傳古例考序略》、《白虎通義源流考》、《周官師說考》、《白虎通義定本並序》，廖平的《周禮凡例》、《莊子經說敘意》、《天人論》、《經學四變記》、《論詩序》、《山海經爲詩經舊傳考》、《治學大綱》，李堯勛的《中國文字問題》，謝无量的《蜀學原始論》，曾學傳的《宋儒學案約編敘目并論》，曾瀛的《渡瀘考》、《華陽國志證誤》等。四川國學專門學校學生會還主編《四川公立國學專門學校學生會季刊》於 1927 年刊行，因次年學校併入四川大學，故此刊僅出版一期，其性質爲學生自辦的國學雜誌，要目有蔣維馨的《國學之眞價值》、劉華甫的《文學的工具》、郭榮輝的《管子的經濟論》、董惠民的《六經史略》、陳俊民的《我對於楚辭的見解》。

宋育仁曾於 1916 年受聘爲四川國學院主講，並於 1917 年暫時任國學學校校長。1922 年至 1924 年他主編《國學月刊》共二十七期，在成都出版發行。宋育仁屬於維新主義者，在《國學月刊》第一期《緒言》裡表示：「本報抱定宗旨，述先聖先師之言，非從己出。」此刊主要是發表時事評論，宣傳維新，學術價值不高，在四川國學運動中並無多大影響。

我們追溯四川國學的歷史是不應忽略成都尙友書塾的。劉咸炘承傳祖父槐軒先生劉沅之學，發憤著述，1918 年爲劉氏尙友書塾塾師。尙友書塾不同於舊式私塾，是「專究國學」的國學學校，並於 1925 年創辦了《尙友書塾季報》。學報的宗旨是：「仿書院總集學校雜誌之例，以發表一堂師弟研究之所得，期與當代學者共商榷之。凡所研究，不分東、西、新、舊，止問是非。」這是四川早期國學雜誌之一，它爲年刊，共出版了八輯，1932 年劉咸炘去世後停刊。在《尙友書塾季報》裡，劉咸炘發表的論文有《學綱》、《太史公書知意總論》、《舊書別錄》、《認經論》、《全眞教論》、《外書四篇》、《重修宋史述意》；此外尙有李克齊《西漢郡國令長考》、張昌榮《漢以上方物考》、韋縉青《孔子刪詩駁議》、張勳初《爾雅作者考》、李光志《伊尹事辨》、熊光周《叔孫通制禮考》、楊致遠《漢郡都尉駐地考》、劉開柳《兩漢官吏生計考》等。書塾在劉咸炘去世後繼續由劉氏家族維持下去，直至 1949 年停辦。

四川國學的興起與發展顯然是走著國粹主義道路的。清末一批民族文化保守主義者深感西學東漸對中國傳統文化的破壞，並出於對新學的抵制，力圖保衛傳統文化的菁華——國粹而掀起國學運動的。他們理解的國粹主要是

儒家的政治倫理，提倡發揚國粹以期改良世道民心，因而賦予國學以重大的社會使命。四川國學亦是「發揚國粹為宗旨」的。在《四川國學雜誌義例》裡，曾學傳指出由於西方文化流播中土，「致人心鬱積，塞源趨流，忘恥逐利，飾偽亂眞以相欺詐，破壞規矩以爲文明，如橫流決堤，不可收拾，豈非國學不明之故歟」？因此以爲發揚「我固有國粹」，「垂情國學」，是「深探致治之本」，達到「庶幾匡時」之目的〔註 3〕。四川早期國學家們雖然皆是國粹主義者，但他們對國學的理解、學術的成就與意義是不完全相同的，例如最有影響的三家──廖平、劉師培和劉咸炘。

廖平在成都尊經書院學習時接受了王闓運的今文經學思想，其學術思想歷經六變。他於 1886 年出版的《今古學考》，採用乾嘉考據學方法，以禮制作爲分辨今文經學與古文經學的標準，表現出治學的謹嚴和議論的精闢，解決了經學史上的一個重大難題，奠定了他在中國近代學術史上的地位。當廖平任國學學校校長時是其晚年學術五變與六變之際，這階段他由發揮今文經學思想而探究「天人之學」。他以爲孔子之不言鬼神，這是爲學的次第，而儒家之「道」，可以通於天地、鬼神、生死等玄妙問題。他相信《楚辭》、《山海經》、《穆天子傳》、《靈樞》、《素問》以及佛典的詭怪不經之書。今文經學派特別推崇儒家聖人孔子，以爲「六經」是孔子的著作，孔子是「素王」，將孔子完全神聖化了。1909 年廖平在《尊孔篇》裡即將「尊孔」與「保存國粹」等同，他說：「鄙意非發明尊孔宗旨，則愛國效不易收。……故必盡攻聖廢話之敵情，而後可以立國。獨尊孔子，則文明不能不屬吾國。愛國保種之念，自油然而生矣。」〔註 4〕在廖平主持國學學校時，經學是重要的課程，1914年他用與吳之英同撰的《經學初程》以指導學生治經門徑；其中確有經驗之談，現在我們看來仍不失其意義，如：

> 經學要有內心。看考據書，一見能解，非解人也。必須沉靜思索，推比考訂，自然心中貫通。若徒口頭記誦，道聽途說，小遇盤錯，即便敗績。惟心知其意，則百變不窮。

> 初學見識貴超曠，然不可稍涉狂妄。若一入國學，便目空今古，盜竊元遠之言，自待過高，於學問中甘苦全無領會，終歸無成。不如一步一趨，自卑自邇之有實迹。

〔註 3〕曾學傳《國學雜誌義例》，《四川國學雜誌》，1912 年。
〔註 4〕廖平《尊孔篇》，《新訂六譯館叢書》，成都存古書局，1921 年。

先博後約，一定一之理。學者雖通小學，猶未可治專經。必須
以一二年，博覽諸經論辨，知其源流派別，自審於何學爲近，選擇
一經以爲宗主，則無孤陋扞格之病。〔註5〕

這所談的經驗是很適合初學者的。然而廖平的治學方法脫離不了今文經學的
局限，而且他在發掘微言大義時不重事實的客觀性，隨意曲解或推測經典之
意，並與神話、緯書、醫書、文學作品等聯繫，大肆穿鑿附會，構成種種荒
誕的怪說。廖平晚年在今文經學道路上走向極端，沉迷於醫學，探究玄虛的
天學，構建一個荒唐的宇宙大統觀。這使他偏離了純正的學術軌道，有損於
四川國學的學術性，亦不利於國學的教學。劉師培的入川並主講於國學院，
著重對廖平的今文經學的批評，始爲四川國學注入新的生機。

清代同治十三年（1874）四川學政張之洞與總督吳棠向朝廷奏請建立尊
經書院，獲准後於光緒初年建成，以期復興蜀學。光緒三年（1877）丁寶楨
任四川總督，特聘湘南著名今文經學大師王闓運爲山長。王闓運主張經世致
用之學，經術與詞章並重，其蜀中弟子吳之英、廖平、張森楷、楊銳、宋育
仁、曾瀛、曾培、戴孟恂、陳文垣、駱成驤、辜予渠、陶鼎金、易銘生、徐
炯、譚焯等皆成爲學者或政治家，形成蜀中今文經學特盛的局面。四川國學
學校的校長及教師大都是尊經書院的高材生。劉師培是《國粹學報》的主要
撰稿人之一，在學術淵源上屬於古文經學派，在入川之前已是著名學者。1911
年9月劉師培隨川粵漢鐵路督辦大臣端方赴四川鎮壓保路運動。11月27日
端方於資中爲起義軍捕殺，劉師培被拘執。劉師培經民國政府營救，應四川
軍政府之聘爲四川國學院院副，於1912年4月至成都主講於國學館兩學期，
1913年夏離開成都。他在成都刊行了早年文集《左庵集》，爲《四川國學雜
誌》及《國學薈編》撰寫了三十餘篇論文，展示了一種新的學風。劉師培屬
於國粹學派，但並不頑固地提倡保存國粹，以爲：「即今日之中國觀之，覺
一事一物之微，無一與古代相同者。吾得以一言而斷之曰：中國並不保存國
粹。」〔註6〕「國學」在他看來是「詮明舊籍，甄別九流」。「萃匯諸家之學
術」的學術思想史；所以他在《國學發微》裡追溯六藝之源，從目錄學的角
度考察中國學術的流變〔註7〕。劉師培在入川之前即對廖平經學思想進行了

〔註5〕 廖平、吳之英《經學初程》，《新訂六譯館叢書》，成都存古書局，1921年。
〔註6〕 劉師培《論中國並不保存國粹》，《劉申叔遺書》，江蘇古籍出版社，1997年，
        第1669頁。
〔註7〕 同上，第477頁。

尖銳的批評，入川後與廖平同在國學館任教，更對廖平的天人之學予以批評。他於《四川國學雜誌》第七期發表《與廖季平論天人書》，以爲：「內典以道超天，前籍以天爲道，玄家所云方外，仍內典所謂域中耳。以天統佛，未見其可。」〔註 8〕他力圖表明宇宙的生命是有生死的，事物沒有永恒，古籍中所說的神異、昇天、神遊等有的是想像，有的是比喻，範圍皆在寰宇之內而非天外。因此廖平以天學闡釋儒學，結果反而損毀了眞正的儒學，可能導致中華學術的自我失落。劉師培的批評體現了深刻的理性認識，給四川學術界帶來了新的思想，破壞了今文經學的割據局面。劉師培在國學館講《左傳》與《說文》，其治學道路適與廖平相反。他以古文經學的方法治學，承襲了乾嘉學派考據學的優良傳統，注重事實證據和名物訓詁，尤長於考辨學術源流，體現深厚的文獻學修養，文風樸質，頗具科學的態度，追求學術的眞知。蒙文通後來回憶說：「時廖、劉兩師及名山吳之英並在講席，或崇古，或尊今，或會而通之，持各有故，言各成理，朝夕所聞，無非矛盾，驚駭無已，幾歷年所，口誦心維而莫敢發一問。雖無日不疑，而疑終莫能解。」〔註 9〕弟子們在諸師長紛紜學說之間，甚感疑惑，卻啓發了他們的自由思考，在比較中尋求眞知。劉師培短期在蜀中從事國學研究與教學，其影響頗大，以致「蜀學丕變」〔註 10〕。

劉咸炘是一位淡泊名利，潛心研究國學的學者。他僻處西南，罕與學界交流，腳不出百里，於 1932 年去世，年僅三十六歲，留下著述二百餘種。在二十世紀二十年代劉咸炘即深感：「成都學風衰薾已極，欲望其如燕京、金陵、清華，尚不可能。」〔註 11〕這是比較成都與北平和南京等地國學發展的情況，很客觀地見到四川學術的現實。國學是什麼？劉咸炘在教授國學時將它與科學比較而作了界說：

> 蓋國學與科學不同。科學程序、性質均固定分明，亦以來自西洋，國人能讀其書者稀，不能廣覽深究，惟憑轉販，故依次講授，本畢功完。吾國學則四部相連，多不可劃疆而治，且陳編具在，待

〔註 8〕劉師培《劉申叔遺書》，江蘇古籍出版社，1997 年，第 1731 頁。

〔註 9〕蒙默《蒙文通先生年譜》，《蒙文通先生誕辰 110 週年紀念文集》，線裝書局，2005 年，第 415 頁。

〔註 10〕謝桃坊《批評今文經學派——劉師培在四川國學院》，《成都大學學報》，2008 年，第 2 期。

〔註 11〕劉咸炘《與蒙文通書》，《推十書》，成都古籍書店，1996 年影印本，第 2209 頁。

我窮研，即云淺嘗，四部常識，已非一端，數大經史，亦不可一窺
其略。〔註12〕

這第一次指出了國學的綜合性質，它與西方現代學科的專門性質是相異的，
學習方法也不同。他理解的國學是以中國的經、史、子、集四部書爲對象的
傳統文化研究，因而主張從博切入。國學研究的對象若理解爲關於中國文獻
與歷史存在的若干狹小而困難的學術問題，則我們研究每一問題都可能關涉
到中國四部書的知識，不能劃疆而治的。關於考據，劉咸炘談到治史時，將
「考證事實」的「史考」列爲首位。關於考證與史學的關係，劉咸炘認爲：「考
證在成書之先，但不能成書，則止是零碎事跡，不得爲史。」〔註13〕這一見
解對我們認識考據與其它學科的關係很有啓發意義。國學研究所考證的問
題，雖屬某專門學科的研究範圍，但卻非某專門學科的研究方法可以解決的，
而這些成果又難歸入某學科，它僅是某學科研究的準備工作的事實依據而
已。劉咸炘雖然承傳祖父槐軒先生之學，但卻以史學本體研究見長，私淑於
章學誠而有所超越。他從道家史學觀出發，以思辨方式試圖解決陰陽、虛實、
源流、始終、古今、來往、同異、公私、南北、西東等認識論的對立範疇，
以一統之，執兩用中，從而建構一個龐大的弘偉的學術思想體系。他還從翻
譯的學術著作裡獲得西方近代社會科學知識，將它與中國文化作比較，但比
較的結果是更加堅定中國文化的信心。我們可見：劉咸炘治國學是在探索著
一條新的道路，不再重複經師的故轍，亦不將儒學視爲國粹的核心，對於國
學的性質有較爲確切的認識〔註14〕。現在我們考察四川早期國學歷史時，他
的意義愈益突顯了。

四川國學院與國學雜誌在國學運動中的領先意義，國學大師廖平、劉咸
炘及入川的劉師培的國學研究成就，它們都足以表明四川國學是國學運動的
一個重要組成部份。自從1923年胡適發表《北京大學國學季刊發刊宣言》標
誌國學運動中新思潮的出現和新學風的興起，從此以科學考證方法研究國學
成爲國學運動的主流。然而我們卻見到四川國學界對此是採取抵制的，仍以
舊學——經學居於主導地位，仍採取傳統治經的方法和文言的表述方式，以
致四川國學的發展漸漸因守舊而落後了。

〔註12〕 劉咸炘《推十書》，成都古籍書店，1996年影印本，《幼學教綱》第2365頁。
〔註13〕 劉咸炘《推十書》，成都古籍書店，1996年影印本，《治史緒論》第2386頁。
〔註14〕 謝桃坊《論劉咸炘的國學觀念與學術思想》，《西華大學學報》（哲學社會科學
版），2008年，第2期。

二

　　四川國學運動性質的根本變化是在抗日戰爭時期。中國抗日戰爭全面爆發後,國民政府於 1938 年底遷都重慶。在這特殊的歷史條件下重慶成為全國政治文化的中心。哲學家賀麟在西南發表《抗戰建國與學術建國》,從理論的高度闡明學術研究在抗日戰爭中的特殊使命,他說:

> 　　任何開明的政治必基於學術的政治。一個民族的復興,即是那一民族學術文化的復興。一個國家的建國,本質上必是一個創進的學術文化的建國。抗戰不忘學術,庶不僅是五分鐘熱血的抗戰,庶不致是死氣沉沉的學術,而是負擔民族使命,建立自由國家,洋溢著精神力量的學術。〔註15〕

國民政府在國家艱難和民族危亡之際不僅考慮到抗戰與建國的關係,而且重視保存民族文化和堅持學術研究,體現了抗戰必勝的信心。正是在這種文化戰略的指導下,國學運動不僅未因戰爭的烽火而停止或消散,反而得以發展壯大,體現了中華民族偉大而堅韌的不可征服的精神。國民政府遷重慶後由軍事委員會政治部第三廳開展抗日救國的宣傳活動,廳長由郭沫若擔任,集聚了一大批進步文化工作者。1940 年秋,第三廳改組,成立文化工作委員會,郭沫若為主任委員。文化工作委員會是國民政府專設的學術研究機構,參加工作者有茅盾、老舍、陶行知、沈志遠、張志讓、鄧初民、杜國庠、王崑崙、翦伯贊、侯外廬、鄭伯奇、田漢、洪深、馬宗融、盧於道、胡風、黎東方、姚蓬子、刁伯休等學者和作家〔註16〕。當時學術研究蔚為風氣,學術思想自由活躍,出版有侯外廬的《中國古代思想學說史》、杜國庠的《先秦諸子的若干問題》、侯外廬與紀玄冰合著的《中國思想通史》、翦伯贊的《中國史綱》、呂振羽的《中國政治思想史》、盧於道的《科學與民族復興》、沈志遠的《政治經濟學大綱》、蔡儀的《新美學》、王崑崙的《紅樓夢人物論》、郭沫若的《青銅時代》和《十批判書》。此外在重慶出版的國學普及書籍有顧實的《國學運動大綱》(中華國學出版社,1943 年)、章太炎的《國學概論》(中國文化服務社,1943 年)、錢穆的《國學概論》(商務印書館,1943 年)、蔣梅笙的《國學入門》(正中書局,1943 年)、譚正璧的《國學常識》(世界書局,1943 年)。1941 年 1 月國民黨中央組織部長朱家驊電請顧頡剛到重慶創辦《文史雜誌》。此刊雖是國民黨黨部

〔註15〕賀麟《文化與人生》,商務印書館,1988 年,第 22 頁。
〔註16〕翁植耘《郭沫若在第三廳、文工會及其創作活動》,《四川文史資料集粹》第四卷,四川人民出版社,1996 年,第 3～9 頁。

辦的，卻是純學術的刊物；社長是葉楚傖，副社長兼總編是顧頡剛。從 1941 年至 1945 年《文史雜誌》共出版五卷，每卷十二期，渝版。此刊登載國學通俗論文爲主，兼載譯述、傳記、小說、詩歌、戲本、散文等作。其中重要的國學論文有朱東潤《大慈恩寺三藏法師傳述論》、羅常培《現代方言中的古音遺跡》、唐蘭《論騎術入中國始於周末》、張蔭麟《宋太祖誓碑及政事堂石刻考》、楊志玖《關於馬可波羅離華的一段漢文記載》、魏青鋐《元順帝爲宋裔考》、韓儒林《漢代西域屯田與車師伊吾的爭奪》、鄧廣銘《宋史職官志抉原匡謬》、朱希祖《屈大均著述考》、龔駿《兩漢與羅馬的絲貿易考》、李源澄《霍光輔政與霍氏族誅考實》、方豪《明季西書七千部流入中國考》、向達《唐代俗講考》、隋覺《太平天國女館考》、白壽彝《讀桑原隲藏〈蒲壽庚考〉札記》、黃懺華《禪宗初祖菩提達摩考》、詹鍈《李白家世考異》、顧頡剛《黃河流域與中國古代文明》、劉節《老子考》、王樹椒《北魏漢兵考》、方詩銘《〈大唐三藏取經詩話〉爲宋人說經話本考》等。從這些論文可見《文史雜誌》在顧頡剛的主持下團結了當時國內一大批國學家；這些論文體現了國學的新思潮和新方法，對學術界——特別是對四川國學界發生了巨大的影響。此外國立中央大學遷於重慶沙坪壩，於 1943 年創辦了《文史哲季刊》，至 1945 年共出版了三卷五期。此刊由顧頡剛任副社長，以發表關於文學、史學、哲學的論著爲宗旨，所發表的重要國學論文有羅根澤《墨子探源》、金毓黻《宋代兵制考實》、賀昌群《清談之起源》、黃淬伯《詩傳箋商兌》、錢穆《兩漢博士家法考》、楊潛齋《離騷箋證》、游壽《金文武功文獻考輯》、黃少荃《戰國史異辭》、唐圭璋《宋詞版本考》、王玉章《宋元戲曲史商榷》等。復旦大學校本部遷於重慶北碚黃桷樹鎮，1942年 1 月改名爲國立復旦大學。在校任教的學者有陳望道、周谷城、顧頡剛、呂振羽、任美鍔、陳子展、章靳以、梁宗岱、張志讓、張光禹、童第周、盧于道、陳維稷、嚴家顯、吳覺農、陳恩鳳等〔註17〕。以上可見國學運動的中心在抗日戰爭時期已經轉移到西南了。

　　抗日戰爭時期最有社會影響和學術意義的刊物應是《文史雜誌》，它表達了國學家們在抗戰中的學術使命感和民族愛國情感，使學術與現實在某種意義上聯繫，因而時代特色最爲鮮明。在《文史雜誌》創刊號上社長葉楚傖發表的《文史與興亡》，實爲發刊詞。他說：

〔註17〕四川省政協文史資料委員會《抗戰時期內遷西南的高等院校》，貴州人民出版社，1988 年，第 212 頁。

中國文化在歷史上每見有互異的批評。因爲各人有各人的心
得，而有不同的見解，所以發生許多文史的批評案，到現在還不能
判斷。我們想，從今以後，凡是批評文史的人都要對國家、社會、
民族，三方面同時注意。……一代的文化，可以看到一代的興亡。
中國歷史上整個的文化，也可以看得出中國一興一亡的癥結。〔註18〕

這指出了文史研究要關注國家、社會和民族，它絕非與現實毫無關係的，但這
種關係應從民族文化的高度來理解，它甚至關係著民族的興亡。顧頡剛說：「它
（《文史雜誌》）所負的使命，在葉先生賜寫的《文史與興亡》文內已經給我們
一個極偉大而莊嚴的指示。這樣重大的使命，本刊能否荷負，那是另一問題，
但無論如何我們要勉力一試的。」〔註19〕爲此顧頡剛與許多國學家們都作了努
力。1945 年 8 月 14 日日本宣告無條件投降，中國抗日戰爭取得最後勝利，《文
史雜誌》迅即發表社論《敵寇應賠償我們學術界的損失》，文云：

我們回憶自從戰爭開始以來，敵寇都一貫的破壞我們的學術文
化的機關爲目的，而這些機關和戰爭卻沒有什麼直接聯繫。……我
們要求：敵寇應該以其殘存的學術文化設備，及其所有的圖書和儀
器，來補償我們的損失。〔註20〕

這表達了中國學者的正義要求，將體現對日本侵略者的懲處，它是非常合理
的。然而自來以儒家懷柔爲對外政策的執政者們，似乎根本未考慮到向侵略
者的索賠，尤其是關於學術界損失的索賠。這段文字讓我們不應忘記日本侵
略者給中國學者造成的苦難。

《史文雜誌》向學術界展示了文史研究的新成果。文史研究並非是關於
文學與歷史的研究，它是一個新的學術概念，實即國學研究，如葉楚傖所理
解的，是因「中國文化在歷史上每見有互異的批評」，而文史研究的對象即是
「文史的批評案」。1932 年北京大學研究院成立，將原來的研究所國學門改名
爲研究院文史部，研究方向以中國古代語言、文學、歷史、思想史、社會制
度爲主。此後暨南大學、中山大學、安徽大學皆陸續創辦了文史研究刊物。
胡適關於「文史」這一概念作了解釋，他說：「我們用『文史』一個名詞，可
以說是泛指文化史的各方面。……文史學者的主要工作還是只尋求無數細小

〔註18〕 《文史雜誌》創刊號，1941 年 1 月。
〔註19〕 顧頡剛《編輯後記》，《文史雜誌》創刊號。
〔註20〕 《文史雜誌》第五卷第 7、8 期合刊，1945 年 8 月。

問題的細密解答。」〔註21〕這樣，國學研究的對象應是中國文獻與歷史上的若干狹小的困難的學術問題。在抗日戰爭時期研究文史問題有什麼意義呢？顧頡剛說：「我們只是認為：戰事不知何日終了，我們不知可再活幾天，如果我們不把這一星星的火焰傳下去，說不定我們的後人竟會因此而度過一個長期的黑暗生涯。歷史的傳統是不能一天中斷的，如果中斷了就會前後銜接不起來。……這傳統是什麼？便是我們的民族精神，立國根本。」〔註22〕《文史雜誌》是抗日戰爭時期最有影響的國學刊物，它在重慶的刊行正表明這裡已是國學運動的中心。

在國學運動新發展的過程中郭沫若是有重大貢獻的。1938 年 12 月至 1946年 5 月郭沫若在重慶期間動員抗日力量，團結進步人士和文藝工作者開展救亡工作，激發了文藝創作熱情，同時是他學術研究的豐收季節，而這與國學運動是存在密切關係的。1942 年至 1945 年間，他發表了近二十篇關於中國古代學術問題考證和學術思想批判的論文，最後結集為《青銅時代》和《十批判書》，於 1945 年分別由重慶群眾出版社和文治出版社出版，使其關於中國古代社會研究得以圓滿完成。郭沫若的三大學術巨著——《中國古代社會研究》、《青銅時代》和《十批判書》構成一個完整系統，成功地運用了馬克思主義唯物史觀以探討中國古代社會性質，以革命的人民的價值標準對古代思想進行清算，而且採用了理論批評與傳統考據學相結合的方法。這樣它們異於學院的講義式的表述，在主要方面具有國學研究性質。1923 年胡適發表《北京大學國學季刊發刊宣言》提出了整理國故，再造中華文明。郭沫若當時亦是新文化界的重要人物，於 1924 年 1 月發表《整理國故的評價》表示異議。他認為整理國故是少數國學家的工作，國學家不能擾亂別人的業務和誇大國學的價值，「它在一個時代的文化的進展上，所效的貢獻殊屬微末」〔註23〕。我們注意到郭沫若在論述裡將「考據家」和「國學研究家」，將「考據」和「國學研究」等同，這已暗示了國學研究即是考據，在中國傳統學術裡它是一門獨特的學問。因此在他的觀念裡，國學研究即是考據，而且以為它是屬於解決史料的問題，僅是史學研究的基礎。他的史學研究之所以取得卓越的成就，

〔註21〕 胡適《〈文史〉的引子》，天津《大公報·文史周刊》創刊號，1946 年 10 月16 日；見《胡適文集》（10）第 784 頁，北京大學出版社，1998 年。
〔註22〕 顧頡剛《文史雜誌復刊詞》，《文史雜誌》第六卷第 1 期，1946 年。
〔註23〕 郭沫若《整理國故的評價》，《郭沫若古典文學論文集》，上海古籍出版社，1985年，第 21～27 頁。

即是採取了歷史唯物主義的觀點，而又有堅實的國學基礎所致；由此形成其史學的獨特個性。他在重慶時研究中國古代思想原擬著成《先秦學說述林》，爲出版的方便而將研究先秦諸子涉及考證性的十餘篇論文集爲《青銅時代》，並將先秦思想研究的十篇論文集爲《十批判書》，而在批判中又融入了考證性的論辨。此外他關於中國文學的研究，特別是關於屈原的研究，同樣具有歷史研究與考證相結合的特點。這正體現了他研究國學要「跳出國學範圍」的主張，力圖使事實的考證與理論的判斷融爲一體。胡適治國學提倡科學的方法，他於 1928 年說：「科學的方法，說來其實很簡單，只不過『尊重事實，尊重證據』。在應用上，科學的方法只不過『大膽的假設，小心的求證』。」〔註24〕郭沫若在重慶寫屈原歷史劇時，完成了系列的考證論著，推翻了胡適否定屈原存在的考證。他批評說：「胡適提倡的實驗主義，主張用科學方法批判文化遺產是好的，但他所用的方法並不科學。」〔註25〕科學研究中的假設絕非憑主觀感受遂大膽提出的，它本身應是科學的假設。胡適對屈原考證的失誤在於尚未全面佔有資料遂「大膽假設」了，因而背離了科學方法。郭沫若關於科學的考證的論述概括起來有三點，即材料的辨偽，書外求證和書內求證，定位的綜合考證。在研究中國古代社會和中國古代思想的過程中，郭沫若始終貫串著批判的精神。他的「批判」包涵兩種意義：一是對文獻資料徵引，以及關於它們的考證，都應從新加以審視和辨正；一是以新的觀念從新評價歷史和人物，以弄清歷史眞相，這卻又基於史料的考證。郭沫若的批判的結論是有大量文獻事實依據的，所以若未出現新的證據，他的結論是不易被推翻的。我們爲什麼要去研究中國古代思想，它有什麼價值，它與我們現在有什麼關係呢？這是專門從事文獻與歷史考證的國學家們難以回答的問題。郭沫若以高瞻遠矚的學術眼光談到自己的認識：

　　　　我是以一個史學家的立場來闡明各家學說的眞相。我並不是以一個宣教師的態度企圖傳播任何教條。在現代要恢復古代的東西，無論所恢復的是哪一家，事實上都是時代的錯誤。但人類總是在發展的。在現代以前的歷史時代，雖然都是在黑暗中摸索，但經過曲折紆回的路徑，卻也和蝸牛一樣在前進。因而古代學説

〔註24〕胡適《治學的方法與材料》，《胡適文集》（4），北京大學出版社，1998年，第105頁。

〔註25〕郭沫若《屈原考》，《郭沫若全集》，文學編第十九卷，人民文學出版社，1992年，第101頁。

也並不是全無可取，而可取的部份大率已溶匯在現代的進步思想
裡面了。〔註26〕

這對我們現在研究國學猶有啓迪意義，不僅使我們可以認識傳統與現代的聯
繫，尤其警示我們不能再犯「時代的錯誤」。〔註27〕郭沫若在重慶的學術研究
體現了科學的考證與從新的批判，突出了新的方法和新的價值觀念；這是對
中國學術的巨大貢獻，並推動了四川國學運動的新的發展。

三

　　四川一個很偏僻的在地圖上找不到的小地方——李莊，抗日戰爭時期曾是
國學研究的重地。李莊位於川南，乃岷江與大渡河的交匯處，是爲長江第一鎮。
此地漢代屬犍爲郡僰道縣，梁代屬六同郡南廣縣，北周時南廣縣治移至李莊
鎮，隋代改南廣爲南溪，唐末南溪縣治移至備戎鎮。李莊在今宜賓與南溪之間，
相距各五十華里。1941 年 3 月 4 日同濟大學遷入李莊後，中央研究院歷史語言
研究所、社會學研究所、體質人類學研究所、中央博物院籌備處、中國營造學
社、金陵大學文化研究所等陸續遷入。李莊成爲了學術的避難所。

　　中央研究院爲全國最高學術機構，於 1927 年 11 月成立於南京，以大學
院院長蔡元培爲院長。抗日戰爭爆發後，1937 年 11 月 12 日上海爲日軍佔領，
中央研究院奉命西遷，院總辦事處於 1938 年 2 月 16 日遷至重慶。中央研究
院歷史語言研究所於 1941 年夏從昆明遷至李莊附近八華里的板栗坳張家大
院。所長傅斯年兼任研究院總幹事之職，負責研究院西遷的任務。史語所的
研究工作是：一、史學及文籍考訂；二、語言學研究、三、人類學研究；四、
考古學研究〔註28〕。在國難時期中央研究院的存在表明中國最高學術研究機
構的存在，而歷史語言研究所的存在即表明有一批學者不爲戰爭的殘酷所困
擾而仍潛心地艱難地從事著學術研究。史語所在李莊的五年間學術成果不斷
湧現，研究隊伍不斷壯大，這是得到了國民政府、地方政府、李莊鄉紳和民

〔註26〕郭沫若《青銅時代後記》，《郭沫若全集》歷史編第一卷，人民出版社，1992
　　　　年，第 611 頁。
〔註27〕謝桃坊《科學的考證與從新的批判——論郭沫若對國學運動的貢獻》，《郭沫
　　　　若學刊》，2008 年，第 1 期。
〔註28〕張鳳琦《抗戰時期內遷西南的中央研究院》，《四川文史資料集粹》，第 734～
　　　　751 頁；岱峻《發現李莊》，第 38～45 頁，四川文藝出版社，2004 年；劉振
　　　　宇、維微《中國李莊》，第 16 頁，四川人民出版社，2005 年。

眾的大力支持而完成了一種偉大的學術使命。《歷史語言研究所集刊》創辦於
1928 年，它主要刊載所內學術成果，每年出版一集，抗日戰爭爆發後出版情
況已不正常，至 1949 年共出版了二十本，自第十本開始陸續刊載在李莊的研
究成果。抗戰勝利後，史語所於 1946 年將要離開李莊時用線裝石印了《六同
別錄》，收入論文二十七篇，分裝三冊，作爲在李莊（古代的六同）的紀念。
史語所遷回南京後，因《六同別錄》印數極少，流傳不廣，故於《集刊》分
別重爲刊出；此外有的論文亦在後來的《集刊》各期不斷發表。《集刊》的主
要論文是屬於文獻與歷史考證的，實即國學研究論文。作者有的在論文的末
尾附記有寫作的時間與地點，以及重大時事，這留下了他們在李莊的歷史痕
跡；現在看來它們已具十分珍貴的歷史價值了。文末附有題記的共三十八則，
茲擇要舉例：

　　《中古自然經濟》全漢昇　中華民國卅年十一月廿四日四川南
溪李莊板栗坳。

　　《讖緯溯原上》陳槃　民國三十一年十月六日脫稿，時流寓西
川南溪李莊之栗峰。

　　《舊唐書逸文辨》岑仲勉　中華民國三十一年五月國家總動員
日寫記，越二日成篇。

　　《爽字說》張政烺　中華民國三十一年春作，三十三年歲杪手
錄上石。研凍指殭，目瞑意倦，幾不成字，視月書舍校訖記。

　　《諡法濫觴於殷代論》屈萬里　民國三十四年十一月八日記於
四川南溪李莊。時日寇投降已逾兩月，方將漫卷詩書作出峽計也。

　　《伯叔姨舅姑考》芮逸夫　三十四年五月十八日初稿，八月十
五日在獲聞日本無條件投降消息之夕改定稿。時在四川南溪李莊栗
峰本所。

　　《北魏尚書制度考》嚴耕望　民國三十五年三月二十五日桐城
嚴耕望寫於南溪栗峰山莊，時新婚五旬又五日。

這些零散簡短的線索不僅透露了作者某些現實的情況，尤其是隱含著強烈的
時代精神。

　　《歷史語言研究所集刊》自 1928 年創刊以來迄於 1949 年共出版了二十
本，這大型的連續出版物是純學術性的，而且如這個研究所的名稱一樣具有

鮮明的學術特色——包括在李莊所寫的論文均是如此；它在中國學術界形成了歷史語言學派。此派在中國的創始人是所長傅斯年。他 1919 年於北京大學國學門畢業後赴英國留學，1923 年至 1926 年間在德國柏林大學哲學院學習，深受歷史語言考據學派——史學實證主義學派的影響。它是由柏林大學教授蘭克創立的，要求對歷史事件中有效因素的考察，在精確之上求精細的理解，對細節作深刻的富有穿透力的研究，特別重視資料的搜集與辨偽，以完成堅實的考據〔註 29〕。傅斯年在中國發展了歷史語言考據學派，並將它與中國乾嘉學派的考據學相聯繫起來。關於「歷史語言」這一新的學術概念，中央研究院院長蔡元培解釋說：「發明文字以後，傳抄印刷，語言日加複雜，可以助記憶力，而歷史始能成立。……語言學的研究，或偏於聲音，或偏於語式，或為一區域、一種族、一期間的考證，或注重於各區域、各種族、各期間相互的關係；固不必皆屬歷史，但一涉參互錯綜的痕跡，就與歷史上事實相關。歷史的研究，範圍更為廣大；不但有史以來，人類衣食住行的習慣，疾疫戰爭的變異，政教實業的嬗變，文哲科學藝術的進行，都是研究的對象。」〔註30〕這裡「語言」已具文獻的意義，「歷史」已是廣義的；因此「歷史語言研究」即是關於文獻與歷史的研究。傅斯年在談到史語所的工作說：「歷史學和語言學在歐洲都是很近才發生的。歷史學不是著史；著史每多多少少帶點古世中世的意味，且每取倫理家的手段，作文章家的本事。近代的歷史學只是史料學，利用自然科學供給我們的一切工具，整理一切可逢著的史料。」〔註 31〕這正是西方歷史語言考據學派——亦稱史料學的觀點。由此傅斯年對宋代史學家重視史料辨正到清代考據學均作了追溯，找到了傳統考據學與歷史語言學的契合，於是提出判斷學術價值的三項標準：一、凡能直接研究材料便進步，凡間接的研究前人所研究或前人所創造之系統，而不繁豐細密的參照所包含的事實，便退步；二、凡一種學問能擴張他所研究的材料便進步，不能便退步；三、凡一種學問能擴充他作研究時應用的工具的，則進步，不能的，退步。這裡非常強調對材料和事實的研究、原創性的研究和研究的方法。如果我們對歷史語言研究對象與方法加以概括，則它是對中國文獻與歷史問題

〔註29〕 何兆武《歷史理論與史學理論——近現代西方史學論著選》，商務印書館，1999
　　　　年，第 229、353 頁。
〔註30〕 蔡元培《集刊發刊辭》，《歷史語言研究所集刊》第一本，1928 年。
〔註31〕 傅斯年《歷史語言研究所的工作旨趣》，《歷史語言研究所集刊》第一本。

以科學考證方法進行研究。這樣，它實爲國學了。傅斯年提出建立「科學的東方學」，反對「國故」這個概念，以爲國粹派理解的「國故」即是「國粹」，而「國學院」也是改良的存古學堂。他反對將國學概念無限地擴張，以爲國學的大題目是在語言學和歷史學的範圍內。如果由於擴充材料和工具則勢必超出「國」的界限，所以他提倡的是歷史語言研究，並欲建立科學的東方學。關於歷史語言研究，傅斯年反對義理的探討與疏通，著重事實的考證，「一分材料出一分貨」；同時反對普及工作。這些宗旨都在其研究所裡堅決地貫徹，並在《集刊》裡體現出來。

國學運動新思潮的興起，首先是胡適引入了實用主義方法，而其淵源則是近代英國的實證主義；繼而傅斯年引入了德國的歷史語言學派。他們皆以之研究中國文獻與歷史的狹小的困難的學術問題，他們重事實，重證據，並採用自然科學的方法，而且與中國傳統考據方法結合，成爲科學考證方法；這是國學研究的基本方法。胡適提倡的科學方法在他關於中國古典小說的考證和顧頡剛發起的古史辨裡得以成功的運用；傅斯年倡導的科學方法在歷史語言研究中成功的運用。它們使國學研究取得了前所未有的成就。歷史語言研究所在李莊的研究成果不僅在整個國學運動中具有重大意義，其對四川國學的發展尤有積極而深遠的影響。

四

四川省會成都是四川國學運動的基地，這裡因特殊的歷史與地理的條件往往與主流文化保持相當的距離，國粹勢力在此盤根錯節，因而對於國學新思潮是採取抵制的。胡適的《北京大學國學季刊發刊詞》發表後，迅即遭到四川學者宋育仁的逐句的批判，這是很有代表性的。

1928 年秋四川省立國學專門學校改爲四川大學中國文學院，當時教師有蒙文通、龔道耕、李思純、劉恒如、李榕莊、譚焯庵、徐炯、余蒼一、朱青長、李絜、陶亮生、劉咸炘、林思進、吳芳吉、曾爾康、李劼人、唐迪風、趙少咸、向楚、龐石帚等蜀中學者。1931 年在成都的國立成都大學、國立師範大學和公立四川大學合併爲國立四川大學，中國文學院專門部學生併入四川大學文學院文史系。當時四川的國學界的情況如劉咸炘說：「蜀中學人無多，而有不能容異己之病。先進不能屈尊後進，又多侮老。學風衰竭，職此之由。加以遊談者多，而勤力者鮮；視經典爲玩好，變學究爲名士；以東塗

西抹爲捷，以究源竟委爲迂。」﹝註32﹞由於舊學根深蒂固，大多數的教授實爲名士。抗日戰爭爆發後，內遷成都的高校和科研機構，才帶來了新的學風。1910 年 3 月由西方教會在成都興辦的華西協合大學於 1941 年開始出版《中國文化研究所集刊》，迄於 1950 年共出版八卷。此刊橫排，兼用漢文、英文、法文和德文。論文側重關於中國文化的人類、考古、歷史、地理、語言等學科，亦刊載與中國文化有關的印度及南海等研究論文。其中刊載的國學論文有：韓儒林《元代闊端赤考》、辛用《敦煌殘曆疑年舉例》、董作賓《「四分一月」說辨證》、劉咸《海南黎人面具考》、韓儒林《女眞譯名考》、呂澂《禪學考原》、蔣大沂《漢戈戟考》、楊漢光《烏蒙小考》等。在成都華西壩的內遷高等學校有金陵大學、燕京大學和齊魯大學。在燕京大學任文史課的教師有馬鑑、鄭德坤、陳寅恪、李方桂、吳宓和徐中舒等。1944 年陳寅恪在燕京大學任教時著有《以杜詩證唐史所謂雜種胡之義》、《梁譯大乘起信論僞智愷序中之眞史料》、《長恨歌箋證》、《元微之悼亡詩箋證稿》、《白樂天之先祖及後嗣》、《白樂天之思想行爲與佛道之關係》、《論元白詩之分類》、《元和體詩》、《白樂天與劉夢得之詩》、《白香山琵琶行箋證》、《元微之古體樂府箋證》。其中有關元白詩論文九篇後來皆收入《元白詩箋證稿》﹝註33﹞，開啓了以詩證史的方法。在金陵大學任文史教學的教師有劉國鈞、倪青元、馮漢驥、蒙文通和高文。1939 年夏顧頡剛受內遷成都的齊魯大學聘爲新建的國學研究所主任，錢穆爲副主任。此所實由顧頡剛向美國哈佛大學燕京學社協商得款而成立的；所址在成都北郊崇義橋賴家園，研究生有十餘人。1941 年 6 月顧頡剛到重慶後，所務由錢穆負責﹝註34﹞。錢穆在研究所時完成了《清儒學案》書稿，並於 1940 年出版了《國史大綱》。國學研究所於 1940 年初主辦了兩個重要國學刊物——《齊大國學季刊》和《責善半月刊》。《齊大國學季刊》發表本所研究成果，共出版兩期，主要論文有：孫次舟《論魏三體石經之來源及兩漢經古文寫本問題》、陸懋德《瑚璉考》、黃文弼《中國古代大夏位置考》、張維華《漢張掖郡驪軒縣得名之來源》、侯寶章《中國解剖史之探討》、姚名達《史字之本來意義》、丁山《聚珍本牧庵集跋》、丁山《吳回考》、孫次舟《虢

﹝註32﹞ 劉咸炘《與蒙文通書》，《推十書》，成都古籍書店，1996 年影印本，第 2007 頁。
﹝註33﹞ 蔣天樞《陳寅恪先生編年事輯》，上海古籍出版社，1981 年，第 122 頁。
﹝註34﹞ 錢穆《師友雜憶》，嶽麓書社，1986 年，第 200～209 頁。

季子白盤年代新考》、張維思《語音歷史觀解蔽》、杜奉符《墨子小記》。《責善半月刊》刊載齊魯大學國學研究所和國文史社兩系師生及校外學者的研究成果，設置的欄目有論文、札記、通信、書籍提要、論文提要、演講筆記、國內外學術消息。此刊每月出版兩期，1940 年至 1942 年共出版兩卷四十八期。此刊內容豐富，形式多樣，團結了蜀中本地與流寓的眾多學者，影響極大。主要撰稿人有：丁山、金毓黻、蘇雪林、嚴恩紋、孫次舟、錢穆、顧頡剛、乾樹民、賀昌群、黃文弼、韓儒林、張政烺、史念海、楊向奎、羅香林、楊樹達、鄧子琴、胡厚宣、嚴耕望、劉樸、徐德庵、李源澄、譚其驤。其第二卷要目有：賀昌群《論王霸義利之辨》、慕壽祺《歷代石經考》、黃文弼《兩漢匈奴單于庭變遷考》、杜光簡《唐宋兩代產絲地域考》、范午《宋遼金元道教年表》、史念海《永嘉亂後江左對於流人之安置》、孫道升《黎軒與希臘》、錢鍾書《中國詩與中國畫》、鄧廣銘《書諸家跋四卷本稼軒詞後》、施之勉《董仲舒對策年歲考》、胡厚宣《甲骨文四方風名考》、方豪《拉丁文傳入中國考》。此刊與重慶的《文史雜誌》是抗戰時期辦得最好最活躍的兩種國學雜誌。

在成都周圍尚有兩所內遷的重要高等學校，即武漢大學和東北大學。武漢大學於 1938 年 12 月遷於四川樂山，文學院主要教師有朱光潛、陳源、高翰、劉永濟、劉博平、方壯猷等〔註35〕。武漢大學於 1941 年恢復《文哲季刊》，存 1941 年至 1943 年三期，重要國學論文有：劉異《六藝通論》、徐震《穀梁箋記》、黃焯《古音為紐歸匣說》、黃方剛《釋老子之道》、吳其昌《宋代哲學史料叢考》、徐天閔《詩歌分期之說明》、方壯猷《遼金元科舉年表》等。1938 年 3 月東北大學內遷於四川三台縣，文史主要教師有：蕭一山、金毓黻、陸侃如、馮沅君、孔德、董每戡、霍玉厚、佘雪曼、趙紀彬、金景芳、謝澄平、丁山、楊向奎、余文豪、陳述等〔註36〕。1941 年國立東北大學東北史地經濟研究室主辦了《東北集刊》，至 1945 年共出版了八期。此刊為東北史地經濟研究的專門學刊，其中的國學論文有：王家琦《遼賦稅考》、陳述《契丹女真漢姓考》、李符桐《回鶻西遷以來衰弱考》、陳述《越里野利逸利越利諸侯考》、李符桐《撤里畏兀兒來源考》、隋覺《明清薩爾滸之戰》、陶元珍《遼東公孫氏事跡考》、金毓黻《遼部族考》、蕭一

〔註35〕盧祥麟《在樂山時期的武漢大學》，四川省政協文史資料委員會，《抗戰時期內遷西南的高等院校》，貴州人民出版社，1988 年，第 223～233 頁。

〔註36〕王振乾《東北大學史稿》，東北師範大學出版社，1988 年，第 124 頁。

山《清代東北之屯墾與移民》等。爲什麼東北大學在四川還要致力於東北的學術研究呢？編者認爲：

> 研究東北，直接固爲收復東北、建設東北之準備，間接亦即爲將來與吾中華民族之活動擴展有關之百年大計。此本大學所以欲以研究東北爲今後中心工作之理由也。〔註37〕

這表現了學者們對抗戰必勝，必將收復東北之堅定信心；他們的研究已爲今後東北的建設作準備了。我們從其所刊之國學論文是可見到文獻與歷史考證都並非與社會現實無關的。

國學研究工作在整個社會中的地位是怎樣的，它有無現實意義？顧頡剛曾於 1926 年表明：「研究學問的人，只該問這是不是一件事實；他既不該支配事物的用途，也不該爲事物的用途支配。」〔註38〕抗戰時期顧頡剛在成都發揮了其早年的觀點，他說：

> 學問事業爲一國文化之所寄託，民族思想之所鍾寓，失此而不講，其損失之重大，又何減於土地之淪喪乎？所幸半壁尚存，絃誦可續，吾輩士子，退處後方，安可不乘此時機，兢兢自持，各本素日之志願，共爲學問之探討，以期與前方將士，同負此抗戰建國之使命！〔註39〕

學者們以自己的專業工作保存中華學術的命脈，即是肩負起了抗戰建國的神聖使命。這深刻地表達了學者們對抗戰與學術關係的認識，亦即闡明了國學與社會現實的關係。國學研究的價值即是如此。

顧頡剛早年曾說：「國學是什麼？是中國的歷史，是歷史科學中的中國的一部份。研究國學，就是研究歷史科學中的中國的一部份，也就是用了科學的方法研究中國歷史的材料。」〔註40〕他理解的國學研究對象是「中國歷史的材料」，即歷史文獻，研究方法是科學的方法。胡適和顧頡剛認爲清代考據學是與西方的科學實證方法的精神是一致的，但國學研究方法是在以西方實證主義爲方法論而以中國傳統考據學爲具體方法的，因而它比

〔註37〕《東北集刊》第一期附錄，1941 年 6 月。

〔註38〕顧頡剛《北京大學國學門周刊發刊詞》，《新文學大系·史料索引》，良友圖書公司，1936 年，第 175 頁。

〔註39〕顧頡剛《齊大國學季刊·後記》，《齊大國學季刊》新一卷一期，1941 年。

〔註40〕顧頡剛《北京大學國學門周刊發刊詞》，《新文學大系·史料索引》，良友圖書公司，1936 年，第 175 頁。

傳統的考據學更爲進步了。顧頡剛於 1933 年談到清代考據學時說：「他們的校勘訓詁是第一級，我們的考證事實是第二級。」〔註 41〕這樣國學已不等於是簡單的名物訓詁與校勘，而是對文獻與歷史的事實的細密的科學考證。1940 年顧頡剛在成都時，具體闡述了以「沉潛之功」超越清代的考據學：深思所學，試立假設，商討導議，不護前短，敷以系統，勒爲專著。他概括說：

> 質辭言之，則初由材料以發生問題，次由問題以尋求材料，而即由此新得之材料以斷決問題，且再發生他問題，三者循環無端，交互激發，遂自鞭辟入裡，物無遁形。……文史諸科，雖與自然科學異其對象，實當與自然科學同其道理。〔註 42〕

這就是科的考證方法。我們從《北京大學國學季刊》、《古史辨》和《歷史語言研究所集刊》等國學研究刊物發表的論文來看，大都是考證文章，因而曾給學術界的印象是：國學即等同於考據學。

華西協合大學史學家蒙思明應齊魯大學國學研究所錢穆之邀專題講演考據學的意義。他論述了歷史研究是什麼，史學包括些什麼，近世考據風尚壓倒一切的原因。蒙思明指出國學運動以來的考證方法，一方面是清代考據學的發揚，同時又繼承了西方考據學的餘緒。由於在西方近代各種專門學科的成立，過去綜合性的史學被分解，以致考據學獨佔了史學的地盤。這在中國的情形也是如此，以致「在科學方法整理國故的金字招牌之下，……學者們高談整理國故，專崇技術工作；使人除考據之外不敢談史學。評文章的以考據文章爲優，倡學風的以考據風氣爲貴」。蒙思明最後認爲：「我們需要考據，也需要考據學，更需要考據家。但我們需要有目的的考據，更精密的考據學，具特識的考據家。否則整理國故，再造文明的鴻願，永遠是一個鴻願而已。」〔註 43〕蒙思明見到在考據風尚中存在的一些問題，給予了考據學在整個學術系統中的合理的定位。這時科學考證已是國學運動的主流了。

〔註41〕 顧頡剛《古史辨第四冊顧序》，《古史辨》第四冊，上海古籍出版社，1982 年，第 22 頁。

〔註42〕 顧頡剛《責善半月刊發刊詞》，《責善半月刊》創刊號，1940 年 3 月。

〔註43〕 蒙思明《考據在史學上的地位》，《責善半月刊》，第 2 卷 18 期，1941 年 12 月。

五

抗日戰爭勝利後，1946 年重建重慶大學，在中文系任課的教師有：顏實甫、鄭思虞、魏興南、劉樸、周苪生、邵祖平、張以禮、崔伯皐、湯道耕、秦鳳翔、張默生、何劍熏、田楚倩等。1945 年冬季，四川大學文學院中文系的學生們組成了國立四川大學國學研究會，邀請系裡的教師於課外作學術講演，以爲國學研究的指導；國學研究會根據同學們記錄整理成文，於 1946 年 2 月將文稿匯集爲《國學會刊》第一期出版發行。此刊有向楚的簡短序言，刊的論文有：彭芸生《宋明理學之流別》、路金波《論治學本末及其方法》、潘重規《毛詩初講》、趙少咸《說反切》。任課教師吳宓和潘重視是外地學者，其餘的向楚、林思進、趙少咸、彭芸生、龐石帚、殷孟倫、王利器、陳志憲、趙幼文均爲蜀中學者。學生們自發成立國學研究會，這是受到抗日戰爭時期內遷高校和學術機構的國學家的影響所致。從在國學研究會講演的教師來看，他們大多數已受到國學新思潮和新方法的影響而具有新的學風了。

在三台的東北大學曾於 1944 年由文科教師丁山的努力成立了草堂國學專科學校，聘請四川大學教師蒙文通任校長。因蒙文通住在成都，不能長期留在三台，遂由楊向奎代校長，由蒙季甫負責具體事務。國專學校分文、史、哲三科，教師由東北大學教授兼任。葉丁易爲文科主任，楊向奎爲史科主任，趙紀彬爲哲學科主任。他們講授傳統經學時已引入了歷史唯物主義觀點。〔註44〕後來國學專科學校內部份裂，一部份人主張遷往重慶北碚，另一部份人主張請蒙文通將學校遷於成都。1946 年國學專科學校遷於成都西郊金牛壩，因成都舊有尊經書院，爲繼承傳統遂改名爲私立尊經國學專科學校。校董事長爲謝无量，校長爲蒙文通，任課教師大都是四川大學和華西協合大學的學者，有彭芸生、文百川、吳天墀、蕭萐父、曾義甫、李英華、馮漢鏞、戴執禮、劉雨濤等。分經學、文學、史學、哲學四科，學生約百餘人。1949 年 12 月成都解放後國學專科學校停辦，在校學生分別轉入四川大學和華西協合大學相關的學科學習。

私立尊經國學專科學校校長蒙文通於 1911 年入成都存古學堂學習，1912 年轉入四川國學館，受業於廖平和劉師培；1929 年教於中央大學；1930 年受聘於成都大學；1933 年教授於北京大學；1939 年秋教於東北大學；1940 年任四川省圖書館館長兼華西協合大學教授。蒙文通由經學轉入史學，著有《古

〔註44〕蒙默《蒙文通學記》，三聯書店，2006 年，《我們的蒙老師》，第 68 頁。

史甄微》、《古學甄微》、《古族甄微》、《古地甄微》、《經學抉原》、《中國史學史》等，治學範圍極爲廣泛。其國學論文有《中國禪學考》、《與胡樸安論三體石經書》、《論秦焚書與古文佚經》、《中國古代北方氣候考略》、《〈宋略〉存於〈建康實錄〉考》、《秦爲戎族考》、《中國古代民族遷徙考》、《從社會制度及政治制度論〈周官〉成書年代》、《〈水經注〉違失舉正》、《漆雕之儒考》、《黃老考》、《楊朱考》、《法家流變考》、《百越民族考》等。蒙文通的國學論文是在哲學思想和史學觀念指導下的有目的的考證，而且存在某些今文經學的影響。他自述治學心得：

> 我從前本搞經學，後來教史學，十年後才稍知道什麼是史學，
> 應如何治史。治經、治史方法、目的都不同，但也有部份人始終不
> 免以清人治經之法治史，就是以考據治史，所以不免於支離破碎，
> 全無貫通之識，這遠不如以諸子之法治史。其實經學也不單憑考據
> 可了。考據是工具學問，治經史都用得著，但它卻不是經學或史學。
> 〔註45〕

他在治學方法上貫通了經學、史學和諸子，具有獨特的學術個性。他並不專事考據，但柳翼謀認爲其「考據過於清人」。從考據學與經學和史學的關係而言，它所提供的事實證據可以爲經學和史學使用，而它並非經學或史學。這是蒙文通繼劉咸炘之後的卓識，非常有助於我們認識國學的性質及它與其它學科的關係。蒙文通在四川國學界中的成就是巨大而顯著的。他治國學不僅有個性，而且可體現四川國學的某些特點。他是四川國學學校最後一位校長，亦應是四川國學運動的光榮結束者。

從 1912 年四川國學院的創立至 1949 年私立尊經國學專科學校的解體，這三十八年間四川國學運動由發創、發展、繁榮興盛到結束，走完了自己的全過程。當我們粗略地考察了這一發展過程，頗感其中含有深刻的歷史經驗：

（一）四川學術是中華學術之一，並受主流文化影響，但由於僻處西南的特殊歷史與自然條件而又形成了某些地域的特色。從國學運動而言，四川雖然在國內首創國學院，卻是在國粹思想影響下產生的；正如有學者指出國學院實爲清末存古學堂的變形，國學院的國學家們大都是經師，而且以儒學爲國粹核心的。因此觀念的守舊與方法的落後，這使四川國學的意義大爲減色；在國內與北京、上海、南京、無錫、廣州、蘇州等地的國學水平相比較

〔註45〕蒙默《蒙文通學記》，三聯書店，2006 年，第 34 頁。

仍是處於滯後狀態的。清末四川尊經書院與存古學堂培養了許多固守儒學的弟子，以今文經學思想特甚，他們大都執教於國學學校和高校，這造成國粹思想在四川國學運動中極為強固的原因。

（二）四川國學的發展同全國一樣經歷了從國粹到國學新思潮的階段，而新思潮逐漸成為主流。然而這一過程的變化發展不是四川國學內在的自覺，而是由於抗日戰爭爆發的偶然的歷史原因，使全國國學運動的中心向西南轉移。國學新觀念與新方法迅猛地湧進四川學術界，國內的國學大家和青年學者雲集於四川，因此促進了四川國學的繁榮興盛並改變著四川國學運動的性質。在四川的歷史上，秦國滅蜀後引入了中原文化，使四川進入文明社會，從而興起了蜀學；唐末中原戰亂，衣冠士族紛紛入蜀，再次引入了中原新文化，致使五代和兩宋時期四川文化的高漲和蜀學的興盛。抗日戰爭時期華北、東北、華東和華中等地的高校和研究機構的內遷四川，這是四川歷史上第三次最大的文化發展機遇；它引起四川國學的新變是極為顯著的。這些高校、研究機構和國學大家們在四川培養了一大批志於國學研究的青年學者，使國學運動不僅未在國難之際停滯與沉寂，而是愈益發展了。學者們將國學研究作為保存中華學術命脈的偉大而神聖的使命來對待，堅定抗戰必勝和抗戰建國的信心，因而在民族文化的最高層次上體現了國學與時代的契合，最深刻地展示了國學研究的意義。這一切的成效是與國民政府的抗戰建國的策略的支持分不開的，表現了政府對純學術研究事業的重視與認識。抗日戰爭勝利後，流寓的學者們出峽了，但他們播下的新的國學種子卻在四川肥沃的土壤裡生根發芽，開花結果。從此四川學術與主流文化的關係較為密切了。

（三）國學是什麼，即它的學術性質、研究對象和方法是怎樣的？這是困惑了幾代學者們的問題，而且也同樣是現在學者們感到困惑的。在學術史上任何一種新學術或新學科的形成都有一個探索過程，即很難一下認清其本質特徵。我們對於國學的認識亦是如此。現在當我們以四川國學運動作為考察對象時，從中可以見到國學家們對國學認識的發展過程。廖平等顯然是將國學等同於儒學的；劉師培開始從學術視角將國學理解為學術流變史；劉咸炘曾提出國學是四部書相連，不可劃疆而治，因而與科學不同；葉楚傖以為文史研究的對象是文史的批評案；郭沫若將國學研究等同於考據學，並提出科學的考證；顧頡剛認為國學是用科學的方法研究中國的史料；傅斯年提倡

歷史語言考證方法研究中國的文獻資料；蒙思明公允地評價國學的考據在歷史上的地位；蒙文通則以哲學和史學的觀念為指導進行考據，說明國學與其它專門學科間的關係。此外，在我們所列舉的國學論文裡，可見它們基本上都是關於傳統文化中許多狹小的學術問題或文史批評公案進行的考證。這樣可以作出如下結論：國學是以研究中國古代文獻與歷史中存在的狹小的疑難的學術問題為對象；這些問題雖然狹小，但只有具備關於中國文化的廣博知識並採用科學的考證方法才能解決的。它是一個中國學術綜合的涉及哲學、史學、文學、文字、音韻、文獻、版本、校勘、訓詁等邊緣性學科；它即是新中國建立以來的文史研究。國學研究與國學基礎是兩個層面，不能淆混。國學是獨立而純粹的學術，不負擔其它政治的、倫理的、社會的和普及的任務。國學在弘揚中華傳統優良文化的過程中有其重要意義，即中國學者自己解決中國的困難的學術問題，以延續中國的學術命脈。〔註46〕

1993 年北京大學中國傳統文化研究中心主辦的《國學研究》創刊，標誌國學熱潮再度興起，四川的國學研究亦相應的活躍起來。現在我們考察四川國學運動，這不僅對四川，而且對全國國學研究的發展都可作為歷史借鑒的。

（原刊《西華大學學報》2008 年第 6 期）

〔註46〕謝桃坊《國學辨證》，《學術界》，2007 年，第 6 期。

儒家與宗教
——論西方的儒教觀念及相關的問題

　　中國的儒家及其學說是否具有宗教的性質，這是二十世紀以來西方和中國研究宗教學和儒家的學者們關注的重大學術問題，而且存在很大的爭議。某些西方學者看來，任何民族、國家總是與宗教有關聯的，十九世紀德國史學家蘭克即認爲：「歷史就是宗教，或者兩者之間無論如何也有著最緊密的聯繫。」〔註1〕二十世紀初法國社會學家杜爾克姆將宗教觀念擴展到對整個社會的聯繫，以爲「宗教在任何社會都具有永恒性和必然性」〔註2〕。在西方一種泛宗教觀念的影響下，現代西方學者愈益堅定地肯定儒家爲宗教。然而自1582年 8 月耶穌會士意大利人利瑪竇到中國澳門開始傳教以來，耶穌會士們對儒家是否具有宗教性質即感到非常困惑，但他們還是稱之爲「儒教」。西方「religion」的含義爲宗教，而在中國古代文獻中卻無此概念。關於儒家及其學說，德國馬克斯·韋伯稱爲「儒教」，他說：「儒教是中國官方稱呼即爲『士大夫學說』（Lehre der Literaten，或譯儒家學說）。」〔註3〕加拿大學者秦家懿解釋說：「『儒學』究竟是什麼？西方稱之爲 Confucianism，按字面的解釋，即『孔教』的意思，是一套由孔子創立的思想系統。其實這一西方術語並不準

〔註1〕〔英〕喬治·皮博·古奇《十九世紀歷史學與歷史學家》，耿談如譯，商務印書館，1989 年，第 193 頁。
〔註2〕〔蘇〕M·П·諾維科夫《宗教學教程》，龔學增等譯，中國人民大學出版社，1990 年，第 17 頁。
〔註3〕〔德〕馬克斯·韋伯《儒教與道教》，洪天富譯，江蘇人民出版社，1993 年，第 169 頁。

確。」﹝註4﹞西方是稱儒家爲儒教的，無論準確與否，都是以之爲宗教性質的。由儒教觀念出發，西方一部份學者從宗教的視角看待儒家性質，而另一部份學者卻又發現儒家是無神論者。這表現出對中國文化的認識感到困難，而且他們在闡釋中常常陷於邏輯的混亂。茲考察西方學者對儒家性質的認識，當有助於我們從廣闊的視野更冷靜地和歷史地來看待新時期以來我國學術界關於此問題的爭議。

一

關於中國人是否具有宗教精神，西方學者的判斷出現兩個極端。法國學者葛蘭言說：「觀察家們依據他們個人的偏見時而宣稱中國人是世界上最迷信的，時而又說中國人缺乏眞正的宗教精神。」﹝註5﹞雖然如此，但他還是同意西方所有的人「都稱中國有三種宗教」，它們是儒教、佛教和道教。利瑪竇首先發現：「中國的書籍列舉世界上只有三種崇拜或宗教信仰的體系，而並不知道還有別的。這三種是儒教、釋迦和老子。」﹝註6﹞葡萄牙人曾德昭 1620 年在中國內地傳教，他談到中國的教派說：「他們仍有三教，儘管很不相同，他們卻不排斥任何一種，或者正確說，他們誤信得很厲害，把三教合而爲一。其中兩教是中國本土的，最早發源於中國。第三種即偶像教，是外來的，源出印度。」﹝註7﹞曾德昭見到的「三教合一」是元代以來的個別現象，而歷史上的「三教」曾是長期鬥爭的。1870 年麥克斯‧繆勒於英國科學研究所的講演裡認爲：「中國產生了兩個宗教，前者的聖典是《四書》、《五經》，後者的是《道德經》。」﹝註8﹞這樣形成了關於中國教派的基本觀念：從中國歷史上三教論爭，發展爲將儒教、道教和佛教並列爲中國三大宗教。

﹝註4﹞〔加﹞秦家懿、〔瑞士﹞孔漢思《中國的宗教與基督教》，吳華譯，三聯書店，1990 年，第 65 頁。

﹝註5﹞〔法﹞葛蘭言《中國宗教之精神》，《漢學研究》第二集，中國和平出版社，1997 年，第 120 頁。

﹝註6﹞〔意﹞利瑪竇、〔比﹞金尼閣《利瑪竇中國札記》，何高濟等譯，中華書局，2001 年，第 100 頁。

﹝註7﹞〔葡﹞曾德昭《大中國志》，何高濟譯，上海古籍出版社，1998 年，第 104 頁。

﹝註8﹞〔英﹞麥克斯‧繆勒《宗教學導論》，上海人民出版社，1989 年，第 48～49 頁。

　　儒爲學者之稱。中國春秋後期，即公元前五世紀之末在知識分子階層中出現一種文化修養很高，熟悉歷史典籍，懂得詩書禮樂的，志於爲諸侯貴族服務的群體。孔子即是此群體中最傑出的學者，他的弟子很多，由此形成儒家學說，並在諸子百家爭鳴時成爲一個重要的學派——儒家。他們以遠古賢明帝王的治世爲社會理想，以禮教區分尊卑貴賤的社會等級，以仁義忠孝作爲社會道德規範，而且特別注重個人的道德修養。儒者爲統治階級治理國家的積極入世精神極爲強烈，世俗性的特徵非常顯著，但在春秋和戰國的衰亂之世，其學說與法家、墨家、縱橫家比較，則頗迂闊而不適用，所以它的價值也不爲各國的統治者所認識。公元前 140 年漢武帝鑒於自秦王朝統一中國以來，統治階級已經試用過法家、縱橫家和道家等學說爲治國理論；他從政治上考慮，見到儒家禮教有利於鞏固封建統治，其「仁」與「義」作爲社會道德原則易爲民衆接受，因而採納董仲舒「罷黜百家，獨尊儒術」的建議。此後中國歷代王朝皆以儒家學說爲治國的指導思想和社會政治倫理的理論基礎。漢代學者對儒學的性質的認識是很明晰的，所以《漢書‧藝文志》述及先秦以來學術的「九流十家」中，具有影響而形成學派的九家首爲儒家，其次爲道家、陰陽家、法家、名家、墨家、縱橫家、雜家、農家。從孔子的時代至東漢永平四年（61）班固完成《漢書》初稿時，雖然有原始的迷信殘存於民間，以及陰陽五行與讖緯之說流行，但學術界尚無宗教的概念；這時的儒家與道家皆僅爲學派而已。歐洲、中亞和印度的許多民族都有自己的神話，而宗教則依附神話在這些民族的初期的思想意識與社會生活中起到支配的作用。中國上古時期固然也有一些神話和原始迷信，可是它們在中華文明的進程中並未起到什麼作用。德國哲學家謝林於 1857 年出版的《神話哲學》裡以爲中華民族是沒有神話的民族，它的發展超越了神話運動。謝林說：

> 中國人的意識完全避開了宗教過程，並在一開始即達到了其它民族經過神話過程才達到的純理性的境地。中國人達到的這種精神境界成了眞正的摹本，近來有些人孜孜不倦地以求達到這種境界，他們試圖使宗教的目的爲國家服務。從這個意義上，人們可以稱中華民族爲非宗教的民族；甚至可以說，中華民族以徹底的無神論爲代價換取了擺脫神話過程的自由。〔註9〕

〔註 9〕 〔德〕夏瑞春《德國思想家論中國》，陳愛政等譯，江蘇人民出版社，1997
　　　　 年，第 149 頁。

此種論斷在佛教傳入中國之前無疑是完全正確的，然而在佛教傳入後中國確有了眞正的宗教，繼而又衍生了本土的宗教。中華民族的思想與信仰變得複雜起來，以致出現了三教論爭。

東漢明帝永平十年（67）印度僧人迦葉摩騰與竺法蘭於中國洛陽白馬寺譯《四十二章經》一卷，標誌著印度佛教開始在東土流傳。東漢順帝漢安元年（142）張陵吸收道家學說與方士神仙之說創立道教而與佛教抗衡。此兩教的宗教特徵非常明顯，它們與儒家構成中國三大信仰體系。自東漢以來無論帝王的個人信仰如何的變化，儒家學說作爲統治思想的地位則是穩固的，因爲佛教和道教的出世精神使它們不可能成爲治理國家的基本理論。這種政治利害關係是統治階級很清楚的。貞觀元年（627）唐太宗於即位時曾說：「戡亂以武，守成以文，文武之用，各隨其時。」〔註10〕當平定社會戰亂時必須用武力，即採取法家與兵家之說；治理社會，必須倡導文治，即宣揚儒家之說。唐王朝雖然出自李氏而崇奉老子，但唐太宗表示：「朕今所好者，惟在堯、舜之道，周、孔之教。」〔註11〕統治者的最佳選擇是儒家學說，唐太宗認爲統治者崇尚儒家比如飛鳥有翼翅，游魚依賴於水，失之必死。他的認識是很典型的，可以代表中國統治階級對儒家的基本態度。韋伯論及中國的宗教即將儒家視爲「正統」，而道教與佛教則作爲「異端」而存在的；這確切地見到三者在中國社會政治生活中的地位。朝廷的重臣都是儒者，他們從社會政治、禮法及經濟的角度考慮，經常主張排佛或滅佛，而對於道教因其是本土宗教則常常採取寬容的態度；每當道教與佛教論爭時，道教往往藉助儒家的政治勢力。這形成了中國宗教史上長期的三教論爭。北周武帝宇文邕雖出自夷狄，但成爲北方統治者後仍以爲「儒教之弘政術，禮義忠孝於世有宜」。〔註12〕他於天和四年（569）三月十五日召集名儒、眾僧、道士及文武百官二千餘人於正殿展開三教辯論。這次辯論歷經數載，至建德三年（574），武帝詔令：「沙門、道士，並令還俗。三寶福財，散給臣下；寺觀塔廟，賜給王公」。〔註13〕三教辯論的結果是儒家的地位愈加鞏固，而佛教與道教均被廢除。此後在唐代武德五年（622）、武德九年（626）、貞元十二年（796）、大和元年（827）均有三教辯論。這些辯論主要是佛教與道教雙方的論戰，而道教總是在教理

〔註10〕司馬光《資治通鑒》卷一九二，《唐紀》八，中華書局，1956年。
〔註11〕唐・吳兢《貞觀政要》卷六，《四庫全書》史部雜史。
〔註12〕釋道宣《敘釋惠遠抗周武帝廢教事》，《廣弘明集》卷十，《四庫全書》本。
〔註13〕釋道宣《敘周武帝集道俗議滅佛法事》，《廣弘明集》卷八。

方面處於劣勢。三教辯論中儒家並非以宗教角色參加的，雖然有時也被稱爲「儒教」，但皆迴避了三者的宗教性質，自然未涉及「儒教」是否宗教的問題。儒家僅是參加了佛教與道教之爭，因其是三大信仰之一的重要勢力，遂亦稱之爲「教」，然而並未因此改變其非宗教的世俗性質。北宋初年儒者孫復即以爲將儒家列爲「三教」之一是儒者的恥辱，他說：

> 佛老之徒，橫行於中國，彼以死生福禍、虛無報應爲事，千萬其端，紿我生民，絕滅仁義，屏棄禮樂，以塗塞天下之耳目。天下之人，愚眾賢寡，懼其死生禍福，報應人之若彼也，莫不爭奉而竟趨之。觀其相與爲群，紛紛擾擾，周乎天下，於是其教與儒齊驅並駕，峙而爲三。吁，可怪也，去君臣之禮，絕父子之戚，滅夫婦之義，儒者不以仁義禮樂爲心則已，若以爲心，得不鳴鼓而攻之乎？
> 〔註14〕

這代表了眞正儒者的觀點，堅決表明儒家與佛教和道教在性質上的區別。關於儒家是否宗教問題，德國古典哲學家黑格爾說：「中國的那種宗教不可能是我們所講的宗教。」〔註15〕他以爲宗教是人的精神的內在性，它是擺脫了國家關係和世俗控制的；而中國的儒家並未臻於這個發展階段。黑格爾主張宗教是在人類認識較高階段出現的。謝林等哲學家則認爲儒家的理性精神是超越於宗教神秘主義的，然而黑格爾卻從否定意義見到儒家並非西方觀念中的宗教。

二

　　人類歷史上的任何宗教皆崇拜超自然的東西，關注人的終極價值的追求，並相應有嚴格的宗教祭拜儀式；這三者是宗教的基本標誌。中國儒家是否具有這三個標誌呢？此是判斷儒家是否宗教的依據，西方學者對此在認識上存在著分歧。

　　關於對超自然力的態度，儒家的態度較爲含糊，而且不去探究它。中國殷周時期的先民已感到有一種超自然力的「天」，它主宰著宇宙萬物的命運。儒家聖人孔子關於「天道」的具體見解，其弟子們並未聽見。孔子從

〔註14〕宋・孫復《儒辱》，《宋元學案》卷二《泰山學案》。
〔註15〕〔德〕黑格爾《東方世界》，《德國思想家論中國》，陳愛政等譯，江蘇人民出版社，1997年，第127頁。

來不談論怪異和鬼神等超自然物，對它們採取了迴避的態度。一次孔子患病，弟子請他向天地神祇禱告，他則以為自己平素行事是符合神明的，不必禱告。在孔子看來是有一種超自然力的「天」，它不說教，但一年四時運行，萬物生長，均遵循著它的規律；因此有學問的人應該對這種超自然的意圖——「天命」表示敬畏。如果人們的行為違背了社會道德規律，便獲罪於天，即使禱告也無濟於事了。儒家的亞聖孟子以為聖人對於「天道」的遵崇是一種自然之性。儒者荀子關於「天」作了專論，他以為「天」有自己的規律，並不因為賢帝而存在，也不因暴君而消失。執政者只要重視農業，節用財物，則天不會使之貧窮的；國家豐衣足食，勤政而不誤農時，則天不會使之勞苦的〔註16〕。儒家觀念中的「天」，在宋代新儒學家看來實為「理」，即最高的理性範疇。由於孔子對「天」的態度含糊，由於宋儒以為它即是「理」，因此西方學者對它難作出較為真實的判斷。耶穌會士們初到中國傳教，發現儒家崇奉的「天」與他們崇奉的「上帝」存在某種相似之處而引起極大的興趣。利瑪竇說：「從他們歷史一開始，他們的書面上就記載著他們所承認和崇拜的一位最高的神，他們稱之為天帝，或者加以其它尊號表明他既管天也管地。」〔註17〕利瑪竇卻又發現中國的這位至高的神與西方的至高的神是不一樣的，它沒有形象，沒有人格化，不是神怪，也非邪惡的主宰。利瑪竇后來在呈與教皇的書信裡說：「當我們仔細研究一下所有這些著作時，我們就會發現其中很少有什麼東西是和理性之光相反的，而大量的倒是與之相一致的，他們的自然哲學家並不比任何人差。」〔註18〕在利瑪竇看來，儒家敬奉的「天」是具自然哲學意義的，並不存在超自然的神秘主義色彩，不屬於偶像崇拜。唐代建中四年（783）朝廷重臣盧贄向德宗皇帝闡釋國家興亡與天命的關係說：

> 臣聞天所視聽皆因於人，故祖伊責紂之辭曰：「我生不有命在天！」武王數紂之罪曰：「乃曰吾有命，罔懲其侮。」此又舍人事而推天命必不可之理也。《易》曰：「視履考祥。」又曰：「吉凶者，得失之象。」此乃天命由人，其義明矣。然則聖哲之意，《六經》會通，

〔註16〕 參見《論語》：《公冶長》、《述而》、《陽貨》、《季氏》、《八佾》；《孟子》：《盡天下》；《荀子》：《天論》。

〔註17〕 〔意〕利瑪竇、〔比〕金尼閣《利瑪竇中國札記》，何高濟等譯，中華書局，2001年，第99頁。

〔註18〕 同上，第687頁。

皆謂禍福由人，不言盛衰有命。蓋人事理而天命降亂者，未之有也；

人事亂而天命降康者，亦未之有也。〔註19〕

盧贄的見解體現了真正的儒者的「天命由人」的觀點，其無神論的傾向是十分明顯的。所以黑格爾承認：「中國人的天不是建構在地面上空的獨立王國這樣一個世界，也不是一個自為的理想王國，它不像我們所想像的擁有天使和死魂靈的天國一樣，也不像與現世生活截然不同的希臘奧林匹斯山一樣，而是一切都在現世。」〔註20〕這樣，儒家崇敬「天」，實為對現世的重視，因而不能以西方的宗教觀念來看待它。然而西方現代研究宗教學者卻從泛宗教觀念來看待「儒教」的「天」。瑞士神學教授孔漢思說：「中國人畏天命，遠在孔子以前就很普遍，而現在仍在許多方面是中國宗教的主要特徵，是虔誠地信神的證明。」〔註21〕美國哈特福德神學基金會主任劉易斯·霍得斯以為「儒教」是中國的國教：「這一國教的崇拜中心是上帝或叫做天帝。上帝的意思就是天上的君王，他是商朝時地位最高的神靈。『帝』一詞也被用來代表皇家的祖先們。」〔註22〕1980～1983 年美國學者喬基姆在中國考察中國的宗教，他關於儒教傳統中對「天」的崇拜說：「這裡，天既不是指人死後的去所，也不是指上帝一類的宇宙創造者，而是指中國古人發現的、內在於宇宙運行方式的中國道德屬性的化身。」〔註23〕喬基姆的理解較為符合中國這一概念的實際，而且對之作了現代自然哲學的表述。我們比較西方諸家之說，利瑪竇、黑格爾和喬基姆的見解更具合理性。

關於終極價值的追求，即生命必然有終極，但魂靈是否存在，它是否能到一個超自然的理想的地方？儒家對此問題同對待「天」一樣，其態度仍是較模糊的，未作肯定的回答。中國民間的原始迷信中對鬼神的崇奉即表示了人的魂靈的不滅，而且有一個鬼神的居所。這種迷信不僅在孔子的時代存在，而且此後亦長期存在。儒家主要關注現實社會，無暇也無思辨能力去探討人

〔註19〕 司馬光《資治通鑑》卷二二八，《唐紀》四四，中華書局，1956 年。

〔註20〕 〔德〕黑格爾《中國的宗教或曰尺度的宗教》，《德國思想家論中國》，陳愛政等譯，江蘇人民出版社，1997 年，第 101 頁。

〔註21〕 〔加〕秦家懿、〔瑞士〕孔漢思《中國的宗教與基督教》，吳華譯，三聯書店，1990 年，第 92 頁。

〔註22〕 〔美〕愛德華·J·貫吉《世界十大宗教》，劉鵬輝譯，吉林文史出版社，1991年，第 1980～1983 頁。

〔註23〕 〔美〕克里斯蒂安·喬基姆《中國的宗教精神》，王平等譯，中國華僑出版公司，1991 年，第 9 頁。

的終極意識。孔子的弟子季路問關於奉祀鬼神的問題,孔子表示尚未作好關於民人的事,怎能去祀奉鬼神呢?弟子又問人死後的情形會是怎樣的,孔子回答說:我們對人生尚不知道,怎能知道人死後的情形呢?〔註24〕儒家執著於現實人生,不願去探究不可驗證的超自然的事物。儒者繼承了中國先民祭祀祖先的傳統,也參加統治階級祭祀山川天地神祇的活動,但這些是否就說明儒者相信祖先的魂靈和神的存在呢?孔子很巧妙地避開實質性的問題,他認為:當祭祀祖先時,人們心裡好像他是存在的;當祭祀神時,人們心裡好像他也是存在的。〔註25〕那麼,鬼神存在僅是人們於祭祀的氛圍下的一種心理,而它們並非真實的存在。儒家不能避免祭祀,因為它是禮儀的一種必要的形式,其政治意義遠遠大於玄理的意義。我們從儒家對待人的生死的態度和祭祀祖先的情形,很難作出儒家相信來世,或者相信在現實世界之外尚有一個超然的天國的結論。孔漢思堅持認為:「歷史悠久的祖先崇拜今天在中國的許多地方還存在,證實了中國人信奉來世。」〔註26〕這個問題實際上在耶穌會士入華傳教時曾作過認真的考察,並有合理的解釋,而且早已解決了的。關於中國信奉「儒教」的人,自帝王以至下層民眾每年都普遍舉行祭祀亡靈的儀式,這並不意味著他們相信有「來世」,利瑪竇解釋說:「他們這樣做是希望孩子們以及沒有讀過書的成年人,看到受過教育的名流對於死去的父母都如此崇敬,就能學會也尊敬和供養自己在世的父母。這種在死者墓前上供的做法似乎不能指責為瀆神,而且也並不帶有迷信的色彩,因為他們在任何方面,都不把自己的祖先當作神,也不並向祖先乞求什麼或希望得到什麼。」〔註27〕當然,除了以祭祀祖先的方式教育下一代和沒有文化的人是儒者祭祀的一個重要目的,但並不排除他們以此表示繼承祖先的事業的願望和對祖先敬重與緬懷之情。儒家的「慎終追遠」之義即在此,它可以使人民的道德淳厚。耶穌會士曾德昭在華傳教的過程中發現:「至於來世的靈魂,(儒教)他們既不期望,也不祈求,他們仍然要求今世的現實利益、財富,並能取得佳績和成就。他們以此去激發人們的信仰,因為他們把天地當作自然父母去禮

〔註24〕 參見《論語・先進》。

〔註25〕 參見《論語・八佾》。

〔註26〕 〔加〕秦家懿、〔瑞士〕孔漢思《中國的宗教與基督教》,吳華譯,三聯書店,1990年,第92頁。

〔註27〕 〔意〕利瑪竇、〔比〕金尼閣《利瑪竇中國札記》,何高濟等譯,中華書局,2001年,第103頁。

拜，他們同樣可以尊敬自己親生父母。」〔註28〕利瑪竇和曾德昭的意見表現了對儒家祭祀祖先的實質的真切的理解。宗教關懷人的終極意識的同時，總是宣揚因果報應和原罪觀念的，使信徒對死後或來世產生恐懼的心理，因而在現世不斷以善行來救贖自己的靈魂。從儒家的學說及其社會活動實踐來看，韋伯清楚地見到在這一問題上西方宗教與中國的「儒教」是根本相異的。他說：「儒教徒並不渴望得到『拯救』，不管是從靈魂的轉世，還是從彼世的懲罰中得到拯救。這兩個觀念都是為儒教所不知的。儒教徒並不希望通過棄絕生命而獲得拯救，因為生命是被肯定的。儒教徒只想通過自制，機智地掌握住此世的種種機遇。他們沒有從惡或原罪中被拯救出來的渴望。」〔註29〕儒家不相信每個人生來就是有罪的，僅論及人性有善或惡，而大多數儒者是堅信人的本性是善，通過教育以發揚善的本性，而克服惡的習染。他們並非不知道「原罪」與「拯救」的觀念，而是根本沒有這兩個觀念。

　　關於儒家是否具有特定的宗教儀式，這也是西方學者感到頗為疑惑的問題。孔子學說的核心是「禮」，儒家以禮教維持社會等級秩序，以禮制和禮儀體現禮教。孔子在回答弟子問孝道時說：父母在生時以禮侍奉，死後按喪禮安葬，祭祀時遵循禮制；這就是子女對父母應盡的孝道。〔註30〕中國在西周時期各種禮制已經建立，儒家不是禮制的創制者，卻是禮教的倡導者與維護者，而且他們熟悉種種繁瑣的禮儀形式。儒家經典的《儀禮》、《禮記》和《周禮》稱為「三禮」，其中《儀禮》是最古老的，孔子對它作過訂正。它在漢代初年僅保存了《士禮》十七篇：《士冠禮》、《士昏禮》、《士相見禮》、《鄉飲酒禮》、《鄉射禮》、《燕禮》、《大射》、《聘禮》、《公食大夫禮》、《覲禮》、《喪服》、《士喪禮》、《既夕禮》、《士虞禮》、《特牲饋食禮》、《少牢饋食禮》、《有司徹》。它們可分為冠、婚、喪、祭、射、鄉、朝、聘八類禮儀形式。西漢初年又獲得《古儀禮》五十六篇，除十七篇相同而外，尚有三十九篇逸禮。漢初設置「五經博士」，《儀禮》即「五經」之一。古代禮制隨著東周王室的衰微而殘缺毀損，公元前 221 年秦王朝統一中國後參考六國之禮儀擇善而從；漢王朝建國之初儒士對秦朝的禮儀有所增損。

〔註28〕〔葡〕曾德昭《大中國志》，何高濟譯，上海古籍出版社，1998 年，第 104 頁。

〔註29〕〔德〕馬克斯・韋伯《儒教與道教》，洪天富譯，江蘇人民出版社，1993 年，第 182 頁。

〔註30〕參見《論語・八佾》。

漢武帝時在獨尊儒術的指導思想下，招致儒士共定禮儀，於太初元年（前
104）改正朔、易服色、封泰山、定宗廟和百官之禮。從中國禮制形成的過
程，可見這種禮儀是統治階級制訂的，而這正是儒家的專業範圍，它的世
俗性質是很顯著的，並不具宗教的色彩。利瑪竇曾將中國儒家的禮儀與西
方宗教儀式作過比較，他說：「雖然這些被稱爲儒家的人的確承認有一位最
高的神祇，但他們卻並不建造崇奉他的聖殿。沒有專門用來崇奉這個神的
地方，因此也沒有僧侶或祭司來主持祭祀。我們沒有發現大家都必須遵守
的任何特殊禮儀，或必須遵循的戒律，或任何最高權威來解釋或頒布教規
以及懲罰破壞有關至高存在者的教規的人。也沒有任何念或唱的公衆或私
人的禱詞或頌歌用來崇拜這位最高的神祇。祭祀這位最高神和奉獻犧牲是
皇帝陛下的專職。」〔註31〕利瑪竇對於中國的「最高神祇」的認定是很矛
盾的，它不同於西方宗教中的人格化的「上帝」，卻仍以爲是「神」，然而
在中國並無祀神的聖殿，專職的祭司，特殊的儀式，嚴格的戒律，以及專
門的禱詞或頌歌。這樣，儒家的禮儀是不具宗教性質的。利瑪竇對中國皇
帝的封禪有些誤解，以爲祀天是帝王的專職，似乎帝王具有祭司的角色。
帝王有祭天、祀山、巡視諸侯的傳統，但並無常制，只有在統一中國，天
下安寧，造就盛德大業之際才祝告天地山川，以顯示帶王的功業；因此這
並非每位皇帝都必須去封禪的。封禪的政治意義遠遠大於祭祀天地山川的
意義。唐代貞觀六年（632）群臣請求唐太宗封禪，太宗說：

> 卿輩皆以封禪爲帝王盛事，朕意不然。若天下乂安，家給人足，
> 雖不封禪，庸何傷乎？昔秦始皇封禪，而漢文帝不封禪，後世豈以
> 文帝之賢不及始皇耶？且事天掃地而祭，何必登泰山之顛，封數尺
> 之土，然後可以展其誠敬乎？〔註32〕

中國一些好大喜功的皇帝每因封禪而巡視天下，以炫耀文治武功，但賢明
的帝王則更關注社會民生，而以爲無必要去祀天的。封禪的確有很繁瑣的
近於宗教的儀式，但在歷代帝王不是普遍的，尤其並不代表中國社會普遍
的禮儀。曾德昭繼利瑪竇之後亦發現：「他們不崇信浮屠即偶像，但承認有
一個能獎懲的上天，即神祇。不過他們沒有禮拜神祇的教堂，也沒有他們

〔註31〕〔意〕利瑪竇、〔比〕金尼閣《利瑪竇中國札記》，何高濟等譯，中華書局，
2001年，第102頁。
〔註32〕司馬光《資治通鑑》卷一九四，《唐紀》十，中華書局，1956年。

作禮拜的神職，或者念唱的祈禱，沒有牧師、教士為神祇服務。」〔註 33〕
這種比較是很客觀的。因此韋伯斷定中國官方的祭祀已變成了純粹的社會
習俗，他說：「中國官方的祭典，就像其它地方一樣，只服務於公共的利益；
而祭祖則是為了氏族的利益。二者都與個人的利益無關。」〔註 34〕這與宗
教祭祀所具個人情感與願望是在性質上相異的。現代西方學者孔漢思對此
持不同意見，他論及「儒教」時說：「中國人還特別相信神授政治權力。人
的思想、感情、行為和意願因而都與神密切相關；倫理觀念、祖先崇拜和
禮儀形式全受神制約。」〔註 35〕劉易斯・霍得斯甚至認為：「皇帝是最高祭
司。儒家學者都是宣教師。城鄉的學者、紳士則是儒教的忠實信徒。」〔註
36〕他們是在泛宗教的國教觀念下頗為輕率地作出的論斷。我們比較耶穌會
士和上述兩位西方學者的見解，顯然前者是經過長期認真考察而作出的論
斷。

三

　　西方許多學者——包括耶穌會士儘管見到中國儒家並不具備西方宗教的
標誌，都仍然以之與佛教和道教並列而為三教。耶穌會士曾德昭即概括了「中
國的三大重要教派」的特徵，他說：「第一教派的儒生，模仿天和地，把一切
都僅僅施用於今世的人身，家庭和國家的治理，不管死後的事。第二個教派
的道士，完全不顧他們的家庭和政府，只管他們的肉身。第三個教派的釋迦，
則不管肉體，只管精神、內在和平、知覺的安寧。……這就是說，儒生管治
國、道士身體、和尚心靈。」〔註 37〕曾德昭對三者的區別過於簡單化，但儒
家的入世的社會性與佛教和道教的出世性和個人性已經概括得很明顯了。如
果我們再就宗教的主要標誌來觀照佛教和道教，則它們確為正規的真正的宗

〔註33〕　〔葡〕曾德昭《大中國志》，何高濟譯，上海古籍出版社，1998 年，第 104
　　　　頁。
〔註34〕　〔德〕馬克斯・韋伯《儒教與道教》，洪天富譯，江蘇人民出版社，1993 年，
　　　　第 199 頁。
〔註35〕　〔加〕秦家懿、〔瑞士〕孔漢思《中國的宗教與基督教》，吳華譯，三聯書店，
　　　　1990 年，第 92 頁。
〔註36〕　〔美〕愛德華・J・賈吉《世界十大宗教》，劉鵬輝譯，吉林文史出版社，1991
　　　　年，第 8 頁。
〔註37〕　〔葡〕曾德昭《大中國志》，何高濟譯，上海古籍出版社，1998 年，第 110
　　　　頁。

教，正與儒家的非宗教性質形成一個鮮明的對比。從入華耶穌會士關於佛教與道教的宗教特點的描述可見：

佛教的教主是印度的釋迦。教士剃光頭髮和鬍鬚，完全摒絕婚姻，不吃肉類及任何活物。他們住在寺廟裡，四周有高牆圍繞。他們靠人們的施捨並靠過去為他們專門設立的收入生活。他們行乞，作祈禱，念經。寺廟中有各種偶像，旁邊還有高塔，塔中有極貴重的大鐘和別的宗教用品。和尚的寺院按大小分為不同的等級，每個等級都由一個終身任職的執事來管理。他們有幾種宗教儀式，為防災、風暴、亡人祈禱，在禱告時常常重複著某一名字表示尊敬。佛教宣揚靈魂不朽和來世幸福，他們指望在今世做懺悔，以求得來世的報應。他們認為地獄共有九層，在經歷這些所有地獄之後，那些行善的人再轉世為人，而另一些德行一般的人，則投胎為類似人的動物，那些轉生為禽鳥的情況最壞，沒有希望投生為人。佛教的信仰大多數是婦女、宦官和普通百姓；以及特別是一批自稱更虔誠的信徒，他們「戒葷」，自稱吃齋者，無論什麼時候都戒絕魚和肉，在家裡供奉一大套偶像，而且經常祈禱〔註38〕。

道教的教主是中國的老子，是本土的宗教。道士生活在團體中，有自己的修道院，不結婚，過著獨身生活，把頭髮和鬍鬚留得很長，頭戴小冠代替帽子。他們把最終的幸福寄託在肉體上，以求得安寧平靜的生活而無辛勞和煩惱，相信一位天師和別的小神都是肉身的。他們說用一種修煉和打坐的方法，有的人可以把自己變成一個孩子，並且年輕，另一些人可以成為神仙。道教鼓勵他們的成員肉體和靈魂一起飛昇天堂，他們規定做某些修煉並念禱文以及服藥。道士的特殊職責是用符咒從家裡驅妖，自稱有能力求雨以及避災禳禍。道士有很多為了延年益壽的方案而耗費時間去實驗煉丹術。新廟宇建成時的獻祭儀式和指導那些祈福者列隊上街，也都屬於他們的權限。〔註39〕

以上的描述大致能夠說明佛教和道教具有作為真正宗教的特點，其宗教的標誌是顯而易見的。中國的儒家學說是關於社會政治倫理的學說，在本質上是為現實政治服務的。儒者關注的是國家和社會的政治倫理問題，希望通過個人的道德修養達到道德的自我完善，然後輔佐帝王治理國家，實現天下太平的最高理想。由於儒家不存在非現實的生活幻想，忽略人生終極價值的

〔註38〕參見《利瑪竇中國札記》第106～109頁；《大中國志》第106～110頁。
〔註39〕參見《利瑪竇中國札記》第109～112頁；《大中國志》第105～106頁。

追求，這在意識形態領域裡留下了一片空虛的地帶，讓宗教信仰乘虛而入。人是作爲個體生命而存在的，每個人都有欲望和情感，而且努力追求幸福。然而人是受到諸多社會因素制約的，其欲望常常不能滿足，情感得不到寄託，幸福的願望每每遭到破滅。人們在現實生活中總是有許多煩惱、挫折、痛苦和失望，於是需要發出生命的嘆息，在冷漠的社會裡尋求同情和安慰，力圖從政治精神的枷鎖中解脫出來去幻想遠離現實的自由幸福境地，希望自己的善良願望通過虔誠的禱告而得到超然的神的憐憫與幫助，終將離開苦海而到一個美好的天堂。印度佛教的傳入與中國道教的興起正是適應了中國民眾對宗教信仰的需要。韋伯說：「儒教完全排斥佛教聖者與其道教的模仿者的那種冥想。」〔註40〕我們將儒家與佛教和道教的粗略比較，儒家的世俗性亦更爲突出。

自從佛教與道教在中國流傳以來，儒者與它們的關係呈現很複雜的狀態。宗教知識及其學說不可能不對儒者發生影響，於是儒者之中有的堅決排斥佛老，有的吸收了佛理以豐富儒家學說，有的儒者傾向於道家，或又傾向於佛家。統治者則在崇儒的基礎上兼利用佛教與道教以滿足民眾的宗教信仰需要而求得社會的安定與和諧。然而這並不排除中國自東漢以來始終存在著眞正的儒者，眞正的僧侶和眞正的道士，他們之間仍然涇渭分明的。這三者皆有各自的信仰。人們的信仰有兩種：一是被證明由客觀眞理和科學知識所產生的思想觀念；一是由未完全證明的眞理和個人感受產生的帶有假設性的思想觀念。後者屬於宗教信仰。俄國學者諾維科夫說：「宗教信仰在趨於虛幻客體的同時，使人們離開了對現實問題的解決，引起人們對超自然事物的恐懼和消極被動的態度，使人們的追求走上錯誤的道路。」〔註41〕佛教與道教的信仰是很典型的宗教信仰。儒家關於社會的崇高政治理想化爲儒者的生活信念，他們爲了道義而可以殺身成仁，捨生取義，犯顏直諫，爲民請命，高風亮節，正氣凜然；因而在歷史上出現過許多仁人志士、清官直臣、國家棟樑、民族英雄，體現了中華民族的偉大精神。這在西方學者看來是難於理解的，似乎只有宗教的狂熱精神才可能產生的。劉易斯·霍得斯由此認爲「儒

〔註40〕〔德〕馬克斯·韋伯《儒教與道教》，洪天富譯，江蘇人民出版社，1993年，第181頁。

〔註41〕〔蘇〕M·П·諾維科夫《宗教學教程》，龔學增等譯，中國人民大學出版社，1990年，第22頁。

教」是超越狹隘宗教性的一種「國教」，他說：「漢武帝（前 140 年～87 年）將儒教定為國教，儒教的國教地位從此一直保持到 1912 年。」〔註 42〕

漢武帝尊崇儒術，以儒家學說為治國理論，自此它成為中國兩千年來的統治思想，但它並不具備宗教的特徵，也無宗教的標誌，難以稱之為國教。中國近世的確有一些民族文化保守主義者試圖建立國教以保存國粹。這是發生在辛亥革命推翻了中國最後一個封建王朝之後的 1912 年 10 月 7 日的孔子誕日。此日康有為的弟子陳煥章及沈曾植、朱祖謀、梁鼎芬等數十人於上海成立「孔教會」，繼而在北京設立總會，各省設立支會，各道、縣及海外設立分會，凡信仰孔教者皆可入會。陳煥章等聯合社會上種種尊孔勢力，要求國會確定孔教為國教，並請參議院與眾議院予以支持。政府以為孔教會之國教主張與共和政體不合，不予確認。雖然如此，國教運動卻繼續進行，1917 年在曲阜孔教大會上宣布：力爭國教的建立，在教育部立案規定小學拜聖讀經，定祀孔配天之禮，立昊天上帝神位，大成至聖先師孔子神位，定「大成至聖先師」六字為念聖辭，每年大成節全國舉行祭祀活動。孔教會並於 1918 年籌建孔聖堂，孔教總會堂。1936 年 2 月 1 日國民政府中央民眾訓練部決議：「孔教總會」改名「孔學總會」，因孔子與一般宗教根本不同，若以孔子學說比擬佛教和耶穌等教經典、以孔子為教主等皆屬不倫不類。〔註 43〕至此喧囂一時的孔教會結束了。國教運動的歷史經驗表明：孔教會是仿西方耶穌教而創立的一種宗教，它妄圖成為國教而以失敗告終；孔子的學說與其它的宗教有根本的區別。西方一些學者以儒家為「儒教」，又以「儒教」為「國教」是出於對中國文化的誤解。民國初年的遺老們試圖以孔教定為國教，則是一種逆時代潮流的妄想。儒家無論在古代或近世皆未成為國教的。

中國的儒家在西方被譯為「儒教」，這易於被人們誤為儒家是宗教，故不少西方學者以為應該譯為「儒家學說」。雖然西方學者對儒家是否具有宗教性質存在誤解、困惑和矛盾的認識，但其中的耶穌會士及哲學家們大都以為儒家是無神論者，從中見到理性之光，並非西方觀念中的宗教；在對待超自然事物和人的終極價值的態度，以及宗教形式方面，他們亦未發現儒家存在宗教的標誌。當他們將中國的佛教與道教——這兩個正規的宗教與儒家進行比

〔註42〕〔美〕愛德華·J·賈吉《世界十大宗教》，劉鵬輝譯，吉林文史出版社，1991年，第 8 頁。
〔註43〕張頌之《孔教會始末匯考》，《文史哲》，2008 年，第 1 期。

較時，更明顯地見到儒家的世俗性和非宗教性。我們對西方的「儒教」觀念及其相關問題的考察，可以見到其中有許多合理的因素與精深的判斷，而對於現代西方泛宗教觀念則會引起我們深入的學理思考。因此我們可能不再含混地以儒家爲「特殊的宗教」，亦不爲「中國古代無宗教」而感到遺憾了。

（原刊《西華大學學報》2010 年第 2 期）

新儒學家發現的儒家之道及其意義

　　儒家之道是儒學的理論基礎，它作爲儒學的形而上的邏輯的發端是存在的。儒家聖人孔子稱讚其弟子曾參於其道「一以貫之」。其它弟子問曾參這「道」是什麼？曾參說：「夫子之道，忠恕而已矣。」這「忠恕」僅是儒家之道的外在表現，並非形而上之道的本體。子貢能從孔子平日的威儀與文辭見到其道德的顯露，卻從未聽孔子談過「性與天道」的問題。儒家亞聖孟子承傳孔子之道，但並未明言，因而在他去世之後，致使此「道」失傳。《周易》《尚書》《儀禮》《詩經》和《春秋》是古代的歷史文獻，孔子曾將它們作爲教材以授弟子，然而自漢代以來，儒者們以爲它們是儒家的經典──《五經》，並以爲是孔子刪訂或述作的；由此建立了研究它們的經學。漢代儒者以經學附會儒家之道，儒學成爲中國統治階級的政治倫理學說。儒家之道長期以來逐隱微而致被誤解，被統治階級所利用。自孟子之後一千三百餘年的北宋中期，新儒學家們始從孔氏遺書中發現了眞正的儒家之道，因此恢復了儒學的本來面目，重建了儒家道統，開拓了道德自我完善的崇高精神境界，使儒學上升到古代哲學思辨的高度。在此過程中涉及系列的有爭議的學術問題，茲試略作辨析。

一

　　在傳統觀念中《六經》是儒家的經典，因《樂經》佚亡而僅存《五經》。它們本是古代的歷史文獻：《周易》是卜筮之書，《尚書》是匯集古代政令之書，《儀禮》是關於禮儀的規定，《詩經》是古代詩篇的結集，《春秋》是魯國簡略的編年史。《春秋左傳‧昭公二年》：「春，晉侯使韓宣子來聘，且告爲政

而來見，禮也。觀書於大史氏，見《易象》與《魯春秋》，曰：『周禮盡在魯矣。』魯昭公二年爲公元前 540 年，此年孔子二十一歲，晉國的韓宣子在魯國見到《易象》和《魯春秋》，這說明《周易》與《春秋》等典籍早已被保存於魯國；此時孔子尚未教授弟子。《莊子》之書成於戰國時期，《天道篇》記載：「孔子……往見老聃，而老聃不許，於是繙十二經以說。」這十二經是古代典籍，其中應包括《六經》，可見被稱爲「經」之典籍絕不僅僅是《六經》。《六經》之名始見於《莊子・天運篇》：「孔子謂老聃曰：『丘治《詩》《書》《禮》《樂》《易》《春秋》六經，自以爲久矣，孰知其故矣……』老子曰：『幸矣，子之不遇治世之君也。夫《六經》，先王之陳跡也。」這表明戰國後期已有《六經》之說，其性質是記述古代先王之事的文獻。《晏子春秋・外篇》記述晏嬰指責孔子：「今孔丘，盛聲樂以侈世，飾絃歌鼓舞以聚徒，繁登降之禮、趨翔之節以觀眾。博學不可以儀世，勞思不可以補民。兼壽不能殫其教，當年不能究其禮，積財不能瞻其樂。繁飾邪術，以營世君，盛以聲樂，以愚其民。其道也不可以示世，其教也不可以導民。」此則記述可以代表春秋時期各國統治者對儒家的態度，所以孔子之學不爲時用。我們從這否定的意見中可以見到：儒者是博學的，尤其熟悉禮儀與樂制，並且在當時是有一定影響的。

　　孔子與《六經》的關係，在儒學史上自來即有爭議，近世有三種主要意見。皮錫瑞認爲《六經》是孔子晚年作的：「故必以經爲孔子作，始可以言經學；必知孔子作經以教萬世之旨，始可以言經學。」〔註1〕錢玄同則以爲：「《六經》底大部份固無信史底價值，亦無哲理和政論底價值」，而且斷定「孔子無刪述或創作《六經》之事。」〔註2〕周予同持折衷的態度：「現在的經書，其中有孔子整理過的經文，也摻雜著後來儒家學派的著述，同時流傳過程中還有散佚。」〔註3〕我甚贊同蜀中學者蒙文通的意見，他說：「《六經》爲古代之文獻，爲後賢之教典，周秦間學術思想最爲發達，謂胚胎孕育於古文獻則可，謂悉萃於此古文獻則非也。孔子、孟、荀之思想，可謂於此古文獻有關，而孔子、孟、荀之成就，則非古文獻所能包羅含攝。」〔註4〕《六經》的性質確

〔註1〕皮錫瑞《經學歷史》，中華書局 1959 年版，第 27 頁。
〔註2〕錢玄同《答顧頡剛先生書》，《古史辨》第一冊，樸社 1926 年版，第 69 頁。
〔註3〕周予同《六經與孔子的關係問題》，《周予同經學史論》，上海人民出版社 2010 年版，第 558 頁。
〔註4〕蒙文通《論經學遺稿三篇》，《經學抉原》，上海人民出版社 2006 年版，第 210 頁。

實如此。然而孔子刪訂或著述《六經》之說，最初出於漢代史學家司馬遷，其說影響極大，但其說的依據是不堅實的。茲就《史記》卷一七《孔子世家》所述孔子製作《五經》之說試爲辨析。

關於《尚書》與《禮記》，司馬遷說：「孔子之時，周室衰微而禮樂廢，《詩》《書》缺。追跡三代之禮，序《書傳》，上紀唐虞之際，下至秦繆，編次其事。曰：『夏禮，吾能言之，杞不足徵也。殷禮吾能言之，宋不足徵也。足則吾能徵之矣。』觀殷夏所損益，曰：『後雖百世可知也，以一文一質。因監二代，郁郁乎文哉。吾從周。』故《書傳》《禮記》自孔氏。」文中所引《論語》兩則，第一則引自《八佾》，「宋不足徵也」後落「文獻不足故也」一句；第二則雜引《爲政》與《八佾》，甚爲錯亂。《論語·爲政》原文爲孔子答子張：「殷因於夏禮，所損益，可知也；周因於殷禮，所損益，可知也。其或繼周者，雖百世可知也。」又《論語·八佾》：「子曰：『周監於二代，郁郁乎文哉。吾從周。』」從孔子之言來看，皆是談夏、殷、周三代的禮制沿革，不可能得出孔子爲《尚書》作序的結論，更不可能得出孔子作《禮記》的結論。《五經》中之《禮經》乃《儀禮》，而《禮記》是漢初儒者所集古禮文獻，是對《儀禮》的解釋，並不是「經」。

關於《詩經》，司馬遷說：「古者詩三千餘篇，及至孔子去其重，取可施於禮義，上採契、后稷，中述殷周之盛，至幽、厲之缺，始於衽席，故曰：《關雎》之亂以爲《風》始，《鹿鳴》爲《小雅》始，《文王》爲《大雅》始，《清廟》爲《頌》始。三百五篇孔子皆絃歌之，以求合《韶》《武》《雅》《頌》之音。」孔子在《論語》中雖然多次引用《詩經》和強調學習《詩經》的意義，但從未談到刪詩之事，而所謂「三百五篇孔子皆絃歌之」更是毫無依據的。如果孔子刪詩，爲什麼不刪去許多淫奔之詩；爲什麼《八佾》中竟引已刪的逸詩「巧笑倩兮，美目盼兮」？

關於《周易》，司馬遷說：「孔子晚而喜《易》，序《彖》《繫》《象》《說卦》《文言》。讀《易》，韋編三絕。曰：『假我數年，若是，我於《易》，則彬彬矣。』」文中引孔子語出自《述而》，原文爲：「子曰：『加我數年，五十以學《易》，可以無大過矣。』」司馬遷將「五十以學《易》」改爲「我於《易》」，似乎含糊地表示孔子作《易傳》，但據原文僅證實孔子讀《易》而已。《周易》除經文而外，解釋經文的爲《易傳》，它包括《上彖》《下彖》《上象》《下象》《繫辭上》《繫辭下》《文言》《說卦》《序卦》《雜卦》。司馬遷所述《易傳》並不完整，而且次序錯亂。

關於《春秋》，司馬遷說：「子曰：『弗乎弗乎，君子病沒世而名不稱焉。吾道不行矣，吾何以見於後世哉？』乃因史記而作《春秋》。」文中雜引孔子語乃出自《衛靈公》：「子曰：『君子疾沒世而名不稱焉。』」又出自《微子》：「道之不行，已知之矣。」司馬遷將此兩段孔子語混雜而有所改動，但據此不能證實孔子曾作《春秋》，而《論語》中孔子從未談到作《春秋》之事。孔子作《春秋》之說出自《孟子·滕文公下》：「世道衰微，邪說暴行有作，臣弒其君者有之，子弒其父者有之。孔子懼，作《春秋》。《春秋》，天子事也。是故孔子曰：『知我者其惟《春秋》乎！罪我者其惟《春秋》乎！』」孟子此說並無依據。徐中舒對此曾有專文考證，認為：「《春秋》是魯國國史……原是朝報邸抄一類的原始記錄，是魯太史世代相傳按年、月、日秉筆登記的檔冊。」〔註5〕他斷定司馬遷之說是虛構的。

以上可見司馬遷關於孔子刪訂或著述《六經》之說是不能成立的。然而孔子選擇古代文獻典籍作為教材時，在《論語》中往往引用，計引《詩經》十八處，《尚書》四處，《樂經》六處，《周易》三處，共三十一處。〔註6〕這又表明孔子與這幾部典籍確有關係。我們從孔子引用《詩經》來看，他是用詩句來作為其談話附會文獻依據而已，有時還出現於義不當之處，例如《論語·子罕》記孔子語：「衣敝縕袍，與衣狐貉者立，而不恥者，其由也與？『不忮不求，何用不臧？』」子路聞此，終身誦之。孔子所引詩為《詩經·邶風·雄雉》，詩之本意為婦人以其夫從役於外，故言雄雉之飛舒緩自如，而思婦表示不嫉恨不哀求。孔子摘引兩句乃割裂全詩之意以稱許子路。我們若考查孔子引詩，它們實與儒家之道無關。孔子引用《尚書》也是如此，僅《論語·堯曰》第一章摘抄《尚書》之《虞書·大禹謨》《商書·湯誥》《周書·武成》《周書·太誓》諸語，它們皆是關於政治經驗的，未加任何說明。這應是弟子們所記孔子曾引用過的話語。《孟子》引用《尚書》之語甚多，大都是以說明古代先聖事跡與政治經驗的。凡此可以說明，孔子和孟子對古代文獻是很熟悉的，他們曾從經典中吸收某些觀念以作儒家政治與倫理之說的理論依據；因此這些典籍在漢代竟被認為是儒家的經典了。

〔註 5〕 徐中舒《孔子與〈春秋〉》，《四川大學古籍整理研究所建所三十年紀念文集》，四川大學出版社 2013 年版，第 4 頁。
〔註 6〕 章權才《兩漢經學史》，廣東人民出版社 1990 年版，第 9 頁。

二

　　《周易》《尚書》《儀禮》《詩經》《春秋》，這五種與儒家教學有關的典籍，它們經過秦代兵火之後得以幸存下來。漢文帝時傳授《詩經》者有申公和韓嬰，漢景帝時治《春秋》者有胡母生和董仲舒，他們皆爲博士。遠在春秋六國之時，朝廷已有各種學術的教授之官，是爲博士；此制秦漢相承。漢武帝時獨重儒術，特立《五經》博士。《史記·儒林傳》云：「今上即位，趙綰、王臧之屬明儒學，而上亦鄉之，於是招方正賢良文學之士。自是之後，言《詩》於魯則申培公，於齊則轅固生，於燕則韓太傅。言《尚書》自濟南伏生。言《禮》自魯高堂生。言《易》自菑川田生。言《春秋》於齊魯自胡母生，於趙自董仲舒。」這樣《五經》皆立博士，他們教授弟子，以研究此五種經典的學問爲經學。西漢以後經學的範圍擴大，將釋經的「傳」和「記」亦視爲經，至宋代發展爲《十三經》。皮錫瑞說：「經學至漢武始昌明，而漢武時之經學爲最純正。」〔註7〕

　　自從漢武帝時獨尊儒術，《五經》被朝廷確立爲儒家的經典，它遂演變爲儒家學說的理論基礎，而儒家學說也就在擺黜百家學說之後上升爲統治思想。在此過程中孔子的學說與《六經》發生了密切的聯繫：「孔子之道在《六經》本以垂教萬世」〔註8〕成爲定論。它再經儒者附會陰陽五行之說，更適合封建統治者的社會政治需要。

　　《五經》雖然在漢代立爲官學，但統治者最看重的是《春秋》所寓的政治意義；其義在於定名分、寓褒貶、尊王、大一統。這正是漢王朝統一中國後所需要的一種鞏固政權的政治理論。董仲舒即以治《春秋》知名，元光元年（前134）他在向漢武帝作的對策中闡述了《春秋》之義。他的三次對策因提出「天人相與」之說，故被稱爲「天人三策」。他說：「臣謹案《春秋》之中，視前世已行之事，以觀天人相與之際，甚可畏也。國家將有失道之敗，而天乃出災害以譴告之；不知反省，又出怪異以警懼之；尙不知變，而傷敗乃至，以此見天心之仁愛人君而欲止其亂也。」〔註9〕孔子曾談到天命，卻未將它與現實社會政治直接聯繫起來。董仲舒以天所施的自然災害，用以警示帝王，給帝王的權力以一種更高的限制，這固然有一定進步意義，但帝王是

〔註7〕皮錫瑞《經學歷史》，中華書局 1959 年版，第 70 頁。
〔註8〕同上，第 104 頁。
〔註9〕班固《漢書》卷五六《董仲舒傳》。

並不完全相信天會譴責的。董仲舒的對策能得到漢武帝的賞識是在於：帝王受天之命而改正朔、易服色；帝王之尊乃是上承天意以順聖人之命；儒家的仁義禮樂是治理國家的最適之道；天不變，道亦不變，奉行天道則治世永恒。此爲帝王之統治建立至高的絕對的永恒的合理性找到了理論的依據。他最後向漢武帝建議：「臣愚以爲諸不在六藝（六經）之科、孔子之術者，皆絕其道，勿使並進。邪辟之說滅息，然後統紀可一而法度可明，民知所從矣。」〔註10〕漢武帝接受了此建議而獨尊儒術，造成中國的思想專制，非常有利於國家的統一。董仲舒發揮《春秋》之義而形成的專著《春秋繁露》更強調區別貴賤尊卑的社會等級，以君臣、父子、夫婦之義爲王道之「三綱」，引入陰陽五行之說附會儒家之道。他闡釋「三綱」的主從關係：「天子受命於天，諸侯受命於天子，子受命於父，臣受命於君，妾受命於夫。諸所受命者，其尊皆天也。」〔註11〕按照這種關係，社會中的個人被層層的尊卑等級所制約，而天子則是合乎天命的最高統治者。

甘露三年（前51）漢宣帝詔儒臣十餘人於未央殿北藏書之處石渠閣舉行會議，宣帝親自主持，由蕭望之奏其議。此次會議目的在於統一對統治思想的認識，因此辯論《五經》經義異同，求得對經義的基本理論的共同見解；其次是以經義處是非，即各家在辯論中體現學說在社會政治的實際效應。辯論的結果，「穀梁」之學取代了「公羊」之學成爲《春秋》學的正宗，形成了統治思想的理論基礎。東漢建初四年（79）冬，漢章帝於京都洛陽白虎觀親自主持召開會議。此次會議參加的儒臣十餘人，亦是討論《五經》異同，以求對經學問題之統一認識，建立系統的統治思想理論規範，由史臣班固奉詔匯編諸儒之議而撰成《白虎通議》（又名《白虎通》，原十卷，今本四卷）。此次會議形成的基本觀點可以概括爲：一，以禮教爲中心將經學不同派別融合；二、確立封建等級制度，強化三綱六紀；三，用神學目的論溝通天人關係，以論證等級制度的神聖性。〔註12〕《白虎通議》在實質上相當於國家的憲法，對儒學概念及禮制等皆作了詳細的說明與規定；此後成爲中國社會政治倫理的法典。其中肯定《五經》是孔子所定的，而且認爲孔子「定《五經》以行其道」；以爲《五經》是儒家之道的體現；以五行比附倫理關係確定社會尊卑

〔註10〕班固《漢書》卷五六《董仲舒傳》。
〔註11〕董仲舒《春秋繁露》第七十《順命》，光緒鴻文書局據抱經堂本校印。
〔註12〕章權才《兩漢經學史》，第211頁。

等級；認爲統治者使用刑罰是佐助德治的，乃順天之度。白虎觀會議的重要理論建樹是確立「三綱六紀」的社會倫理規範：

> 三綱者，何謂也？謂君臣、父子、夫婦也。六紀者，謂諸父、兄弟、族人、諸舅、師長、朋友也。故含文嘉曰：君爲臣綱，父爲子綱，夫爲妻綱。又曰：敬諸父兄，六紀道行，諸舅有義，族人有序，昆弟有親，師長有尊，朋友有舊。何謂綱紀？綱者張也，紀者理也。大者爲綱，小者爲紀。所以張理上下，整齊人道也。〔註13〕

《白虎通議》所確定的社會倫理基本規範是與孔子學說有關的。孔子說：「君君、臣臣、父父、子子」，「天下有道，則禮樂征伐自天子出」，「唯上知與下愚不移」，「君使臣以禮，臣事君以忠」，「上好禮則民易使也」。〔註14〕漢代儒者們依據孔子之說，參證《五經》、緯書、陰陽五行等說，經過討論終於達成了關於政治、倫理、禮制，道德等問題的共識，成爲此後近兩千年的中國統治思想。我們反思漢代經學的歷史，不難見出漢儒將《五經》作爲體現儒家之道的經典，實爲對《五經》性質的誤解，而當其成爲統治思想之後遂儼然似眞理了。他們並未認識眞正的儒家之道。

三

孔子之後，儒學分裂。《韓非子》卷一○《顯學篇》說「儒分爲八」，八位弟子分別傳《六經》，其具體情形已不可考。孔門弟子中卜商（子夏）是最博學的，漢代所傳授的《易傳》《毛詩序》《儀禮・喪服》等皆與卜商有關係。近世蔣伯潛認爲儒學在孔子之後存在「傳經」與「傳道」兩派，他說：「子思、孟子，承曾子之傳者也，宋儒所謂『道統』即出於此；荀子繼子夏之學者也，漢儒所傳之經即由於此。是孔子之弟子門人已分爲『傳道』與『傳經』二派矣。」〔註15〕自漢代以來，儒家經學的發展興盛，而眞正的儒家之道在孟子之後卻無傳。北宋中期新儒學——理學興起，理學家特別關注儒家之道的承傳問題。明道先生程顥說：「顏子默識，曾子篤行，得聖人之道者二人也。」〔註16〕伊川先生程頤表述得較爲清楚：「孔子沒，曾子之道日益光大。孔子沒，

〔註13〕 班固《白虎通》卷三下，《叢書集成初編》本。
〔註14〕 《論語》之《顏淵》《季氏》《陽貨》《八佾》《子路》。
〔註15〕 蔣伯潛《十三經概論》，世界書局1944年版，第9頁。
〔註16〕 《河南程氏遺書》卷一一，《二程集》，中華書局1981年版。

傳孔子之道者，曾子而已。曾子傳之子思，子思傳之孟子。孟子死，不得其傳。」〔註 17〕南宋理學大師朱熹批評了漢以來諸儒，以及揚雄、王通等著述模仿聖人之言，而去道愈遠。他說：「今看來漢唐以下諸儒學道理見在史策者，便直是說夢！只有個韓文公依稀說得略似耳。」〔註 18〕

　　唐代中期韓愈以復興儒家之道自任，發起古文運動，試圖建立儒家之道的承傳系統──道統。關於儒家的道統，最初是由孟子提出的，他在《盡心篇》裏以爲聖人之道由堯、舜、禹、湯、文王傳至孔子而集大成。韓愈發揮孟子之說特作《原道》以探求儒家之道的本原。他認爲將「仁」與「義」貫徹於實踐即是儒家之道，儒家經典即是記載「道」之文。此道「堯以是傳之舜，舜以是傳之禹，禹以是傳之湯，湯以是傳之文、武、周公，文、武、周公傳之孔子，孔子傳之孟軻。軻之死，不得其傳焉。」〔註 19〕其弟子們遂以韓愈爲儒道之承傳者。北宋歐陽修等繼而再發起古文運動，亦以恢復儒家之道爲號召。蘇軾肯定了歐陽修的功績，他說：「自漢以來，道術不出於孔氏，而亂天下者多矣……五百餘年而後得韓愈，學者以愈配孟子，蓋庶幾焉。愈之後二百有餘年而後得歐陽子，其學推韓愈、孟子以達於孔氏，著禮樂仁義之實，以合於大道。」〔註 20〕這樣建立了由堯、舜、禹、湯、文王、武王、周公、孔子、孟子、韓愈、歐陽修構成的儒家道統。蘇軾雖然以爲歐陽修「論大道似韓愈」，並在晚年亦稱頌韓愈，但實際上對這兩位古文家所說的儒家之道曾表示懷疑。他早年曾評論說：「韓愈之於聖人之道，蓋亦知好其名矣，而未能樂其實。何者？其爲論甚高，其待孔子、孟軻甚尊，而拒楊、墨、佛、老甚嚴；此其用力，亦不可謂不至也。然其論至於理而不精，支離蕩佚，往往自叛其說而不知。」〔註 21〕這意味著韓愈與歐陽修不懂得眞正的儒家之道，他們僅從仁義來理解，而仁義並非道的本體。

　　理學家們認爲他們發現了儒家之道的秘密，他們纔是儒家之道的承傳者，因而爲了爭得道統，他們否定了漢唐經師、唐宋古文家和一般的學者是儒者。程顥說：「學者須學文，知道者進德而已……學文之功，學得一事是一事，二事是二事，觸類至於千百，至於窮盡，亦只是學，不是德。有

〔註 17〕　《河南程氏遺書》卷一五。
〔註 18〕　黎靖德編《朱子語類》卷九二，中華書局 1981 年版。
〔註 19〕　韓愈《韓昌黎集》卷一一《原道》。
〔註 20〕　蘇軾《六一居士集敘》，《蘇軾文集》卷一〇，中華書局 1986 年版。
〔註 21〕　蘇軾《韓愈論》，《蘇軾文集》卷四。

德者不如是。」〔註22〕一般學者所學的「文」是文獻，即書本知識；它是關於形而下的事實的認識，而非道德修養。儒者之學在於增進個人的道德修養，所以學者和儒者在治學的目的與方法上是不相同的。程頤將當時的學術分為三類，他說：「古之學者一，今之學者三，異端不與焉。一曰文章之學，二曰訓詁之學，三曰儒者之學。欲趨道，捨儒者之學不可。」〔註23〕他是僅就儒學而言的。古代儒學未分裂，故為一。漢以來道教與佛教興起，這屬於異端，而儒學內部則出現了古文家的文章之學、經師的訓詁之學。程頤將此兩學排斥於儒學之外，以為真正學習儒家之道的纔是儒者之學。他還指出當時學者的弊端，一是溺於文章，二是沉迷於訓詁，三是受惑於異端；只有去掉此三弊，纔可能趨向儒家之道。儒者之學是使人求得內在的道德修養，探求聖人之道的本原，若專從事於文章的寫作，或從事考證訓詁，則是求外在的東西，這是捨本逐末的，無益於自身道德的增進。理學家也稱儒學為聖學，程頤於北宋皇祐二年（1050）《上仁宗皇帝書》云：「臣所學者，天下大中之道也。聖人由之為聖人，賢者由之為賢者，堯、舜用之為堯、舜，仲尼述之為仲尼。其為道也至大，其行之也至易，三代以上莫不由之……道必充於己而後施於人，是道非大成，不苟於用，然亦有不私其身，應時而作者也。」〔註24〕北宋理學家周敦頤、張載、程顥、程頤等均在探求儒家之道，闡發儒學義理，至南宋朱熹而集理學之大成，使理學成為時代思潮。他們的治學對象、目的、方法和宗旨均異於漢唐以來的儒者，故被稱為新儒學派。

朱熹努力發揚濂洛之學，確立理學創始人周敦頤的歷史地位，他說：「我有宋聖元受命，五星集奎，開文明之運；然後氣之漓者醇，判者合，清明之氣得以全付乎人，而先生（周敦頤）出焉，不由師傳，默契道體，建圖著書，根極領要。當時見而知之，有程氏者遂擴大而推明之。」〔註25〕同時的張栻也說：「學者論師友淵源，以孔孟之道復明於千載之下，實自先生（周敦頤）發其端……於是河南二程先生兄弟，從而得其說，推明究極之，廣大精微，殆無餘蘊。學者始知乎孔孟之所以教蓋在此。」〔註26〕由於許多理學家不斷

〔註22〕《河南程氏遺書》卷二。
〔註23〕《河南程氏遺書》卷一八。
〔註24〕《河南程氏外書》卷一二，《二程集》。
〔註25〕朱熹《江州重建濂溪先生書堂書》，《晦庵集》卷七八，《四庫全書》本。
〔註26〕張栻《道州重建濂溪周先生祠堂記》，《南軒集》卷一○，《四庫全書》本。

弘揚儒家之道，終於在南宋後期理學上升爲統治思想。南宋理宗淳祐元年
（1241）詔曰：

> 朕惟孔子之道，自孟軻後不得其傳，至我朝周敦頤、張載、程
> 顥、程頤，其見實踐，深探聖域，千載絕學，始有指歸。中興以來，
> 又得朱熹，精明思辨，表裡渾融，使《大學》《語》《孟》《中庸》之
> 書，本末洞徹，孔子之道，益以大明於世。〔註27〕

此詔書是理學成爲新的統治思想的標誌。我們值得注意的是，這肯定了理學
家使孔子之道得以復興，確立了孔子、孟子、周敦頤、張載、程顥、程頤、
朱熹所建構的儒家的道統。此是純正的儒家的道統，它是孔子之道的承傳系
統，排除堯、舜、禹、湯、文王、武王、周公等古代聖人於道統之外，體現
了對儒學的理性認識。當然理學家們爲了彰顯其道統的神聖淵源，仍然要將
孔子作爲聖人之道的集大成者。理學家自稱他們發現儒家之道的秘密，並得
到學術界和統治階級的認可，那麼這「道」究竟是什麼呢？

四

孔子和孟子均無宇宙生成論，荀子曾專論天道，僅論及「天行有常」，
未進一步作形而上的探討。新儒學的創始人周敦頤在其《太極圖說》裡第一
次提出了宇宙生成之說：「無極而太極。太極動而生陽，靜而生陰。靜極復
動，一動一靜，互爲其根。分陰分陽，兩儀立焉。陽變陰合，而生水火木金
土，五氣布順，四時行焉。」〔註28〕由陰陽變化而生萬物，分別善惡，聖人
與天地之德合，這即是「道」，其本原則是「無極」。因此周敦頤的最大貢獻
是由此「默契道體」的。「太極」與「陰陽」的範疇原出自《周易·繫辭》：
「是故《易》有太極，是生兩儀，兩儀生四象，四象生八卦，八卦定吉凶，
吉凶生大義。」這認爲「太極」是本原，它產生兩儀——陰陽：陰陽分爲太
陰、少陰、太陽、少陽，是爲四象，其展開即爲八卦，其中乾爲天，坤爲地。
天地、陰陽是宇宙萬物構成與發展的母體；母體之前是「太極」。〔註29〕《周
易》是卜筮之書，《繫辭》爲秦漢的儒者吸收了道家思想與陰陽五行學說而
作的，它與孔子的學說無關，但自《周易》在漢代成爲儒家經典後，它又成

〔註27〕《宋史》卷四二《理宗紀》。
〔註28〕引自黃宗羲《宋元學案》卷一二《濂溪學案》，中華書局 1986 年版。
〔註29〕參見高令印《簡明中國哲學通史》，廈門大學出版社 2002 年版，第 92 頁。

爲儒學一個組成部份了。「太極」本是一個假設的哲學本體論的範疇，爲宇宙萬物的最高極致的本原，但按邏輯而論，它之前還應有一個更高的範疇。周敦頤承傳了宋初道士陳摶的《無極圖》，將「無極」範疇引入了儒學，形成「無極而太極」之說，即邏輯的推演應在「太極」之前者爲「無極」。關於此說，南宋時陸九淵極力反對，並與朱熹往復辯論。朱熹解釋說：「『無極而太極』只是無形而有理。周子恐人於太極之外更尋太極，故以無極言之。既謂之無極，則不可以『有』底道理強搜尋也。」他又說：「太極無方所，無形體，無地位可安頓。若以未發之時言之，未發卻只是靜；動靜陰陽，皆只是形而下者。然動亦太極之動，靜亦太極之靜，但動靜非太極耳，故周子以『無極』言之。」〔註30〕這個「無極」從理論的推演是可以成立的，它是形而上者，故無形，「太極」的變化而產生陰陽動靜，「太極」則是從「無極」產生的。「無極」既然是「無」，所以朱熹以爲不能以「有」的概念再去搜求其意義了。值得我們注意的是，在西方古典哲學中，德國哲學家黑格爾也談到「無」，並與「有」相對待。他認爲「有」是邏輯起點的一個純粹的抽象，其直接否定性是「無」，因而絕對的理念是「無」。若就「有」的無確定性而言，「有」纔是「無」：這二者之間存在辯證的關係。黑格爾承認：「這些開始的範疇只是些空虛的抽象體，兩者中彼與此都是同樣的空虛。」〔註31〕新儒學的「無極」與「太極」同樣是兩個哲學範疇，即「無」與「有」，然而周敦頤不是將「無極」作爲「太極」的否定，而是作爲「太極」之前的存在，雖然它是純粹的抽象和空虛，但邏輯的推理上是更爲合理的，所以是「無形而有理」的。自周敦頤解決了堯舜至孔子的聖人之道的本原後，程氏兄弟繼而探求儒家之道的秘密。

《禮記》有一篇《中庸》，它很特殊，不是對《儀禮》的解說，而是論儒家之道的。儒者認爲它是孔子之孫子思傳述孔子之言。自魏晉以來《中庸》漸漸爲學者們關注，至程氏兄弟始從它發現了儒家之道不傳之密。程顥說：「《中庸》始言一理，中散爲萬事，末復合爲一理。」〔註32〕程頤肯定：「《中庸》之書，決是傳聖人之學不雜，子思恐傳授漸失，故著此一卷書。」〔註33〕

〔註30〕 黎靖德編《朱子語類》卷九四，中華書局1981年版。
〔註31〕 〔德〕黑格爾：《小邏輯》，賀麟譯，三聯書局1955年版，第203頁。
〔註32〕 《河南程氏遺書》卷一四。
〔註33〕 《河南程氏遺書》卷一五。

《論語‧公冶長》記述孔子之弟子子貢說：「夫子之文章，可得而聞也，夫子之言性與天道，不可得而聞也。」這「性與天道」，孔子從來未向弟子們講說過。《中庸》第一章云：「天命之謂性，率性之謂道，修道之謂教。」此即是子思對孔子「性與天道」的說明。程頤解釋說：「此章先明性、道、教三者所以名。性與天道，一也。天道降而在人，故謂之性。性者，生生所固有也。循是而之焉莫非道也。道之在人，有時與位之不同，必欲爲法於後，不可不修。」〔註34〕朱熹則作了詳細的解釋：

> 命，猶令也。性，即理也。天以陰陽五行化生萬物，氣以成形，而理亦賦焉，猶命令也。於是人物之生，因各得其所賦之理，以爲健順五常之德，所謂性也。率，循也。道，猶路也。人物各循其性之自然，則其日用事物之間，莫不各有當行之路，是則所謂道也。修，品節之也。性道雖同，而氣稟或異，故不能無過不及之差，聖人因人物之所當行者而品節之，以爲法於天下，則謂之教，若禮、樂、刑、政之屬也。〔註35〕

「性」即是「理」，亦即「天理」，人所賦之天理表現爲五常——仁、義、禮、智、信，循著此行則是「道」。然而人雖賦有天然之性，但氣質有異，聖人用法以節制不善之行便是「教」。這樣儒家之道的形而上的抽象的最高範疇「無極」及其變化可以理解爲「天理」，而它成爲社會倫理道德的理論基礎，所以朱熹說：「宇宙之間，一理而已，天得之而爲天，地得之而爲地，而凡生乎天地之間者又各得之以爲性。其張之爲『三綱』，其紀之爲『五常』，蓋皆此理之流行無所適而不在。」〔註36〕儒家之道遂由《中庸》意義的發現，經過濂洛諸位理學家的推演發揮而重見於世。南宋初年道學——理學的社會意義尚不爲統治階級所認識，以致許多朝臣和學者攻擊「道學」爲「僞學」，要求朝廷禁黜。理學家胡安國向高宗皇帝呈上奏議：「夫聖人之道，所以垂萬世，無非中庸，非有甚高難行之說，此誠不可易之至論也。然《中庸》之義不明久矣，自頤兄弟始發明之，然後其義可思而得。」〔註37〕此儒家之道終於在南宋後期得到統治階級的承認，繼而大力提倡了。

〔註34〕程頤《中庸解》，《河南程氏經說》卷八，《二程集》。
〔註35〕朱熹《中庸章句》，《四書章句集注》，中華書局 1983 年版。
〔註36〕朱熹《讀大紀》，《晦庵集》卷七〇，《四庫全書》本。
〔註37〕見《河南程氏遺書》附錄，又參見《宋史‧胡安國傳》。

五

　　古代歷史文獻《周易》《尚書》《儀禮》《詩經》和《春秋》雖然在漢代被確定爲儒家的基礎經典，但它們實爲孔子用作教材的古代經典，這當然不能體現眞正的儒家之道。眞正的可稱爲儒家經典的應是《大學》《論語》《孟子》《中庸》。《論語》和《孟子》是儒家聖人的弟子們所記孔子和孟子的語錄。《禮記》中保存的《大學》和《中庸》被認爲是孔子弟子曾參加孔子之孫子思所傳孔子之意。它們纔眞實地保存了原始的儒家學說。此四種書的價值的發現應歸功於宋代的理學家們。

　　程氏的弟子謝良佐曾經將《五經》的要語集爲一冊，程顥批評說：「玩物喪志。」〔註 38〕這表明程氏兄弟並不看重《五經》的，不希望弟子在經學方面用工夫。理學家爲了學得聖人之道，必須探討儒學的義理。弟子們問程頤：「聖人之經旨，如何窮得？」程頤回答：「學者先須讀《論》《孟》。窮得《論》《孟》，自有個要約處，以此觀他經，甚省力。」〔註 39〕他又說：「常語學者，且先讀《論語》《孟子》更讀一經，然後看《春秋》。先識得這個義理，方可看《春秋》。《春秋》以何爲準？無如《中庸》。」〔註 40〕關於初學者的爲學次第，因理學家爲學的目的在於進德，因此程頤告訴弟子：「入德之門，無如《大學》。今之學者，賴有此一篇書存，其它莫如《論》《孟》。」〔註 41〕同時的張載也說：「學者信書，且須信《論語》《孟子》。《詩》《書》無舛雜。《禮》雖雜出諸儒，亦若無害義理處。如《中庸》《大學》出於聖門，無可疑者。」〔註42〕理學家們探討義理基本上是探討《中庸》與《大學》之義，並參證《論語》與《孟子》。這方面程頤用功最深，他整理了《大學》的文本，對《中庸》作了詳解，強調它們與《論語》《孟子》這四種書的重要意義。朱熹傳程頤之學，他將這四種書定名爲《四書》，完成了《四書或問》《論孟精義》《論孟要義》和《學庸詳說》等著；尤其是用了四十餘年的精力，經反覆修改，完成了《四書章句集注》，集中闡釋了濂洛理學思想。朱熹認爲治學的次第爲《大學》——《論語》——《孟子》——《中庸》。他解釋說：「某要人先讀《大學》，以定其規模；次讀《論語》，以立其根本；次讀《孟子》，以觀其發越；次讀《中

〔註38〕《河南程氏外書》卷一二。

〔註39〕《河南程氏遺書》卷一八。

〔註40〕《河南程氏遺書》卷一五。

〔註41〕《河南程氏遺書》卷一二。

〔註42〕張載《經學理窟・義理》，《張載集》，中華書局 1978 年版，第 277 頁。

庸》，以求古人之微妙處。《大學》一篇，有等級次第，總作一處，易曉，宜
先看。《論語》卻實，但言語散見，初看亦難。《孟子》有感激興發人心處。《中
庸》亦難讀，看三書後，方宜讀之。」〔註43〕自《四書章句集注》流行之後，
經朱熹弟子們的宣揚，逐漸在學術界和社會上產生巨大影響，以致理宗皇帝
以朝廷的名義讚揚《四書》使孔子之道復明於天下。因此新儒學家們出現以
《四書》取代《五經》的趨向，而且爲宋以後的理學家和統治者所肯定和支
持。近世錢穆認爲：「宋代理學，本重《四書》過於《五經》，及朱子而發揮
盡致。此後元明兩代，皆承朱子此一學風。清儒雖號稱漢學，自擅以經學見
長，然亦多以《四書》在先，《五經》在後，以孔孟並稱，代替周孔並稱。」
〔註44〕在儒家的義理探討方面，雖然《四書》取代了《五經》，但理學家卻又
不敢公開表示對《五經》的否定；他們也研究《五經》，其態度是複雜而微妙
的。

程頤對經學是頗有研究的。他著有《周易程氏傳》，從義理以闡釋《周易》，
自成一說。其《河南程氏經說》包括《易說》《書解》《詩解》《春秋傳》等，
而且對古代禮制甚爲熟悉。他從傳統的觀念認爲孔子刪《詩》、贊《易》、敘
《書》。聖人的經典在程頤看來是一種規範，如果沒有它們，人們的社會生活
便失去準則。然而他又認爲古代的學者是從《五經》而學習儒家義理的，由
經師相繼傳授；宋代以來的學者可以先從學習《大學》《論語》《孟子》《中庸》，
以認識儒家義理，然後再去讀經。他對弟子說：「學者當以《論語》《孟子》
爲本。《論語》《孟子》既治，則《六經》可不治而明矣。」〔註45〕這裡，他
對儒家經典的態度很明確，他將《四書》的意義看得比《六經》重要，因他
認爲讀書是觀察聖人作經之意和聖人用心之所在，反省個人爲何未達到聖人
的境界，慢慢去領悟聖人之意。這些皆可從孔子和孟子的言行去理解。朱熹
對經學的研究更爲深入，著有《周易本義》《說書綱領》《詩集傳》《儀禮經傳
通解》《周易參同契注》等，但持疑經的理性的態度，並不盲從傳統的見解。
朱熹以爲《周易》是卜筮之書，《彖辭》傳說爲周文王作，《爻辭》傳說爲周
公作，因先儒如此說的，只好依從，卻可懷疑。他批評程頤對《易傳》的解
釋是以天下許多道理散入六十四卦中，若從《易》學來看並無意義，對讀者

〔註43〕黎靖德編《朱子語類》卷一四，中華書局 1981 年版。
〔註44〕錢穆《朱子新學案》，巴蜀書社 1987 年版，第 1355 頁。
〔註45〕《河南程氏遺書》卷二五。

亦無啓發。朱熹對孔子刪《尙書》之事，爲什麼要刪，怎麼刪，以爲皆未可曉。此經乃古代文獻的殘餘，若一定要考察其義理，勢必穿鑿附會，他認爲《尙書》的小序不是孔子作的，而是周秦間人作的，水平低下。朱熹認爲《儀禮》是聖人對社會相習之禮儀加以抄錄而成的，否定了聖人制禮之說。他以爲禮學多不可考，學者們繁瑣地考來考去而無結果。古禮十分繁縟，在後世難以施行。他還批評北宋陸佃師徒探求古禮之義是近於荒誕的，因爲古禮在現實中已不存在，不可能求其義理了。朱熹認定孔子並未刪訂過《詩經》，因爲刪詩之說得不到證實。他不同意程頤說《國風》是周公作以教人的，因爲其中有許多「淫亂」之詩。《詩大序》是後人作的，其中說的「發乎情，止乎禮義」，朱熹指出如變風，何嘗止乎禮義，從而還原了《詩經》的本來面目。朱熹對所謂《春秋》的義例持以否定的態度，以爲如誅亂臣，討賊子，攘夷狄，貴王賤霸等，不一定字字有義，只是將事實記載下來而已。《春秋》是孔子據魯史以書其大事，但哪些是舊史，哪些是孔子記的，已無從驗證，因而朱熹對孔子作《春秋》之說表示懷疑。關於儒家經典，朱熹說：「然《六經》皆難者，所謂『聖人有郢書，後世多燕說』是也。」〔註 46〕「郢書燕說」是成語，出自《韓非子·外儲說左上》，謂以訛傳訛之意。朱熹認爲儒家經典很難懂，後世經師解經皆以訛傳訛，因而不可信以爲眞，故他教弟子仍主張重點學習《四書》。

我們以程頤和朱熹爲例，考察理學家對儒家經典的態度，可見到他們必須尊重傳統的儒學觀念，認眞研究經學，卻又對《五經》持懷疑與否定的態度，而更重視《四書》的意義。《四書》因包含了眞正的儒家之道，這正是理學家的重大發現並予以闡揚的。南宋理學家陳淳談到理學的師友淵源時說：「我宋之興，明聖相承，太平日久，天地眞元之氣復全，於是濂溪先生與河南二程先生，卓然以先知先覺之資，相繼而出……朱文公又即其微言遺旨，益精明而瑩白之，上以達群聖之心，下以統百家而會於一，蓋所謂集諸儒之大成，而嗣周程之嫡統，粹乎洙泗濂洛之淵源者也。」〔註 47〕濂洛之學爲宋代理學的主流，經朱熹而集大成，使理學發揚光大。他們上承孔子洙泗之學，創立了新儒學派，在中國思想史上有著非常重要的意義。

〔註 46〕黎靖德編《朱子語類》卷七八，中華書局 1981 年版。
〔註 47〕陳淳《嚴陵講義·師友淵源》，《北溪字義》卷下，《四庫全書》本。

　　宋代理學家們發現儒家失傳之道見存於《中庸》，進德爲學之次第見存於《大學》；此兩篇孔門遺著與《論語》和《孟子》是爲《四書》。他們闡揚了原始儒學的精義，恢復了儒學的眞實面目，重建了自孔子、孟子、周敦頤、張載、程顥、程頤、朱熹的純正的儒家道統。新儒學思想由此得到統治階級的支持而上升爲統治思想，對中國封建社會後期的社會政治倫理發生了重大影響。宋代理學家們，以無極而太極，太極產生陰陽，由陰陽變化而化生萬物的宇宙生成論，建立了儒家哲學本體論，並將純粹抽象的範疇「無極」與「天命」、「天道」相聯繫，形成「天理」的範疇，進而與社會政治倫理聯繫，構成理學的基本理論。他們在儒學義理的探討方面達於精微細密的程度，體現了中國思想在形而上的巨大進步。宋代理學家有強烈的社會使命感，以修身、齊家、治國、平天下爲政治理想，以儒家之道爲學習對象，以達於聖賢爲目的，努力追求道德的自我完善，爲中國思想的發展開拓了一個崇高的精神境界。新儒學的理性光輝曾對歐洲啓蒙思想發生過積極的影響，它的意義尚應爲我們進一步探討。

（原刊《國學》集刊第一集 2014 年 12 月）

論宋明理學家爲學之宗旨
——關於新儒學基本特徵的探討

一

　　儒學發展至北宋中期出現了非常重大的變化，在近世被稱爲新儒學。它與原始儒學、漢唐儒學和北宗初年以來提倡復興儒家之道的古文家之學有著性質上的區別，在當時稱爲道學、正學或聖學，在南宋中期稱爲理學〔註1〕，經元代之後在明代而更爲興盛，故又稱宋明理學。《宋史》爲理學家們特立《道學列傳》，將他們從傳統的《儒林列傳》中分立，這應是根據儒家在宋代的實際情況而作出的決定，體現出確切的學理判斷。中國傳統學術的分類在漢代初年有「九流十家」之說，此後關於典籍有經、史、子、集四大類之分，其中每一家每一類之學又具綜合的特點，很難進行細緻精確的劃分。這種情況至晚清因西學的東漸與新學的興起，尤其是辛亥革命之後 1912 年嚴復任北京大學校長進行文科改良而建立新學科時，中國傳統學術面臨接受西方近代學科分類觀念重新進行學術分科。雖然這是中國學術發展的必由之路，但將中國學術納入西方學術框架，始終存在著方枘圓鑿格格不入的情境。新儒學——理學在二十世紀初年以來按照現代學科分類成爲中國哲學的研究對象之一。從新的哲學觀念或從思想史和學術史的視角來研究理學，若回答理學是什麼，即概括它的基本學術特徵，由此將它與傳統儒學予以區分，這卻成爲

<hr>

〔註 1〕　謝桃坊《新儒學之創始與名義演變過程》，臺灣《孔孟月刊》第 33 卷 1 期，
　　　　1994 年 9 月。

很困難的學術問題。我國近世哲學家、思想史家和學術史家對此曾作過探討，大致有三種意見。第一種意見認爲：道學是關於人的學問，它所講的是人在宇宙中的地位，人和自然的關係，個人和社會的關係，個人發展的前途和目的。第二種意見認爲：宋明理學是封建社會後期的統治思想，「性與天道」是理學討論的中心內容，這是哲學問題，同時涉及政治、道德、教育、宗教等許多領域。宋明理學以儒學的內容爲主，同時也吸收了佛教和道教思想。它是在唐朝三教融合、滲透的基礎上，孕育發展起來的一種新學術思想。第三種意見認爲：理學家的「理」爲其學說的基本特徵，以「理」代替正統儒學中至高無上的「天」的地位；把自然、社會、人生以至歷史，凡是眞的、善的、美的、光明的，都說成合乎「天理」，凡是假的、惡的、醜的、偏的、黑暗的，都說成是「人欲」，是屬於該去之列的。此外還有學者以理學的重要創始人之一程頤爲例以說明理學的特徵是：其認識論和內心反省方法，是極力強調乃至誇大個人的主觀認識的能動作用，亦即心的作用，只要通過內心反省工夫，恢復固有的良知良能，即可達到與天地萬物融爲一體，萬物皆爲自己所用，從而下學上達，成就內聖外王之道〔註2〕。這些見解都很概括而深刻，能從某一方面說明理學的基本特徵，然而我感到它們不是很確切的，即按照其中某一見解，並不能使我們將這新儒學與其它儒學區別開來。因爲若以理學是關於人的學問，它探討人類精神生活的普遍性問題，這過於寬泛，適應於諸種人文學科；若以它是在三教融合的基礎上形成的，則未見到它與佛教和道教的本質的區別；若以「理」或「性與天道」爲理學的核心，則此二者僅是理學的部份範疇，尚不能以之爲其基本特徵；若以理學家通過個人內省成就「內聖外王」之道，這又近似道家和原始儒家。我們認識理學的基本特徵之所以感到困惑，是由於其內容豐富和理學家之間派系與宗傳分歧所致，更由於以西方哲學觀念與方法而僅關注其外部的某些特點所致。我們如果試用中國傳統學術觀念從學術內部聯繫，並考察理學的歷史，或者可以見到其眞切的特徵。雖然這樣的方法很合理，但實際應用起來僅有一定的指導意義，仍不易切入和把握。當我們回顧中國學術史上關於理學史的研究成就時，不

〔註2〕 參見馮友蘭《略論道學的特點、名稱和性質》，《論宋明理學》，浙江人民出版社，1983 年，第 37～38 頁；侯外廬《宋明理學史序》，《宋明理學史》，人民出版社，1984 年，第 1～2 頁；張立文《略論宋明理學》，《論宋明理學》，浙江人民出版社，1983 年，第 14～15 頁；漆俠《宋學的發展和演變》，河北人民出版社，2002 年，第 428 頁。

得不欽佩清代初年著名學者黃宗羲曾經作出的貢獻。從他的論著中已經爲我們指出了探究理學整體學術特徵的方法與途徑：這就是理學家爲學的宗旨。

黃宗羲是明末著名理學家劉宗周的弟子，如果說劉宗周是理學的終結者，黃宗羲則是從宋至明代七百年理學發展過程的總結者。他的《宋元儒學案》和《明儒學案》以「理學之儒」的觀念建構了理學史體系，是研究理學的經典性著述。黃宗羲於清代康熙十五年（1676）完成《明儒學案》六十卷；此年他六十七歲。這部《明儒學案》實爲明代理學史，它以著名理學家爲個案，對每家之學術宗旨作出總評，繼而介紹其生平事跡與治學情況，最後匯列有關語錄及論學之著。清代初年學術界鑒於明代學術空疏之弊，批評明代理學——王陽明心學的末流，興起考據學和經世之學。黃宗羲在此時能從學術史的高度重新客觀地評價明代理學，他說：「嘗謂有明文章事功皆不及前代，獨理學，前代之所不及也，牛毛繭絲，無不辨晰，眞能發先儒之所末發。」〔註3〕他首創「學案」體旨在全面總結有明一代理學之成就，但認爲儒家之道在孟子之後失傳，宋代理學家發現了眞正的儒家之道，使儒學得以承傳，因此理學家才是眞正的儒者。這沿襲了理學家的觀念，所以他標示的「明儒」即是明代理學家。完成《明儒學案》之後，黃宗羲由明代理學上溯宋元理學，進行《宋元儒學案》的撰述，在其八十二歲患重病之前，此稿基本上完成，但屬未定稿，尚需增補修訂。在此稿的撰述過程中，其季子黃百家協助作資料的蒐集與編纂；後經全祖望的增補，又經王梓材與馮雲濠據各種稿本進行校勘編定，於道光十八年（1838）刊刻傳世，即今通行之百卷本《宋元學案》。王氏與馮氏在整理時態度嚴謹，於每個學案分別注明稿本來源。今可考的黃宗羲原本、黃百家纂輯之《宋元儒學案》即「黃氏原本」，計存宋代著名理學家三十一個學案，其中黃宗羲爲十六個學案作了序錄，留下案語三十一則，附錄其有關理學問題的論述十一篇。我們將《明儒學案》和《宋元儒學案》（黃氏原本）中的序錄、案語及所附論文合觀，從中可見到黃宗羲關於諸理學家爲學宗旨的論述。黃宗羲特別注重對各家爲學之宗旨的探討，在撰著《明儒學案》時，他批評明代周汝登的《聖學宗傳》和孫奇逢的《理學宗傳》之疏失說：「從來理學之書，前有周海門《聖學宗傳》，近有孫鍾元《理學宗傳》，諸儒之說頗備。然陶石簣（望齡）《與焦弱侯書》云：『海門意謂身居山澤，見聞狹陋，常願博求文獻，廣所未備，非敢便稱定本也。』且各家自有宗旨，

〔註 3〕黃宗羲《明儒學案發凡》，《明儒學案》卷首，中華書局，1986年。

而海門主張禪學，擾金銀銅鐵爲一器，是海門一人之宗旨，非各家之宗旨也。」
〔註4〕學者有各自論學的宗旨，著學術史的不能以自己的主觀意見去代替各家
的宗旨，應客觀地總結各學者的學術眞實。明代理學家李材說：「僭謂學急明
宗，不在辨體。宗者何？則旨意之所歸宿者是也。」〔註5〕王陽明囑咐弟子說：
「以後與朋友講學，切不可失我的宗旨。」〔註6〕理學家爲學的宗旨各不相同，
對其學術之認識首先是把握其宗旨。黃宗羲說：「大凡學有宗旨，是其人之得
力處，亦是學者之入門處。天下之義理無窮，苟非定以一二字，如何約之使
其在我。故講學而無宗旨，是無頭緒之亂絲也。」〔註7〕他在論著中將理學家
們爲學之宗旨概括得極爲簡要，它是學者治學的關鍵；若要認識某位學者之
學術，便應從認識其宗旨切入。儒家經典中含蘊的義理眾多，理學家學習儒
學，善於從自己深有感悟的某義理，某範疇、某概念進行思考和體驗，以之
去貫串整個儒學義理，體現出獨特的治學途徑和方法，由此形成自己的學術
個性。我們細讀黃宗羲關於理學各家爲學之宗旨的論述，可見他所指出的宗
旨實爲治學的途徑，而與此相關的是治學的方法、治學的目的和治學的對象。
各家的宗旨不同，但又存在相似與共同之處。我們若從宋明理學家的爲學宗
旨進行比較，歸納他們共同的治學對象、目的和方法，便可見到他們存在共
同的宗旨，它即是理學的基本的學術特徵。

二

　　理學是儒學的一個學派。理學家是學者，他們治學的對象，即他們學習
什麼，這與傳統的儒者和其它學者頗爲相異。儒家聖人孔子對弟子因材施教，
分爲德行、言語、政事和文學四科。他們學習《詩經》、《尚書》、《周禮》、《周
易》等典籍，以期懂得古代禮制、禮法和禮儀，亦會賦詩言志，以便將來爲
統治階級服務、維持禮教、施行德治，穩固社會秩序。漢代的儒者以儒家經
典爲研究對象，因典籍的流傳在秦以後存在今文與古文兩種，文字相異，家
法不同，遂在經學中分爲今文經學派與古文經學派。今文經學派以《六經》
爲孔子的政治學說，對經典的解釋著重發掘微言大義以服務於現實政治。古

〔註 4〕　《明儒學案發凡》。
〔註 5〕　《明儒學案》卷三一《止修學案》。
〔註 6〕　施邦曜輯評《陽明先生集要》理學編卷二，中華書局，2008 年。
〔註 7〕　《明儒學案發凡》。

文經學派以《六經》爲孔子整理的史料，對經典的研究側重於名物訓詁的考釋。自唐代中期韓愈等文學家自稱儒者，以復興儒家之道自任，志於改革文風、文體和文學語言，主張學習先秦兩漢散文，發起「古文運動」，於創作中力圖實現「文道合一」。北宋初年以來，在朝遷的支持下，文學家們重新發起古文運動，旨在反對五代的文弊，及時尚的西崑體和太學體文風。歐陽修主張「文道並重」，使古文運動擺脫奴僕於儒道的地位，在北宋中期取得勝利。蘇軾認爲歐陽修是當代的韓愈，他說：「愈之後二百有餘年而得歐陽子，其學推韓愈、孟子以達於孔氏，著禮樂仁義之實，以合於大道……士無賢不肖不謀而同曰：歐陽子，今之韓愈也。」〔註8〕歐陽修和蘇軾關於道的認識與韓愈等有異，但古文運動若要爭取統治階級的支持，仍然要舉起復興儒學的旗幟，宣傳儒學之道的合理性。由於北宋古文運動的勝利，這對當時正在興起的理學構成一種學術的和政治的威壓。理學的創始者們以爲自孔孟之後儒學的發展甚爲紛歧，提出了眞正的儒學是什麼的問題。程顥將理學家與一般學者相區別，他說：「學者須學文，知道者進德而已。有德則『不習無不利』，『未有學養子而後嫁者』，蓋先得是道矣。學文之功，得一事是一事，二事是二事，觸類至於百千，至於窮盡，亦只是學，不是德。。有德者不如是，故此言可爲知道者言，不可爲學者言。」〔註9〕這認爲一般學者致力於文獻的研究，窮究事物之理，雖然求得的知識很多，仍在求知的層面。學者之中的「知道者」即眞正懂得儒家之道的，他們超越了具體事物的知識，以先驗的體悟而求增進個人的道德。他這是對理學內部而言的。程頤深感當時儒學的弊端，一是古文家溺於文章，二是經學受牽於訓詁，三是儒者受異端之惑。如果除去異端之學，則儒學存在「文章之學」，「訓詁之學」和「儒者之學」。他將前二者排除於儒學之外，以爲眞正能傳儒家之道者只有他們理學家之學才堪稱「儒者之學」〔註10〕。他最後歸納說：「今之學者歧而爲三：能文者謂之文士，談經者泥爲講師，惟知道者乃儒學也。」〔註11〕這樣否定了漢唐的經師和唐宋提倡古文的學者爲儒者。理學家是「知道」的，他們治學的對象是儒家之道。

〔註8〕 蘇軾《六一居士集敘》，《蘇軾文集》卷十，中華書局，1986年。

〔註9〕 《河南程氏遺書》卷二上，《二程集》，中華書局，1981年。按此段語錄原標明「二先生語」，即二程之語，《宋元學案》卷十三作明道先生語，從之。

〔註10〕 《河南程氏遺書》卷一八。

〔註11〕 《河南程氏遺書》卷六作「二先生語」，茲參《河南程氏遺書》卷一八伊川先生語「古之學者一，今之學者三」，可證此條爲程頤語。

什麼是儒家之道呢？孔子稱讚其弟子曾參於其道的堅持──「一以貫之」。其
它的弟子間曾參這「道」是什麼，曾參說：「夫子之道，忠恕而已矣。」這「忠
恕」僅是孔子之道的外在的體現，並非「道」之本體。子貢能從孔子平習的
威儀與文辭見到其道的外現者，而對孔子之道──「性與天道」便未聽說過。
因此孔子之道的本體是神秘不可知的。漢儒傳述曾子作的《大學》，以爲「大
學之道在明明德，在親民，在止於至善」，這是說的儒者道德修養的次第，也
即是爲學的層次，亦非道之本體。漢儒傳述孔氏子思作的《中庸》，以爲「天
命之謂性，率性之謂道」是對孔子「性與天道」的說明。理學大師朱熹從理
學的觀點解釋說：

> 命，猶令也。性，即理也。天以陰陽五行化生萬物，氣以成形，
> 而理亦賦焉，猶命令也。於是人物之生，因各得其理，以爲健順五
> 常之德，所謂性也。率，循也。道猶路也。人物各循其性之自然，
> 則其日用事物之間，莫不各有當循之路，是則所謂道也。〔註12〕

理學家以「理」解釋「性」，它即是超然的主宰自然規律的力量。人們各自禀
賦之天理爲「性」，各人應順天理便是「道」。這樣「性與天命」的本原是「理」，
它是爲儒家之道。「道」是怎樣產生的呢？《周易・說卦》有「立天之道曰陰
曰陽」之說，這是關於「道」的本體問題。理學創始人周敦頤以爲天地萬物
發生之先有一個「無極」存在，即無任何東西存在。他假設「無極」而產生
「太極」，它動而生「陽」，靜而生「陰」，「陰陽」的交合變化而產生萬物。
這便是「道」，其本原爲「無極」。此是純粹的理性思辨，而「無極」是不可
知的。「道」與「理」爲一物的兩面，南宋理學家陳淳解釋說：「道與理，大
概只是一件物，然析爲二字，亦須有分別。道是就人所通行上立字，與理對
說，則道字寬，理字較實。理有確然不易底意，故萬古通行者道也，萬古不
易者理也，理無形狀，如何見得只是事物上一個當然之則便是理，則是準則、
法則，有一個確定不易底意。」〔註13〕道是本體，理則是關於道的準則和法
則的理論。道、理、性、命，這幾個理學範疇是存在相互關係的，它們構成
理學的理論基礎，而理成爲新儒學派的理論核心。朱熹解釋說：

> 宇宙内一理而已，天得之而爲天，地得之而爲地，而凡生於天
> 地之間者又務得其以爲性。其張之爲三綱，其紀之爲五常，蓋皆此

〔註12〕朱熹《中庸章句》，見《四書章句集注》，中華書局，1983年。
〔註13〕陳淳《北溪字義》卷下，《四庫全書》本。

理之流行，無所適而不在。若其消息盈虛，循環不已，則自未始有
物之前，以至人消物盡之後，終則復始，始復有終，又未嘗有頃刻
之或停也。〔註14〕

「理」成爲宇宙的本原，支配著自然的運轉和社會人生的準則，它無始無終，
是形而上的先驗之物：這是理學家們自詡爲得到儒家聖人不傳之秘。他們很
有信心地從唐宋古文家那裏奪回儒家的道統。

關於儒家的道統，即儒家之道的宗傳，《孟子‧盡心》裡已認爲聖人之道
自堯、舜、禹、湯、文王相傳，至孔子而集大成。韓愈力圖恢復儒家道統，
在《原道》裡重申孟子之說，確定儒家之道由堯、舜、禹、湯、文王、武王、
周公傳於孔子，孔子傳於孟子，此後中斷。宋代古文家以韓愈繼孟子之後使
儒學復興，而歐陽修是繼韓愈之後的儒家道統的承傳者。理學家既然將「能
文者」的古文家排除於儒學之外，所以他們無視古文家建立的道統，而以爲
理學的創始人周敦頤才是繼孟子之後眞正的道統的承傳者。朱熹努力確立周
敦頤的歷史地位，他說：「我有宋聖元受命，五星集奎，開元明之運；然後氣
之漓者醇，判者合，清明之氣得以合付乎人。而先生（周敦頤）出焉，不由
師傳，默契道體，建圖著書，根極領要。當時見而知之，有程氏者遂擴大而
推明之。」〔註15〕同時張栻也說：「學者考論師友淵源，以孔孟之道復明於千
載之下，實自先生（周敦頤）發其端……先生起於遠方，乃超有所自得於其
心，本乎《易》之太極，《中庸》之誠，以極乎天地萬物之變化……於是河南
二程先生兄弟從而得其說，推明究極之，廣大精微殆無餘蘊。學者始知乎孔
孟之所以教蓋在此。」〔註16〕經過南宋許多理學家的努力，理學在南宋後期
上升爲統治思想，統治者承認了理學家新建的道統。宋理宗於淳祐元年（1241）
詔曰：

朕惟孔子之道，自孟軻後不得其傳，至我朝周敦頤、張載、程
顥、程頤，其見實踐，深探聖域，千載絕學，始有指歸。中興以來，
又得朱熹，精明思辨，表裡渾融，使《大學》、《語》、《孟》、《中庸》
之書本末洞初，孔子之道，益以大明於世。〔註17〕

〔註14〕朱熹《讀大紀》，《晦庵集》卷七一，《四庫全書》本。
〔註15〕朱熹《江州重建濂溪先生書堂記》，《晦庵集》卷七八。
〔註16〕張栻《道州重建濂溪周先生祠堂記》，《南軒集》卷十，《四庫全書》本。
〔註17〕《宋史》卷四二《理宗紀》，中華書局，1977年。

朱熹的弟子黃榦在《聖賢道統傳授總敘說》裡對此作了較詳的解說。明末理學家劉宗周又以明代心學家王陽明是宋代之後的道統的繼承者，他說：「孔孟既沒，越千餘載，有宋諸大儒起而承之，傳孔孟之道，煥然復明於世，厥功偉矣。三百餘年而得陽明子，其傑者也。夫周子，再生之仲尼乎！明道（程顥）不讓顏子，橫渠（張載）紫陽（朱熹）亦曾（參）、思（子思）之亞，見力直追孟子。自有天地以來，前有五子（孔子、孟子、顏子、曾子、子思），後有五子（周敦頤、程顥、程頤、張載、朱熹），斯道可謂不孤。」〔註 18〕自此儒家之道的宗傳得以完全確立。

　　理學家為弘揚儒家之道，使之承傳，他們同先秦和兩漢的儒者一樣注重講學，提倡師道。程顥說：「古之學者，皆有傳授。如聖人作經，本欲明道。今人若不先明義理，不可治經，蓋不得傳授之意云爾。」〔註 19〕他認為儒家之道的傳授，必須師長將經典的義理向弟子們講明，道統才可以延續。陸九淵闡述師道的重要意義說：「秦漢以來，學絕道喪，世不復有師。以至唐曰師、曰弟子者，反以為笑，韓退之，柳子厚猶為之屢嘆。惟本朝理學，遠過漢唐，始復有師道。雖然學者不求師，與求而不能虛心，不能退聽，此固學者之罪。學者知求師矣，能退聽矣，所以導之者乃非其道，則師之罪也。」〔註 20〕他表明自宋代理學的興起即恢復了師道，但指出學者不從師、不努力，這是學者的過失；如果既從師又努力，而其師不能引導於正道，這是師長的過失。儒家之道能得以很好的傳授，才可保證道統得以綿延。黃宗羲在《宋元儒學案》（原本）是以程朱學派為主，建構了宋元理學宗傳系統。理學的創始人是北宋中期的周敦頤，其淵源可追溯至宋初的胡瑗與孫復。同時的邵雍和張載也是理學的創始人，但以濂洛之學特盛。洛學出自周敦頤，創始人為二程——程顥、程頤，其重要弟子是謝良佐、楊時、游酢、尹焞。楊時的弟子胡安國、羅從彥為程氏之再傳弟子；朱熹、張栻、呂祖謙為程氏之三傳。朱熹之學極盛，其重要弟子有黃榦、輔廣、陳埴、陳淳、魏了翁。謝良佐之弟子為陸九淵。朱熹之再傳弟子為真德秀、何基、饒魯、董夢程，三傳弟子為吳澄。北方傳二程之學的為許衡。黃宗羲在《明儒學案》裡建構了以陽明學派為主的明代理學宗傳系統。王陽明之學源自陸九淵，而從學於明代理學家婁諒。

〔註 18〕劉宗周《聖學宗要》，《劉子遺書》卷一，《四庫全書》本。
〔註 19〕《河南程氏遺書》卷二上。
〔註 20〕陸九淵《與李省幹書》，《陸九淵集》卷一，中華書局，1978 年。

明初以來的理學家吳與弼、陳獻章、薛瑄、呂柟、王恕皆能發揮程朱之學，他們之間存在師友關係。明代中期以來，王陽明的心學特盛，其門下弟子眾多，形成浙中、江右、南中、楚中、北方、粵閩各派，其末流則爲泰州學派。晚明又別出顧憲成爲首的東林學派，而劉宗周是王學最後的弘揚者，亦是明代理學的終結者。這樣七百年的理學宗傳是以師道傳授而維繫的，儒家的道統亦由此繼承和發揚了。近世錢穆論及宋代理學說：「新舊黨爭，終使北宋陷於衰亡而不救。此時乃有周、張、二程理學家之興起。蓋道統既高於政統，師道既高於治道，則在朝不如在野。爲士者既以師道自任，則在己之修養講論，乃更重於出仕以從政。此乃宋代理學家之所以異於漢唐儒。《宋史》特立《道學傳》，以別於《儒林傳》，亦非無理。」﹝註21﹞在宋代理學家的努力下，終於爭回並重建了儒家道統。他們以爲道統高於政統，理學家高於政治家，師道高於治道，儒學高於政治。因此他們不太看重視實社會政治，專致於學習儒學之道，承傳道統這是理學家爲學區別於其它學者之處。

三

　　新儒學者學習儒家之道，是希望自己成爲「聖人」，這是他們治學的目的。什麼是聖人呢？《莊子‧天下篇》云：「以天爲宗，以德爲本，以道爲門，兆於變化，謂之聖人。」這是指宗法自然，品德完善，達於至道，能洞察天下萬物變化之端的睿智者。儒家所尊崇的聖人是堯、舜、禹、湯、文王、武王、周公、孔子。他們與其它宗教的聖人之區別在於：儒家的聖人不是超然出世的，他們能對社會政治倫理發生巨大作用，或者他們的言行能對社會政治倫理發生巨大影響，然而像孔子一樣卻並不一定成爲帝王或政治家。馮友蘭說：「中國聖人的精神成就，相當於佛教的佛，西方宗教的聖者的精神成就。但是中國的聖人，不是不聞世務的人。他們的人格是所謂『內聖外王』的人格。『內聖』是就其修養的成就說，『外王』是就其在社會上的功用說。聖人不一定有機會成爲實際政治的領袖。就實際的政治說，他大概是一定沒有機會的。」﹝註22﹞這內聖外王的至高至善的聖人的精神成就是否普通常人可以通過學習而至其境界，孟子的回答是非常肯定的。例如有人問他：「人皆可以爲堯舜，

﹝註21﹞錢穆《中國文化演進之三大階程及其未來之演進》，《宋代理學三書隨札》，三聯書店，2002年，第219～220頁。

﹝註22﹞馮友蘭《中國哲學簡史》，北京大學出版社，1997年，第7～8頁。

有諸？」孟子曰：「然」。(《孟子·告子》) 堯、舜是儒家最尊崇的聖人，既然人皆可以達到其精神境界，理學家則以此作爲自己追求的最高目標。弟子問周敦頤「聖可學乎？」他以爲是可學的，指示學聖之路是：「一爲要。一者，無欲也，無欲則靜虛動直。靜虛則明，明則通；動直則公，公則溥。明通公溥，庶矣乎！」〔註23〕他主張除去個人私欲，體現「無極之眞」的道體，即可達於聖人之境界。成聖之路又是不容易的，周敦頤以「希聖」爲目標，而又以伊尹和顏淵爲具體學習的榜樣。他認爲此二人是「大賢」，所謂「志伊尹之所志，學顏子之所學」。伊尹有弘大的政治抱負，顏淵的品德醇善，通過努力超越他們則可爲聖，接近他們的境界則爲賢。程頤的成聖意志是堅決的，他表示：「人皆可以至聖人，而君子之學必至於聖人而後已。」他指出的成聖之路是：「隨事觀理，而天下之理得矣。天下之理得，然後可以至於聖人。君子之學，將反躬而已矣。反躬在致知，致知在格物。」〔註24〕程氏之學的特點很突出，其弟子呂希哲說：「二程之學以聖人必可學而至，而已必欲學而至於聖人。」〔註25〕南宋初年朱熹之父朱松將程氏之學概括得很確切，他說：「夫達於天德之精純，而知聖人之所以聖，誠意正心於奧窔之間，而天下國家所由治，推明堯、舜三代之盛，修己以安百姓，篤恭而天下平者，始於夫婦，而其終也察夫天地：此程氏之學也。」〔註26〕程氏之學是「學而至於聖人」之學，所以程頤在《明道先生墓表》和《上皇太后書》裡，均將其兄弟之學稱爲「聖學」，這成爲理學之別稱。普通學者自謂要「至於聖人」，這必然在學界和社會上被視爲狂怪之徒，而加以嘲笑的。程頤的弟子楊時以爲學習聖人是很不容易的，然而爲學須要確立崇高的目標，因此「以聖人爲師，猶學射而立的」〔註27〕。有了既定的目標，學習聖賢的道德行爲，進而認識聖賢之道，這是楊時指出的「爲學之方」。朱熹更以爲普通的「鄉人」皆可以很快成爲聖人，他說：「爲學，須思所以超凡入聖。如何昨人爲鄉人，今日便爲聖人，須是竦拔，方始有進。」〔註28〕這發揮了孟子「人皆可以爲堯舜」之說。

〔註23〕周敦頤《通書·聖學》，《周濂溪集》卷五，《四庫全書》本。

〔註24〕《河南程氏遺書》卷二五。

〔註25〕《河南程氏外書》卷一二，《二程集》。

〔註26〕朱松《上謝參政書》，《宋元學案》卷三九引《韋齋文集》，中華書局，1986年。

〔註27〕楊時《龜山集》卷十語錄，《四庫全書》本。

〔註28〕黎靖德編《朱子語類》卷八，中華書局，1981年。

但要爲堯舜，必須徐行漸進，朱熹強調首先應道德行爲上貫徹孟子所說的「四端」：「惻隱之心，仁之端也；羞惡之心，義之端也；辭讓之心，禮之端也；是非之心，智之端也。」（《孟子・公孫丑上》）此後再找出自己不能爲堯舜的原因，立定志向，堅持修養工夫，便自然地前進。同時的陸九淵雖然學術觀點和治學方法與朱熹相異，但成聖的主張是相同的。他以爲成聖是「學者之事，當以此爲根本」〔註 29〕。在他看來愚夫愚婦都知道仁、義、忠、信，並且能在日常生活中實踐，而聖賢只不過將這些品德發展和充分體現而已；這也是治學的根本。學術中的專門知識，如天文、地理、象數等，不是一般學者可以學的，它們與成聖沒有什麼關係。在朱熹之後，程朱學派成爲理學的正宗，以至明代理學的發展難以超越其範圍，有所謂「此亦一述朱、被亦一述朱」的現象。這種情況至明代中期王陽明心學的創立才得以改變。黃宗羲高度評價王陽明在理學史上的意義，他說：「姚江點出『良知人人現在，一反觀而自得』，便人人有作聖之路。故無姚江，則古來之學脈絕矣。」〔註 30〕此學脈即是宋代理學家「學必至聖人」的主張。王陽明晚年悟得人的先天即具有一種正確的判斷，它來自所稟賦的天理，只要將此先天的良知應用於對事物的認識，即是聖人了。其心學的末流泰州學派甚至束書不觀，記得幾條語錄，高談性理，不治事務，便以爲自己是聖人了，竟有「滿街都是聖人」之說。周敦頤所謂「志伊尹之志」，這作爲立志是可以的。伊尹佐商湯伐夏桀，成爲商湯的宰相，堅持以法治國，是古代的大賢。理學家們是不具備伊尹的才能與政治品格的。他們學習聖人是選擇顏淵作爲榜樣，因而周敦頤提出的「學顏子學」是最切實的，只要達到顏子的境界，距成聖便很近了。程頤對顏子之學曾作了闡發。他青年時代在太學時，儒者胡瑗問諸生「顏子所學何學」？程頤的問答最完滿，並對理學的發展產生了影響。他說：

> 學以至聖人之道也……故顏子所學，則曰：「非禮勿視，非禮勿聽，非禮勿言，非禮勿動。」仲尼稱之，則曰：「得一善則拳拳服膺而弗失之矣。」又曰：「不遷怒，不貳過」，「有不善未嘗不知，知之未嘗復行」。此其好之篤，學之得其道也。然聖人則不思而得，不勉而中；顏子則必思而後得，必勉而中。其與聖人相去一息，所未至者守之也，非化之也。以其好學之心，假之以年，則不日而化矣。

〔註 29〕 陸九淵《與陶贊仲書》，《陸九淵集》卷一五。
〔註 30〕 《明儒學案》卷十《姚江學案序錄》。

後人不達，以謂聖本生知，非學可至，而爲學之道遂失。〔註31〕

顏淵是孔子最喜愛和最得意的弟子，以德行稱著，安貧樂道，三十二歲便死了。他雖無功業可言，但儒者以爲他若不早死是可以成爲聖人的，仍尊之爲「復聖」。顏子之學是聖學，學顏子則學其德行即可，這是容易做到的；雖然不一定對社會有貢獻，但其精神境界是崇高的。這樣理學家都學顏子之學，明代亦是如此。王陽明認爲只有顏子是眞正見到聖人之道的，他說：「見聖道之全者惟顏子……顏子歿，而聖學之正脈遂不傳矣。」〔註32〕理學家們是聖學的正脈的承傳者，而顏子所見聖人之道的全體，其究竟是什麼亦不得而知，需要理學家個人去體悟。關於顏子之學，劉宗周具有總結性的意見，他說：「茂叔（周敦頤）教人，每令尋孔、顏樂處。所樂何事？此個疑案，後人解開消得，一似指空花蹈幻影，無有是處。程子說不是貧，又不是道。朱子又說未嘗不是道。若有極口道不出者，畢竟是何事？此事不從言說得，不從妙悟得。學者須實學孔、顏之學始得。孔、顏樂處，即是孔、顏學處。」〔註33〕孔子說：「賢哉，回也，一簞食，一瓢飲，在陋巷，人不堪其憂，回也不改其樂。賢哉，回也！」（《論語‧雍也》）理學家肯定顏子所樂即是道，不必說是樂道。顏子因有高尚的德行，才能臻於近似聖人的境界。學顏子是通過進德修業之路，以求個人道德的日新。

進德修業是培養個人道德情操從平常日用生活之事做起，以求達於聖賢之境，此爲「下學而上達」。陸九淵說：「大抵爲學，但當致之進德修業，使此心於日用間戕賊日少、光潤日著，則聖賢垂訓向以爲盤根錯節未可遽解者，將渙然冰釋，怡然理順，有不加思而得之者矣。」〔註34〕聖賢的垂訓極爲簡約，並未指出具體的進德之路，需要學者去悟解。陸九淵所說的進德方法實爲「克己復禮」，於日常生活中剋制私欲以明天理，日進其德，便易於理解聖賢之訓了。明代理學家吳與弼說：「因思延平先生（李侗）所與處者，豈皆聖賢？而能無疾言遽色者，豈非成湯『與人不求備，檢身若不及』之功效歟？而今而後，吾知聖賢之必可學，而學之必可至。人性之本善，而氣質之可化也的然矣。下學之功，此去何如哉！」〔註35〕南宋理

〔註31〕引自《宋史》卷四二七《道學傳》。
〔註32〕《陽明先生集要》理學編卷一。
〔註33〕劉宗周《論語學案》卷三，《四庫全書》本。
〔註34〕陸九淵《與劉深父書》，《陸九淵集》卷三。
〔註35〕《明儒學案》卷一《崇仁學案》引。

學家李侗嚴格要求自己，待人和藹可親，行爲從容不迫。吳與弼以爲這近
於聖賢了，因此堅定了學聖必至的信念，悟得從發揚個人本性之善即是下
學之功而可上達的。如果理學家學習聖賢已經取得成效，其外在表現便有
些像聖賢了；這是理學家追求的「聖賢氣象」。在理學家看來，孔門弟子中
的曾點即具有聖賢氣象。孔子的弟子子路、冉有、公西華、曾點侍坐，孔
子請他們各言其志。子路、冉有、公西華都談了今後的人生理想。曾點時
在鼓瑟，放下瑟，表示其志與三子相異。他並不正面回答，而是說：「莫春
者，春服既成，冠者五六人，童子六七人，浴乎沂，風乎舞雩，詠而歸。」
（《論語・先進》）孔子慨然贊同曾點之意。曾點所嚮往的是在美好的自然
環境中求得怡然自適，並無學者的矜持嚴肅，也無某些儒者迂腐而不近人
情；這是某種高大宏博之志在自適時的自然流露。程頤特別欣賞曾點的氣
象，他說：「孔子與點，蓋與聖人之志同，便是堯舜氣象也。」朱熹對此解
釋說：「曾點之學，蓋有以見夫人欲盡處，天理流行，隨處充滿，無所欠闕。
故其動靜之際，從容如此。而言其志，則又不過即其所居之位，樂其日用
之常，初無捨己爲人之意。而其胸次悠然，直與天地萬物上下同流，各得
其所之妙，隱然自見於言外。視三子之規規於事爲之末者，其氣象不侔矣，
故夫子嘆息而深許之。」〔註36〕這種聖賢氣象是學者內在的道德充盈，天
理流行的外現，絕非勉強效法可致的。朱熹所集《近思錄》卷十四所推許
的具有聖賢氣象的理學家有周敦頤、張載和程顥。周敦頤胸懷洒落，如光
風霽月，清明高遠；他不除窗前草，讓它有生生自得之意。張載晚年常常
危坐終日，左右盡置簡編，俯而讀書，仰而思考；他雖氣質剛毅，而人們
覺其親和，治家接物，做到正己以感人。程顥之人格純粹溫潤，有如精金
良玉，胸懷浩蕩，待人一團和氣，遇事從容不迫，偶而吟風弄月，其聲容
令人有崇深之感。此外如程頤在晚年經從編管地歸來，勵精所學，處患難
貧賤若處富貴榮達；其容貌氣色安詳甚於平昔，表現出儒者處逆境的安命
的態度，儼然是一位聖者了。他對弟子說：「學者不學聖人則已，欲學之，
須熟玩味聖人之氣象，不可只於名上理會。」〔註37〕理學家們以「學以至
聖人」爲治學的目的，儘管很少的理學家具有聖賢氣象，而距「成聖」仍
是遙遠的，然而他們有此種追求，正表明中華民族一種崇高的精神品質。

〔註36〕朱熹《論語集注》卷六，《四書章句集注》。
〔註37〕《河南程氏遺書》卷一五。

四

　　學習儒家之道以期走上成聖之路，這是非常艱苦的。《尚書・洪範》「睿作聖」，意謂聖者於事無所不通；所以聖人不但品德高尚完善，而且是睿智精明的。雖然孟子以為「人皆可以為堯舜」，這種可能性很小，因為文化水平低下的民眾，固然可以成為品德高尚的人，卻不可能達到「睿作聖」的境界。在理學家們看來，不認識儒家之道是不可能成聖的，而儒家之道又是精微的，因此成聖之路必須通過努力學習以認識儒家的義理。張載說：「讀書少則無由考校得義精，蓋書以維持此心，一時放下，則一時德性有懈。讀書則此心常在，不讀書則終看義理不見。」〔註38〕他是針對學習儒家經典而言的，強調讀經以明儒家之道的義理，這樣可以增進德性的培植。程頤對此表述得更為精切，他說：「天下之理得，然後可以至於聖人。」〔註39〕他還認為儒者以識理為先，行為實踐是次要的。如果僅注重實踐而識理不足，則不能明辨好惡與是非；這樣若遇到異端邪說，便易受誘惑而走上歧途。程頤主張以識理為主，是異於傳統儒家重入世重社會實踐的，它成為理學家的人生與社會基本傾向。因此唐宋古文家注重於文，提倡文以貫道或因文見道，以及漢唐經師於經典考詳略，採異聞的訓詁，程頤以為此兩者皆無助於個人之修身，是屬於捨本逐末，「非聖人之學」，可以不學的。聖人之學是「使人求於內」的。理學家認為身修心正，則齊家、治國、平天下等事，皆可以義理類推。朱熹說：「學者若得胸中義理明，以此去度量事物，自然泛應曲當。人若有堯舜許多聰明，自做得堯舜許多事業。若要一一理會，則事變無窮，難以逆料，隨機應變，不可預定。今世文人才士，開口便說國家利害，把策（論）便述時事得失，終濟得甚事？只是講明義理，以淑人心，使世間識義理之人多，則何患政治之不舉耶！」〔註40〕明代理學家李材關於修身與齊家、治國、平天下的關係說：「齊家不是兜攬家，蓋在家身，家即是修之事矣。治國不是兜攬國，蓋在國身，國即是修之事矣。平天下不是兜攬天下，蓋在天下身，平天下即修之事矣。」〔註41〕他們以為自天子至庶人均致力於修身，則家可齊，國可治，天下亦太平了。這純是主觀想像，將社會現實政治問題看得過於簡

〔註38〕張載《經學理窟・義理》，《張載集》。
〔註39〕《河南程氏遺書》卷二五。
〔註40〕《朱子語類》卷一三。
〔註41〕《明儒學案》卷三一《止修學案》。

單。自孔子、孟子及宋明理學家，他們品德固然高尚，睿智聰明，具有聖賢氣象，或者就是聖賢，然而面對複雜、多變、殘酷的社會現實政治，實際上是採取退避的態度而無能為力的，僅能做到獨善其身而已。理學家們雖然提倡讀書，卻限制在很狹窄的範圍，他們識理的內涵，實際上也是很狹窄的。朱熹以為聖人的人生與社會經驗都很豐富，歷見許多道理，它們都被寫在書冊上，以讓人們學習。讀聖人所著的經典，便可間接地懂得人生與社會的道理。這於儒者亦是次要的。他認為：「今讀書緊要，是要看聖人教人做工夫處是如何。」〔註42〕讀書明理是為了成聖，理學家尋找到一條具體而明確的「入德之門」。

漢代儒者致力於研治《五經》——《周易》、《尚書》、《儀禮》、《詩經》、《春秋》，唐代儒者的治經範圍擴大為《九經》——《周易》、《尚書》、《詩經》、《周禮》、《儀禮》、《禮記》、《春秋左傳》、《公羊傳》、《穀梁傳》。這是傳統儒家尊奉的經典。理學家並不否認這些經典的重要性，他們卻特別推崇《四書》。程頤從《禮記》中發現《大學》與《中庸》兩篇，將它們與《論語》、《孟子》合為《四書》以作為儒者首先必學的經典，由此可以上溯《六經》。《宋史》卷四二七《道學列傳》稱：「頤於書無所不讀，其學本於誠，以《大學》、《語》、《孟》、《中庸》為標誌，而達於《六經》。」這應是程頤的卓識。《五經》或《九經》它們實為古代的卜卦、政事、禮制、詩歌、歷史的文獻，並不能真正體現儒家的思想。《論語》和《孟子》是儒家聖人的語錄，《大學》被認為是曾子所記孔子之言，《中庸》是孔子之孫子思所傳。它們真實地保存了原始儒家思想。儒家之道自古代聖人傳之孔子，孔子傳之曾子，曾子傳之子思，子思傳子孟子。宋代理學家自以為是他們發現了孟子之後儒道不傳之秘密，他們確為真正的儒家。朱熹之所以被譽為理學之集大成者，其主要功績是用了四十年的精力完成《四書章句集注》，以濂洛之學的觀點闡釋了《四書》的義理。此後它成為理學家學習和研治的主要經典，影響著理學的發展。關於學習《四書》的意義，朱熹說：「某要人先讀《大學》，以定其規模；次讀《論語》，以立其根本；次讀《孟子》，以觀其發越；次讀《中庸》，以求古人之微妙處。」〔註43〕這是一個讀書明理的循序漸進的過程，其中的《大學》居於首要地位，它指示了「為學次第」——「三綱」、「八目」。

〔註42〕《朱子語類》卷十。
〔註43〕《朱子語類》卷一四。

　　周代貴族子弟八歲入小學，十五歲入大學。古代小學教授六藝—禮、樂、射、御、書、數，漢代以來以文字、音韵、訓詁之學爲小學。大學爲古代貴族子弟讀書的處所，即太學，學習儒家經典。理學家認爲《大學》的首章是曾子所記孔子之言。首章提出的「大學之道，在明明德，在親民，在止於至善」是爲三綱。理學家將「明德」解釋爲以眾理而應萬事；「親民」爲「新民」，新爲革其舊習，又當推己及人；「至善」乃盡天理之極，無一毫私欲，達於至善即至於聖人之境。「八目」次第是格物、致知、誠意、正心、修身、齊家、治國、平天下。這次第又分兩段，修身以上是明德之事，齊家以下是新民之事。它們表達了理學家的政治與道德的理想。「八目」之首是格物。朱熹解釋說：「格，至也。物，猶事也。窮至事物之理，欲其極處無不到也。」〔註44〕窮理，探討儒家經典的義理，進而認識天下事物之理，這是理學家最基本的治學方法，使他們區別於漢唐的儒者。當然，宋代學者治學是以探討義理見長的，如歐陽修、王安石、蘇軾等也探討儒家經典的義理，但理學家探討儒家義理有其獨特的見解和完整的系統，並達於思辨的精微的高境，此卻爲其它儒者所不能及的。近世學者呂思勉說：「理學之特色，在其精微徹底。一事之是非，必窮至無可復窮之處，而始可謂定。……宋儒所謂理者，果能貫天地人幽明常變而無間否，自難斷言。然其所長，則固如此。其說自成一系統，其精粹處，確有不可磨滅者，則固不容誣也。」〔註45〕新儒學派自稱爲「理學」，正體現了其學術特色，自宋及明代的理學家們關於「無極」與「太極」，「理」與「氣」，「性」與「命」，「天理」與「人欲」，「儒」與「佛」，「理一」與「分殊」，「魂」與「靈」等等問題，均有細密的辯論，求得思辨之極致，窮理之難於復加，確爲中國思想史上思辨之高峰。關於格物窮理，例如天下萬物之理可以窮嗎，怎樣去窮究，主觀的認識與客觀事物有無矛盾，怎樣處理知與行的關係，對這些問題理學家均作了探討。程頤說：「格物窮理，非是要窮盡天下之物，但於一事上窮盡，其它可以類推……所以能窮者只爲萬物皆是一理，至如一物一事雖小，皆有是理。」〔註46〕若要窮盡天下萬物之理是不可能的，學者只能就主要事物之理去窮盡，在普遍性的理論原則的指導下是可以類推其它事物之理的。程頤的弟子謝良佐補充說：「學者且須是窮

〔註44〕　朱熹《大學章句》，《四書章句集注》。
〔註45〕　呂思勉《理學綱要》，商務印書館，1934年，第199頁。
〔註46〕　《河南程氏遺書》卷一五。

理，物物皆有理。窮理則能知天之所爲，知天之所爲則與天爲一，與天爲一無往而非理也。窮理則是尋個是處有我，不能窮理，誰識眞我。何者爲我，理便是我。窮理之至，自然不勉而中，不思而得。從容中道曰理，必物物窮之乎？曰必窮其大者。理一而矣，一處理窮，觸處皆通。」〔註47〕他所說的理，是普遍的公理，即天理。學者通過探究事物的義理，使個人的認識與天理融而爲一，在認識事物時便能表現自己正確的見解，遇事物則能觸處會通，無有不合理者。朱熹指出主觀認識之理，必須與客觀事物之理的一致，而且窮理必須從實學而得，而不是僅憑自己的感悟。他說：「事事物物皆有個道理，窮得十分盡，方是格物。不是此心，如何去窮理？不成物自有個道理，心又有個道理。枯槁其心，全與物不相接，卻使此理自見，萬無是事。不用自家心，如何別向物上求一般道理？不知物上道理卻是誰去窮得。近世有人爲學，專要談空說妙。不肯就實，卻說是悟。此是不知學，學無此法。」〔註48〕他很強調通過讀書去與物接觸，以認識客觀存在之理。這與禪宗的頓悟和心學的默識的認識論有嚴格的區別。元代理學家許衡總結說：「二程以格物致知爲學，朱子亦然。此所以度越諸子。《大學》，孔氏之遺書也，其要在此。凡行之所以不力，只爲知之不眞。果能眞知，行之安有不能者乎？『博學之，審問之，愼思之，明辨之』，只是每個知得眞，然後道『篤行之』一句。」〔註49〕這說明程朱學派以《大學》爲學之次第，首重格物窮理，因而其成就超越了許多學者。許衡同時提出了「知」與「行」的問題。他以爲實踐之不得力，乃是無眞知指導。孔子指出的博學、審問、愼思、明辨，是一個求眞知的步驟，當獲得眞知之後便可篤行了。然而理學家之爲學是求之於內的，即僅止於修身，並不提倡社會實踐。王陽明提出的「知行合一」之說，解決了「知」與「行」的矛盾。新儒學派在北宋和南宋初期皆稱爲道學，理學與心學是道學的兩個主要流派。心學一派不主張格物窮理。王陽明自述其早年曾相信朱熹的格物之說，他與友人爲了學聖，試從格物做起。他們以亭前竹子爲例，以觀物求理。其友人竭思觀竹至三日而勞思成疾，王陽明自己觀竹七日也病了。他晚年因獲罪於權閹被貶貴州，於龍場的困苦生活中忽然悟得，格物是在個人身心上做，即以個人感悟而認識物理。所謂「知行合一」便僅僅是在

〔註47〕謝良佐《上蔡語錄》卷二，《四庫全書》本。
〔註48〕《朱子語類》卷一二一。
〔註49〕許衡《魯齋遺書》卷一語錄，《四庫全書》本。

個人主觀意識中完成的。他說：「今日學問，只因知行分作兩件，故有一念發動，雖是不善，然卻未嘗曾行，便不去禁止。我今說個知行合一，正要人曉得一念發動處，即便是行了。發動處有不善，就將它不善的念剋倒了，須要徹根徹底，不使那一念不善，潛伏在胸中。此是我立言宗旨。」〔註50〕知與行是在個人意念萌動時統一了；意念的產生即是知，也是行；剋制不善的意念便可入聖。王門弟子王畿闡發說：「天下只有個知，不行不足謂之知。知行有本體，有工夫，如眼見得是知，然已是見了，即是行；耳聞得是知，然已是聞了，即是行……本體原是合一，先師因後儒分爲兩事，不得已說個合一。知非見解之謂，行非履蹈之謂，只從一念上取證。知之眞切篤實即是行，行之明覺精察即是知。知行兩字皆指工夫而言。」〔註51〕這表達得更清楚，所謂知不是見解，行不是實踐，都是在觀念中的本與體的同一。「知行合一」是指培植個人道德的一種工夫而已，即剋制個人的不善的私念。由此可見，理學家以格物窮理爲治學的主要方法，心學家的治學方法頗異，但他們治學的目的是相同的。

如果以格物窮理爲理學家治學的基本方法，而澄心靜坐則是一種輔助的治學方法。理學家盛傳「程門立雪」的佳話，記述游酢和楊時最初去見伊川先生程頤時，「伊川瞑目而坐」，兩弟子一旁侍立。程頤覺醒後說：「賢輩尙在此乎？既晚，且休矣。」兩弟子出門，門外積雪已深一尺〔註52〕。此則佳話向來以爲表明師道尊嚴，但實際上是反映程頤閉目靜坐的工夫。程門弟子豫章先生羅從彥，程氏再傳弟子延平先生李侗均習靜坐工夫。李侗記述師從羅從彥之事：「曩時，某從羅先生學問，終日相對靜坐，只說文字，未嘗及一雜語。先生極好靜坐，某時有知，退入室中亦靜坐而已。先生令靜坐中，看『喜怒哀樂未發之謂中』未發時作何氣象。此意不唯於進學有力，兼亦是養心之要。」〔註53〕李侗關於靜坐識理深有體會，他說：「學問之道，不在於多言，但默坐澄心，體認天理。若見雖一毫私欲之發，亦自退聽矣。久久用力於此，庶幾漸明講學始有力也。」〔註54〕程氏及其弟子提倡在靜坐中思考儒家義理之奧密，體察道德修養以剋制私欲，這是成聖必不可少的工夫。明代理學家

〔註50〕《陽明先生集要》理學編卷二。
〔註51〕《明儒學案》卷一二，「浙中王門學案」二。
〔註52〕朱熹《近思錄》卷一四，《四庫全書》本，又《宋史》卷四二八。
〔註53〕朱熹輯錄《延平答問》，《四庫全書》本。
〔註54〕《延平答問》。

白沙先生陳獻章說:「伊川先生每見人靜坐,便嘆其善學。此一『靜』字,自濂溪先生主靜發源,後來程門諸公遞相傳授,至於豫章、延平尤專提此教人,學者以此得力。」〔註55〕這說明靜坐是濂洛之學的一種不可少的治學方法。中國道家以靜坐修養爲靜功;佛家以靜坐時住心於一境,冥想妙理爲禪定。顯然理學家的靜坐工夫來自道家,特別是禪宗。朱熹從李侗承傳濂洛之學,也贊同靜坐,但更主張讀書明理,將二者的主從關係予以區分,以免學者因強調靜坐而入於歧途。他說:「大率爲學雖是立志,然書亦不可不讀,須將經傳本文熟復。如仲思(弟子)早來所說專一靜坐,如浮屠氏塊然獨處,更無酬酢,然後爲得。吾徒之學,正不如此。遇無事則靜坐,有書則讀書,以至接物處事,常教此心光嗆嗆地,便是存心,豈可凡百放下,祇是靜坐!」〔註56〕讀書窮理與靜默悟理,是宋代程朱之學的兩種治學方法,相輔相成,但以前者爲主。然而明代王陽明的心學則是以靜坐默識爲主,他說:「教人爲學,不可執一偏。初學時,心猿意馬,拴縛不住,其所思慮,多在人欲一邊,故且教之靜坐息思慮。久之俟其心意稍定,只懸空靜守,如槁木死灰,亦無用,須教他省察克治。」〔註57〕他將澄心默識分爲兩個階段,初學者先要在靜坐中息滅思慮,除去個人私欲,然後通過省察克治去認識天理。他以爲聖人之道是在個人本性之中,不必向外尋求,通過澄心默識即可有格物致知的功效。王門末流秦州學派以至於廢書不觀,不務實事,專注瞑目靜坐。羅汝芳說:「孔門學習,只一『時』字。天之心以時而顯,人之心以時而用。時則平平而了無道作,時則常常而初無分別。入居靜室而不易廣庭,出宰事爲而同經史,煩囂既遠,趣味漸深,如是則坐愈靜而意愈閒,靜愈久而神愈全,尙何心之不眞,道之不凝,而聖之不可學哉!」〔註58〕這樣的學聖之路,人人可爲,所以出現滿街都是聖人竟是可能的。理學家的治學方法,其格物窮理與傳統儒者和一般學者相同,但其窮理主要限於儒家經典《四書》的範圍;其澄心默坐方法則大大異於傳統的儒者和一般學者,所以理學家的治學方法很特殊。

五

理學家以儒家之道爲治學對象,以完善自我道德修養成就聖賢爲治學

〔註55〕《明儒學案》卷五,《白沙學案》上。
〔註56〕《朱子語錄》卷一一五。
〔註57〕《陽明先生集要》理學編卷一。
〔註58〕《明儒學案》卷三四,《泰州學案》三。

目的，用格物窮理兼以靜坐默識的方法尋求儒家義理，著重於進德的內省：
這是他們所共同的爲學趨向。然而怎樣「入德之門」，即通過什麼具體途徑
以逐漸達於道德完善的境地，這在理學家之間是各異的：此即各家論學之
宗旨。這是學者個人在治學過程中積纍的經驗與感悟，從而形成具有獨特
旨意的歸宿。理學家將其宗旨作爲向弟子傳授的心法，亦作爲其論學的綱
領以便於弟子們以極簡約概括的方式學習和領悟。程頤從《禮記》中發現
《中庸》一篇，以首章是子思傳述儒家之道，予以闡發。朱熹認定「此篇
乃孔門傳授心法，子思恐其久而差也，故筆之於書，以授孟子」〔註 59〕。
傳授心法即傳道。理學家不同於一般學者以求知爲目的，而力求進德，因
此他們的論學宗旨著重在於進德的工夫，這意味著學習、體悟、涵養、持
守、實行。朱熹說：

> 學者工夫，但患不得其要。若是尋究得這個道理，自然頭頭有
> 個著落，貫通浹洽，各有條理。如或不然，則處處窒礙。學者常談，
> 多說持守未得其要，不知持守甚底。說擴充，說體驗，說涵養，皆
> 是揀好底言語做個說話，必有實得力處方可。〔註60〕

從什麼地方作爲進德的門徑，這需要作切實的工夫。學海無涯，爲學的工夫
何在呢？朱熹說：「某所得處甚約，只是一兩切要句上。卻日夜就此一兩句上
用意玩味，胸中自是洒落。」〔註 61〕這簡要的一兩句切要的話便是理學家爲
學的宗旨。當我們讀黃宗羲的《宋元儒學案》和《明儒學案》時，可見到他
於許多重要的理學家皆有關於他們爲學宗旨的述評；這體現了他「學有宗
旨」，學者論學貴於「得其人之宗旨」的主張。茲根據理學家們之自述爲學之
宗旨及黃宗羲的評論，試對宋明重要理學家之宗旨述要。

濂溪先生周敦頤之學以「誠」爲本。他以爲聖人的品格主要是誠。《大學》
所謂「欲正其心者，先誠其意」，誠意即意向於善，眞實而不自欺。周敦頤從
內心的寂然不動的靜處以把握「誠」，工夫用於主靜。若內心靜時反覆考慮吉
凶悔咎及不善之動，使之歸於靜，以達於意之眞實；因此「誠」是各種行爲
實踐之本原，可以通向成聖之路。明道先生程顥之學「以識仁爲主」。「仁」
是孔子學說的核心價值觀念，它有博愛、慈愛、愛人、人道之意，通過「克

〔註 59〕 朱熹《中庸章句》，《四書章句集注》。

〔註 60〕 《朱子語類》卷八。

〔註 61〕 《朱子語類》卷一〇一。

己復禮」以體現。程顥強調仁者與自然的渾然同體，義、禮、智、信皆是「仁」之外現；以誠敬的態度保持仁，則遇事坦然，也無須去窮索事物之理。這樣人格光明磊落，渾然太和之氣流行，可以使人受到感化。因此他心性平和，不矜持、不防檢，應順自然，努力去識仁之本體而近於道。朱熹之學雖然出於二程，但所傳的是小程子之學。伊川先生程頤主「敬」，「敬」即恭敬、端肅之意。《周易・坤》：「君子敬以直內，義以方外。」《論語・子路》：「居處恭，執事敬。」程頤發揮古聖之語，以成爲進德修道的基本途徑。他以爲學者治學，不必追求高遠之義，只須於日常生活中做到「敬」即可。所謂「敬以直內」，即是尊崇尊卑長幼秩序的禮法。敬是個人的修養持守，只要順理而行便合於義，這樣做便合「內外之道」。在洛學中「敬」有兩層涵義：一是由「敬」才能入「誠」，於治學主張專一，專心致意；二是尊師重道，於日常生活中首先應對師長表示尊敬，以便使自己在重大社會場合中令人肅然起敬。以「敬」作爲進德的途徑是較易行的，又因程頤提倡師道，大興講學之風，使洛學得以發揚和廣爲流傳。橫渠先生張載崇尚禮法，他認爲學者須懂得禮儀、禮法，因爲禮可以培養人的德性。如果經常守禮法，並以指導實踐，克己行義，使個人具有嚴正剛大的氣質，便可養成孟子所說的「浩然之氣」，這樣也就接近聖賢境界了。因爲張載過於講求禮法，似乎主要關注個人的外在行爲，在社會實踐中必然近於法家的法治觀念，遂可能偏離個人的內在道德修養，所以關學在北宋後漸漸失傳。朱熹傳程頤之學，不專主敬，發揮程頤「涵養須用敬，進學在致知」之意，因而論學主張「居敬」與「窮理」並重。他以爲窮理，則居敬的工夫將大大地增進；做到居敬，則窮理的工夫便會專主而趨於細密。居敬是堅持與收斂，窮理是推尋究竟；此二者相輔並行，不可偏廢。關於濂洛之學的爲學宗旨的源流與異同，黃宗羲評述云：「明道、伊川大旨雖同，而其所以接人，伊川已大變其說，故朱子曰：『明道宏大，伊川親切。大程夫子當識其明快中和處，小程夫子當識其初年之嚴毅，晚年又濟以寬平處。』是自周元公主靜，立人極開宗，明道以靜稍偏，不若專主於敬，然亦恐以把持爲敬，有傷於靜，故時時提起。伊川則以敬字未盡，益之以窮理之說，而曰『涵養須用敬，進學在致知』又曰『只守一個敬字，不知集義，卻是都無事也』。然隨曰『敬以直內，義以方外，合內外之道』，蓋恐學者作兩項工夫用也。捨敬無以爲義，義是敬之著，敬爲義之體，實非有二。自此

旨一立，至朱子又加詳焉，於是窮理、主敬，若水火相濟，非是則只輪孤翼，有一偏之義矣。」〔註62〕若只提倡守敬，則僅是道德家進德的途徑，而窮理則是學者尋求真知的途徑。朱熹將二者結合，可使理學不致偏於單純的倫理之學，兼具學術性的特點。故朱子之學能得到盛大的發展。宋代以程朱之學為主的理學，在發展過程中其學術宗旨為諸弟子所承傳，也為明代一些理學家所發揮。然而明代理學家卻又有不少新的論學宗旨，使理學的學理更加細密。康齋先生吳與弼繼承程朱之學的宗旨，關於為學工夫則主張處靜時注意於心性的涵養，處動時注意於行為的省察，做到「敬以直內，義以方外」，「明德」與「誠意」並重。這樣遂「敬義夾持，明誠兩進」為其學的宗旨。白沙先生陳獻章出於康齋門下，但為學旨卻有自己的特點。他對義理的探究已至精微，工夫全在於個人的涵養，努力做到喜怒哀樂未發而不至於空寂，萬感交集而不為之動意。因此於天下之物，雖然覺其可愛與可能得到，但均視之漠然而不動於中。其學以「虛」為本，以「靜」把持，於日常行踐剋制私欲，應順自然，具有古代曾點與宋代邵雍的從容和順氣象。陽明先生王守仁，其學說的主旨是「致良知」，以為學者最關鍵的工夫是去人欲而存天理，在主觀意念中完成「知行合一」，以發展個人天賦的良知。關於「良知」之說，弟子們的理解頗為紛歧，龍溪先生王畿辨析了幾種見解之後，談到其本義說：「古人立教原為有欲設，消欲正所以復還無欲之主體，非有所加也。主宰即流行之主體，流行即主宰之用，體用一原，不可得而分，分則離矣。所求即所得之因，所得即求之證，始終一貫，不可得而別，別則支矣。吾人服膺良知之訓，幸相默證，務求不失其餘，庶為善學也。」〔註63〕王陽明不提倡在應事上磨煉，也不以知識為重，反對在意念的動靜上用功。其「致良知」充分發展了宋代理學家「存無理，滅人欲」之說，發展個人本然之善，在意念中消除私欲，這樣即可能成聖。見羅先生李材從《大學》中拈出「止修」二字作為論學的宗旨。他認為「知止而而有定」，「心正而後身修」是孔子和曾子的真傳。人之本性乃至善，發展為「四端」。天命之真，即體現在人的視聽言動之間，若時刻在視聽言動之間剋制私欲，知其所止，則自然達於修身了。近溪先生羅汝芳發展了「致良知」之說，以為憑著赤子之心行事，不須學習，

〔註62〕黃宗羲《宋元學案》卷一六《伊川學案》下，中華書局，1986年。
〔註63〕《明儒學案》卷一二，《浙中王門學案》二。

不須思考，已與天地萬物同體，物我相忘，即達聖人之境。此種道理不須去把持，只需適應，心胸開闊明淨，道自顯現。如此可以省去理學思辨的深奧繁瑣和因襲套用的習氣，使學者立即悟得爲聖之道。明代理學的終結者蕺山先生劉宗周爲學之宗旨是「愼獨」。此出自《中庸》首章：「是故君子戒愼乎其所不睹，恐懼乎其所不聞。莫見乎隱，莫顯乎微，故君子愼其獨也。」君子應本著義理行事，常懷敬畏之心，雖不見聞也不敢須臾離開天理；即使在幽暗之中，處理細微之事，只有自己獨自知者，也應遏制人欲於萌動之際，時時戒懼，以免離開正道。黃宗羲說：「先生宗旨爲愼獨。始從主敬入門，中年專用愼獨工夫。愼則敬，敬則誠。晚年愈精微，愈平安，本體只是些子，工夫只是些子，仍不分此爲本體，彼爲工夫。亦並無這些子可指，合於無聲無臭之本然。從嚴毅清苦之中，發爲光風霽月，消息動靜，步步實歷而見。」〔註64〕明朝亡後，劉宗周悲痛不已，絕食以殉國，踐履了「愼獨」的宗旨。以上所述宋明理學家各自爲學的宗旨，這是認識各家治學的途徑，是理解各家之學的關鍵。他們雖然爲學的宗旨各異，但以「興天理，滅人欲」而希望達於聖人的境界則是共同崇尚的，此即「理一分殊」。七百年理學之活力即在於「理」的「分殊」，以使其學理豐富而發展興盛。

在中國學術史上，宋明理學家對於儒家之道的本質有最眞切的認識，並以此作爲治學的對象。他們在學習儒家之道時，依據各自的經驗與體悟而尋求到一條進德修道的具體途徑，通過格物窮理與靜坐默識的方法，以期達到自身道德完善的聖賢境界。他們不同於原始儒家對社會現實政治的關注，他們缺乏入世的精神，著重於「內聖」方面的修養。他們不同於漢唐的儒者以訓詁方法去注釋儒家的傳統的經典，而是發現《大學》和《中庸》的價值，並與《論語》、《孟子》合併作爲儒家之道的本原之所在，竭力從思辨的方法去闡發其中的義理。他們不同於一般以博學求知爲目的的純粹學者，其治學的目的是使自己成爲品德高尚的獨善其身的道德家。我們從理學家的治學對象、目的、方法和宗旨，可見到這個新儒學派的基本特徵。新儒學派於儒家之道的理性思辨達到了空前的理論高度，關於道德修養方面用了精細切實的工夫。他們追求聖人的精神境界，體現了中華民族一種崇高的精神。新儒學派在中國思想史上具有非常重要的地位，其理性永遠具有學術的光輝。它不

〔註64〕黃宗羲《子劉子行狀》卷下，《黃宗羲全集》第一冊，浙江古籍出版社，1985年。

僅對中國學術思想，並對歐洲啓蒙思想均產生過巨大的影響。自南宋後期以來，中國統治集團認識到理學在國家現實社會政治中的重要意義，將它上升爲中國統治思想，理學由此從純粹的學術而與社會政治相聯繫，在一定程度上又成爲禁錮人民精神的枷鎖。黃宗羲在對整個理學歷史進行深究之時，正值清代初年經世之學與考據之學的興起。他對明季理學末流批評說：

> 儒者之學，經天緯地，而後世乃以語錄爲究竟，僅附答問一二條於伊洛門下，便廁儒者之列，假其名以欺世。治財富者則目爲聚斂，開閫捍邊者則目爲粗材，讀書作文者則目爲玩物表志，留心政事者則目爲俗吏。徒以生民立極，天地立心，萬世開太平之闊論鈐束天下。一旦有大夫之憂，當報國之日，則蒙然張目，如坐雲霧。世道以是潦倒泥腐，遂使尚論者以立功建業，別是法門，而非儒者之可與也。〔註65〕

晚明以來理學的積弊充分顯露，它既因缺乏入世精神而脫離現實社會政治，又因囿於狹隘的學術範圍而難以推動眞正的學術發展，因此必然在中國封建社會後期走上末路。雖然如此，但在中國新文化運動之後仍有不少文化保守主義者以理學思想爲國粹，其餘緒在近年國學熱潮再度興起時猶可見到。我們對於宋明理學家爲學宗旨的探討，有助於認識新儒學的基本特徵及其眞實的學術面目，亦有助於我們對中國傳統文化的反思與評價。

（原刊《國學》集刊第三集 2016 年 6 月）

〔註65〕黃宗羲《贈編修弁玉吳君墓誌銘》，《南雷文定》後集第三，《續修四庫全書》第 1397 冊。

論南宋以來之治道與理學思想

　　儒學發展至北宋中期出現了巨大的變化，新儒學家發現真正的儒家之道，重建儒家道統，對傳統的「三綱六紀」進行新的解釋，志於修己以臻至道德完善之境。新儒學被稱為道學，南宋中期稱為理學，以與道學之心學派相區別。南宋初年濂洛一派理學逐漸發展為時代學術思潮，但尚具民間性質，未被統治階級重視，繼而遭到禁黜。南宋後期理學的政治倫理意義為統治階級所認識，並上升為統治思想。宋亡後理學不僅沒有衰微，在元明清三代繼續發展，統治階級更予大力弘揚，使之成為國家治道的理論基礎。近世中國政治思想史等著作皆探討每個時代思想家們的政治主張，這固然能反映政治思想發展的歷史，卻忽略了每個時代統治者的政治思想，即統治思想。歷史上思想家們的政治見解頗為紛歧，既有堅守傳統的、也有新變的和異端的；他們的思想如果未被統治階級作為治道的理論則非統治思想。自西漢獨尊儒術以來，儒家思想成為統治思想，但在北宋建立之後，由於社會政治經濟的變化，新興的理學適應了社會的需要，終於在南宋後期上升為統治思想，並為此後元明清三代所發展和加強。在此過程中理學思想是怎樣成為統治思想的，它是怎樣與傳統儒家政治倫理學說合流的，統治階級為什麼要以理學思想作為治道的理論？茲試就以上諸問題試作探討。

一

　　南宋之初，統治集團總結北宋滅亡的歷史教訓時，清算了王安石變法派的政治路線，紹繼元祐政治，曾被列入元祐黨籍的程頤等洛黨和蘇軾等蜀黨均得以平反昭雪。紹興元年（1131）宋高宗下詔追贈程頤直龍圖閣，制詞曰：

「周衰聖人之道不得其傳，世之學者其欲聞仁義道德之說，孰從而求之？亦孰從而聽之？爾頤潛心大業，高明自得之學，可信不疑。而浮僞之徒，自知學問文采不足表見於世，乃竊借名以自售，外示恬默，中實奔競，使天下之士聞其風而疾之，是重不幸焉。朕所以振耀褒顯之者，以明上之所與，在此而不在彼也。」〔註1〕當時對理學代表人物程頤的褒顯是出於政治的需要，對其學術思想並無眞正的認識，僅見到他對傳統儒學繼承的意義。此後不久即遭到朝臣的反對，陳公輔請求禁黜程學。理學家們自稱儒家聖人孔子之道自孟軻後不得其傳，至周敦頤和程氏兄弟纔發現聖人不傳之秘，使儒家之道得以承傳。陳公輔認爲他們的言論與行爲甚是狂怪，將使士習大壞。理學家胡安國上奏高宗，爲程學辯護云：「孔孟之道，不傳久矣，自頤兄弟始發明之，然後知其可學而至。今使學者師孔孟，而禁不得從頤學，是入室而不由戶。本朝自嘉祐以來，西都有邵雍，程顥及其弟頤，關中有張載，皆以道德名世，公鄉大夫所欽慕而師尊之。」〔註2〕此辯護論理不足，亦無新意，故受到朝臣的批駁，胡安國因而落侍讀之職。南宋中期濂洛之學由朱熹、張栻等的闡發而興盛。宋寧宗慶元二年（1196）以理學爲僞學，並以爲「比年以來，僞學猖厥，圖爲不軌，動搖上皇，詆誣聖德，幾至大亂」而被嚴禁。嘉定四年（1211）政局發生變化，李道傳上疏申言理學的政治意義，以爲：「本朝河洛之間，大儒並出，於是孔孟之學復明於世，用雖未究，功則已多。近世儒者又得其說而推明之，擇益精，語益詳，凡學者修己接物，事君臨民之道，本末精粗，殆無餘蘊。誠使此學益行，則人才衆多，朝廷正而天下治矣。」李傳道特別突出朱熹對理學的貢獻，他說：「臣聞學莫急於致知，致知莫大於讀書，書之當讀者莫出於聖人之經，經之當先者莫要於《大學》、《論語》、《孟子》、《中庸》之篇。故侍講朱熹有《論語孟子集注》、《大學中庸章句》、《或問》，學者傳之，所謂擇之精而語之詳者於是乎在。臣願陛下詔有司取《四書》，頒之太學，使諸生以次誦習，俟其通貫浹洽，然後次第以及諸經，務求所以教育天下人才，爲國家用。」〔註3〕當時僞學之禁開馳，但此議並未施行。嘉定九年（1216）魏了翁上疏乞求爲理學創始者周敦頤、程顥、程頤請諡。他認爲理學創始者於「繼往聖，開來哲、發天理，正人心，其於一代之治亂，萬世之

〔註1〕 陳邦瞻《宋史紀事本末》卷八十，中華書局，1977年。
〔註2〕 《宋史》卷四三五《儒林》五，中華書局，1977年。
〔註3〕 《宋史紀事本末》卷八十。

明闇，所關係蓋不淺」〔註4〕。魏了翁的乞謚意在爲理學恢復名譽，尤其強調理學與國家治道的關係，終於在嘉定十三年（1220）宋寧宗詔賜周敦頤等三人謚。這表明理學的政治意義漸爲宋代最高統治者所重視。

理學作爲國家治道的理論基礎，上升爲統治思想的標誌是南宋淳祐元年（1241）理宗皇帝發佈的詔書：

> 朕惟孔子之道，自孟軻後不得其傳，自我朝周敦頤、張載、程顥、程頤，眞見實踐，深探聖域，千載絕學，始有指歸。中興以來，又得朱熹，精思明辨，表裡渾融，使《大學》、《論》、《孟》、《中庸》之書，本末洞澈，孔子之道，益以大明於世。朕每觀五臣論著，啟沃良多。今視學有日，其令學官列諸從祀，以示崇獎之意。〔註5〕

在發佈詔書後，理宗追封理學創始者，作《道統十三贊》，確立堯、舜、禹、湯、文王、武王、周公、孔子、孟子、周敦頤、張載、程顥、程頤爲儒家之道承傳的系統。宋太祖十世孫趙昀因崇尚理學，史稱其「以理學復古帝王之治」，謚爲理宗。自此，理學成爲中國封建社會後期的統治思想。

理學作爲新儒學在於對儒家政治倫理學說的發展與補充，並以義理作了新的闡釋。西漢元光元年（前134）漢武帝接受了儒臣董仲舒的建議而獨尊儒術，因漢儒認爲帝王之尊乃上承天意以順聖人之命，仁義禮樂爲治國最適之道，奉行天道則治世永恆。這極符合統治者的政治需要。東漢建初四年（79）章帝主持白虎觀會議，確定封建等級制度，強化三綱六紀，提倡禮教，論證等級制度的神聖性：這成爲此後中國統治者的治道理論。理學在本質上是爲統治階級服務的，發展了儒家的政治倫理學說。周敦頤說：「古者聖王制禮法，修教化，三綱正，九疇敘，百姓大和，萬物咸著，乃作樂以宣八方之氣，以平天下之情。」〔註6〕程頤說：「蓋仁，可以通上下言之，聖則其極也，人倫之至也。倫，理也。既造倫理之極，更不可以有加。」〔註7〕朱熹說：「宇宙之內一理而已，天得之而爲天，地得之而爲地，而凡至於天地之間者，又各得之以爲性。其張爲三綱，其紀爲五常，蓋皆此理之流行無所適而不在。」〔註8〕他們皆將儒家的綱常倫理納入理學思辨，以求合理的解釋。理學家很重視

〔註4〕魏了翁《鶴山集》卷一五，《四庫全書》本。
〔註5〕《宋史》卷四二，《理宗紀》。
〔註6〕周敦頤《通書》，《宋元學案》卷十一，中華書局，1986年。
〔註7〕《宋元學案》卷十五引程頤語錄。
〔註8〕朱熹《讀大紀》，《晦庵集》卷七十，《四庫全書》本。

修身，期望自我道德完善，並希望人人皆達於至善，則天下民風淳厚，實現社會教化。朱熹概括說：「講明正學，其道必本乎人倫，明乎物理。其教自小學，灑掃應對以往，修其孝悌忠信，周旋禮樂。其所以誘掖激勵，漸歷成就之道，皆有節序。其要在於擇善修身，至於化成天下，自鄉人而可至於聖人之道。」〔註9〕如果天下人人皆向善，國家便易治了：這正是統治階級對於民眾的要求。宋理宗爲適應社會政治的需要而提倡理學，無疑是在漢武帝之後甚有政治遠見的君主。

儒家之道的眞諦確爲理學家所發現。漢代學者以爲儒家之道在《六經》，因《樂經》已佚，僅存《周易》、《尚書》、《儀禮》、《詩經》、《春秋》五經。孔子曾以它們爲教材，但並非他刪述者，所以儒家之道在孟子後無傳。理學創始人之一程頤從《禮記》中發現《大學》和《中庸》兩篇，認定《大學》乃儒家爲學之次第，《中庸》乃孔門傳道之心法，俱爲孔氏之遺書，而《論語》和《孟子》是儒家聖人之語錄。這樣，眞正的儒家之道便存在此四種書裡。朱熹弘揚濂洛之學，以四十餘年之精力完成《四書集注》，集理學之大成。朱熹的《四書集注》的學術影響極大，他集理學諸家之說，闡釋儒家之道，表明儒家政治理想，指出了完善個人道德的成聖之路，使孔子之道得以大行於世。理學家們發揮了原始儒家的精義，恢復了儒家眞正的面目，重建了自孔子、孟子、周敦頤、張載、程顥、程頤、朱熹的純正的儒家道統。〔註10〕

理宗皇帝不僅在詔書裡承認新的儒家道統，肯定《四書集注》對儒家義理的闡發，他在國家文教政策中堅持貫徹理學思想。寶祐四年（1256）丙辰科的御試策問即提出理學與國家治道的問題：

> 蓋聞道之大，原出於天，超乎無極太極之妙，而實不離乎日用物事之常，根乎陰陽五行之賾，而實不外乎仁義禮智剛柔善惡之際。天以澄著，地以靖謐，人極以昭明，何莫由斯道也。聖聖相傳，同此一道。由修身而治人，由致知而齊家治國平天下，本之精神心術，達之禮樂行政。其體甚微，其用則廣，歷千萬世而不可易。然功化有淺深，證效有遲速者何與？

文天祥作了萬字的對策，有云：

〔註 9〕張世南《遊宦紀聞》卷八，中華書局，1981 年。

〔註10〕謝桃坊《新儒學家發現的儒家之道及其意義》，《國學》第一集，四川人民出版社 2014 年 12 月。

臣請溯其本原而言之。茫茫堪輿，塊扎無垠，渾渾元氣，變化無端，人心仁義禮智之性未賦也，人心剛柔善惡之氣未稟也。當是時，未有人心，先有五行；未有五行，先有陰陽；未有陰陽，先有無極太極。未有無極太極，則太虛無形，沖漠無朕，而先有此道。未有物之發，而道具焉，道之體也。既有物之後，而道行焉，道之用也。其體則微，其用甚廣……天以澄著，地以靖謐，則山川草本順其常。人極以昭明，則君臣父子安其倫。流行今古，綱紀造化，何莫由斯道也。〔註11〕

理宗很欣賞此策，賜文天祥狀元及第。我們從問策與對策，可見皆闡釋了周敦頤在《太極圖說》中表述的道之本原，以及理學家將自然之道與政治倫理配合的理論。今幸存之福建建陽書肆所利《論學繩尺》十卷，爲南宋後期魏天應編的科學考試論文。其試題出自《五經》、《史記》、《漢書》及荀子、揚雄等著，但已有較多的《四書》題，而考生在文中以發揮《四書集注》之說爲主，如陳子直論《夫子與點如何》有云：

知聖人所與之意，則知賢者所得之在。賢者之樂何樂也？固非以得時行道之爲樂也，亦非以眇然絕俗，離世自樂其樂之爲樂也。是高一世而樂與人同，道超萬物而動與時偕，其清足以潔，其大足以容，物我之兩忘，而形體之順適。此則賢者之至樂，而聖人之所深與也。方孔門三子言志之時，而曾點獨拳拳於浴沂風雩之趣，夫子與之。〔註12〕

高本潛論《仁義禮智之端如何》有云：

故愚嘗因孟氏之言，窮以爲天下之言性者，不可溺於高遠，吾之所謂仁義禮智者，皆實理也。天下之言情者，不可拘於凡近，吾之所謂的四端者，皆是理也。成之者性，而情動焉，感而生情，而性寓焉，則所謂心學者，其端乎此可推矣。不然則反以禮爲僞，以智爲術，仁義爲定名，未必皆不知道言之也。噫：安得孟氏子與之言道哉？〔註13〕

〔註11〕 仲光軍等編《歷代金殿殿試鼎甲朱卷》，花山文藝出版社，1995 年，第 65～68 頁。
〔註12〕 魏天應編《論學繩尺》卷三，《四庫全書》本。
〔註13〕 《論學繩尺》卷五。

林雷震《論子之道忠恕》有云：

> 所謂忠恕者，天地之至誠無息，而萬物各得其所也。至誠無息
> 者，道之體也，萬殊所以一本也。萬物各得其所者，道之用也，一
> 本所以萬殊也。學者雖不可與語此，然忠恕之道，則通上下而言之，
> 始焉盡已，而終則無可盡向也。推己而言，則不待推，學至於此，
> 是則爲聖人之忠恕，而一貫之理盡在是矣。〔註14〕

這些論文皆從理學的觀點揣測儒家聖人立論之意，從而闡發理學家所理解的
儒家之道。它們每篇約五百字，而且遵循一定的行文規範；每題先標出處，
次舉立論大意，終以評語。這表明南宋後期科舉論文的程序漸嚴，形成定格。
論文之結構已具破題、接題、小講、大講、入題、原題，成爲後來八股文之
濫觴。

宋人羅大經談到淳祐以來的學術風尚說：「蓋至於今，士非堯、舜、文
王、周、孔不談，非《語》、《孟》、《中庸》、《大學》不觀，言必稱周、程、
張、朱，學必曰致知格物；此自三代而後所未有也，可謂盛矣。」〔註15〕
這反映了理學不僅是一種社會文化思潮，它已因統治者的提倡並以文教政
策的方式貫徹。尚在寶慶三年（1227）宋理宗追封朱熹爲信國公時發佈的
詔書有云：「朕觀朱嘉集注《大學》、《論語》、《孟子》、《中庸》，發揮智賢
蘊奧，有補治道。」〔註16〕這「有補治道」正是理宗提倡理學思想的根本
原因。他以行政和文教的方式推行理學，目的在「復古帝王之治」，這不僅
是尊重理學，而是使之成爲統治思想。度宗皇帝於咸淳六年（1270）發佈
詔書：「《太極圖說》、《西銘》、《論語序》、《春秋傳序》，天下士子，宜肄其
文。」〔註17〕這是繼理宗強調《四書》的意義之後，以政教的方式令士子
必讀四種重要的理學論著。理學已成爲國家的治道理論基礎而上升爲統治
思想了。〔註18〕

〔註14〕《論學繩尺》卷七。
〔註15〕羅大經《鶴林玉露》丙集卷五，中華書局，1983 年。
〔註16〕《宋史》卷四一《理宗紀》。
〔註17〕《宋史》卷四六《度宗紀》。
〔註18〕唐宇元在《程朱理學何時成爲統治階級的統治思想》（《中國史研究》1989 年
第 1 期）裡認爲明成祖以欽定三部理學大全的形式詔頒天下，不僅成爲試士
標準，而且作爲「帝王之治」，「用之於國」，這才使理學成爲統治思想。此論
顯然對宋代史實未詳考，亦未見到南宋後期科舉考試資料所致。

二

當某種學說成為統治思想之後，必然有許多追求功名利祿等輩以附會為進取之具；理學的命運也是如此。宋末周密記述當時社會上趨附理學的情形：「復有一等偽學之士競趨之，稍有不及，其黨必擠之為小人，雖時君亦不得為辨之；其氣焰可畏如此。然所行所言，略不相顧，往往皆不近人情之事，馴至淳祐、咸淳，則此弊極矣。是時為朝士者，必議論憒憒，頭腦多烘，敝衣菲食，出則破竹轎，舁之以村夫，高巾破屐。人望之知為道學君子，名達清要，且夕可致也。然其家囊金匱帛，為市人不為之事。賈師憲（似道）獨持相柄，惟恐有奪其權者，則專用此等之士，列之要路，名為尊崇道學，其實幸其憒憒不才，不致掣其肘，以是馴至萬事不理，喪身亡國。」〔註19〕南宋的滅亡，人們歸罪於權奸賈似道的誤國，亦歸罪他任用理學之士。這是極膚淺的看法。其實在宋末也出現了富於儒家氣節和理學思想的愛國志士，如江萬里、劉辰翁、謝枋得、文天祥等人。南宋的滅亡主要是由於社會政治經濟等內部和北方游牧民族興起的外部條件，並非理學思想所致。理學作為中國封建社會後期的統治思想是有其合理性的，所以元蒙新王朝以及明代和清代的統治者仍選擇理學作為統治思想。

在歷史上任何統治階級所面臨的社會現實是權力角逐，經濟利益，天災人禍，軍事戰爭，民眾生活，刑罰獎賞，陰謀叛亂等等嚴重的事務，加以時時警惕的政變，可謂危機四伏，稍有不慎便可能威脅到政權的存在。統治集團必須認真應付社會現實的諸多嚴重的問題，但同時又必須在意識形態方面加強統治，為民眾指出一種美好的社會理想，尤其須有可以為社會認同的倫理道德規範，通過行政手段施行，以維持社會正常的生活秩序。在社會制度、生產力和生產關係未有重大變革時，宋以後的封建王朝只能繼續以理學為統治思想，此外尚無其它任何一種學說可以代替。

中國北方的蒙古族於十三世紀之初興起，準備進取中原。太宗窩闊台於宋端平三年（1236）接受了儒者趙復的建議，在燕京建立太極書院。蒙古行中書省軍前楊惟中因用軍於蜀湘京漢，得到儒者趙復等及理學典籍，送至燕京。《元史》卷一八九《儒學》一《趙復傳》記載：「自復至燕，學子從者百餘人……惟中聞復論議，始嗜其學，乃與（姚）樞謀建太極書院，立周子祠，

〔註19〕周密《志雅堂雜鈔》卷上，《粵雅堂叢書》本。

以二程（程顥、程頤）、張（載）、楊（簡）、游（酢）、朱（熹）六君配食，選取遺書八千卷，請復講授其中……（姚）樞既退隱蘇門，乃即復傳其學，由是許衡、郝經、劉因，皆得其書（《傳道圖》、《伊洛發揮》、《師友圖》、《希賢錄》）而尊信之。北方知有程朱之學自復始。」可見在宋滅亡之前四十三年，理學經趙復傳至北方，已爲蒙古統治集團所接受。1280 年蒙古滅宋後，不可能以蒙古族的方式治理中國，必須採用中國文明的制度與先進的意識形態。因元朝的社會等級是由蒙古人、色目人、漢人和南人（被征服的南方漢人）構成的，在此背景下，儒者的社會地位比起唐宋時代是大大降低了，特別是南人的社會地位。然而元朝在文化政策上雖然要兼顧各民族的文化習慣，但只有採用儒學——理學的政治倫理思想作爲治道的理論，才可能建立穩固的社會秩序。元仁宗延祐二年（1315）恢復了科學考試制度，次年發佈追封理學創始者周敦頤的制詞：

> 蓋聞孟軻既沒，道失其傳，孔子微言，人自爲説。諒斯文其未喪，有眞儒之間在，濂溪周敦頤，稟氣之至精，紹絕學於獨得，圖《太極》而妙於萬化，著《通書》而同爲一誠，傳聖教燦然，復明其體，功當其不泯。朕守成繼體，貴德尊賢，追念前修，久稽彝典，已從朝建之祀，盍殊鄉國之封。於戲！霽月光風，想清規之如在；玄袞赤芾，冀寵命之斯承。〔註20〕

這表明朝廷大力提倡理學之意。仁宗皇帝還表示自己對中國帝王治統的繼承和對貴德尊賢的崇尚。順帝元統二年（1334）的御試策問更明確地表示對中國三代以來帝王傳統的繼承：

> 制曰：古人有言，得天下爲難，保天下爲尤難。自古持盈守成之君，莫盛於三代。夏稱啓能承繼禹之道，殷稱賢聖之君六七作，周稱成康能致刑措。夫以禹之力的惟啓，以文武之德而惟成康。賢賢之君之眾莫若殷，亦不過六七而已。其後惟漢之文景，而言文景之治，猶不得比之三代。善繼承者，何若斯之難也。我祖宗積德累世，至於太祖皇帝，肇啓土宇，建帝號，又七十餘年，世祖皇帝始一天下。以致至元之治，厥惟艱哉！〔註21〕

〔註20〕 孫承澤《元朝典故編年考》卷六，《四庫全書》本。
〔註21〕 《歷代金殿殿試鼎甲朱卷》元代試題卷。

元王朝只有以繼承中國帝王傳統爲號召才能取得其統治的合法性，也才能爲廣大漢族民眾所承認。然而即使到元代末年，蒙古貴族中仍有人反對接受儒家的禮制。至正三年（1343）中書左丞烏克遜良楨上書順帝：

> 綱常皆出於天而不可變。議法之吏乃言國人（蒙古）不拘此例，諸國人（色目人）各從本俗。是漢、南人守綱常，國人諸國人不必守綱常也。名曰優之，實則陷之；外若尊之，內實侮之。推其本心，所以持國人者，不若漢、南人之厚也。請下禮官有司及右科進士在朝者會議：自天子至於庶人皆從禮制，以成列聖未遑之典，明萬世不易之道。〔註22〕

元代蒙古人和色目人是否一律遵循儒家之禮制，這長期以來未列入法典。烏克遜良楨力主禮制應爲所有各族遵守並列入法典，這一建議得到了順帝的同意。從上可見儒學一理學在元王朝亦爲統治思想，但蒙古貴族和色目人也有持不同意見的，統治者卻不得不堅持並力圖在政治中使之加強。

明王朝重建漢民族國家，繼宋元之後更加重視以理學思想爲治道的理論基礎，理學作爲統治思想得以牢固地確立。太祖朱元璋平定江南時，於婺州召見理學家范祖幹，問治道何先？范祖幹持《大學》以進，並言：「帝王之道，自修身齊家，以至治國平天下，必上下四旁，均齊方正，使萬物各得其所，然後可以言治。」朱元璋感歎說：「聖人之道所以爲萬世法。吾自起兵以來，號令賞罰，一有不平，何以服眾。夫武定禍亂，文致太平，悉是道也。」〔註23〕洪武元年（1368）太祖朱元璋下詔：「天下甫定，朕願與諸儒講明治道，有能輔朕濟民者，有司和遣。」〔註24〕次年他大力提倡興建學校，認爲：「治國以教化爲先，教化以學校爲本。京都雖有太學，而天下學校未興。宜令郡縣皆立學校，延師儒，授生徒，講論聖道，使人日漸同化，以復先王之舊。」〔註25〕洪武十四年（1381）朝廷正式頒布《五經》、《四書》於北方學校。在朱元璋看來，欲復中國古代先王之治，必須講求治道，而理學思想是有補於治道的。明成祖在永樂間（1403～1424）命儒臣胡廣等纂集宋代理學家的重要著述爲《性理大全》七十卷，繼又命胡廣和楊榮等編纂《四書大全》四十卷。《四

〔註22〕《元朝典故編年考》卷八。
〔註23〕《明史》卷八二《儒林》一《范祖幹傳》，中華書局，1977年。
〔註24〕《明史》卷二《太祖本紀》一。
〔註25〕《明史》卷六九《選舉》一。

庫全書》經部《四書大全》提要云：「《四書》自朱子章句集注以後，眞德秀
始採《朱子語錄》附於《大學章句》以下爲集編。祝洙復仿而足之，爲《四
書》附錄其後。蔡模之《集疏》，趙順孫之《纂疏》，吳貞子之《集成》，皆薈
萃眾說，以相闡發，而不免稍涉泛濫。惟陳櫟《四書發明》，胡炳文《四書通》
較爲簡當。櫟門人倪士毅，又合二書爲一，頗加刪正，名爲《四書輯釋》。至
明成祖永樂中，詔儒臣胡廣、楊榮等，編集諸家傳注之說，嘗爲一編，賜名
《四書大全》，御製序文，頒天下學校。於是明代士子制義以應科目者，無不
誦習《大全》，而諸家之說盡廢。」因《性理大全》和《四書大全》頒佈天下，
作爲士子學習和科舉考試的經典，這標誌理學是統治思想已取得權威的地
位。理學家認爲眞正的儒家之道是他們在孔氏遺書《中庸》裡發現的。正統
十年（1445）英宗皇帝的殿試策問，要求回答：

> 道原於天地而貫於古今，人之所共由，而不可須臾離者。見之
> 於《易》，已有天、地、人之道。子思謂誠者天之道，誠之者人之道，
> 而不及地之道，何與？先儒於《中庸》自二十一章以下，分天道、
> 人道，而言其旨，可得詳與？夫子與顏淵問仁，告以克己復禮：仲
> 弓問仁，告以主敬行恕。先儒釋以乾道、坤道，而不及人之道，又
> 何與？堯、舜、夫子皆聖人，道固同也，而孟子曰堯、舜之道，孝
> 悌而已矣，曾子曰夫子之道忠恕而已矣，何其道之不同與？夫子又
> 謂孝悌爲士之次，《中庸》謂忠恕違道不遠，何與？〔註26〕

這要求辨析儒家關於道的各種解說，以求對儒家之道的義理的發揮。此對策
已佚，我們無從得知答案，然從問策可見帝王對儒家之道的重視，並希望士
子在理學的義理上統一認識。孝宗皇帝於弘治十五年（1502）製的《明會典
序》裡，闡明帝王之治是遵循理學之「天理」說的。他說：

> 朕惟自古帝王君臨天下，必有一代之典，以成四海之治：雖其
> 間損益沿革，未免或異，要之不越乎一天理所寓也。純乎天理，則
> 垂諸萬世而無弊；雜以人爲，雖施之一時而有違；蓋有所不可易焉
> 者。唐虞之時，堯舜至聖，始因事製法，凡儀文數度之間，天理之
> 當然，無乎不在。故積之而溥厚，發之而高明，巍然煥然，不可尚
> 已。三王之聖，禹、湯、文、武，視堯舜不能無間，而典制寖備，

〔註26〕 《歷代金殿殿試鼎甲朱卷》明代試題試卷。

純乎是理，則同是以雍熙泰和之盛，同歸於治，非後世所能及也。……
由朝廷以及天下，諸凡舉措，無鉅細精粗，咸當於理而得其宜。積
之既深，持之既久，則我國家溥厚高明之業，雍熙泰和之治，可並
唐虞，軼三代，而垂之無窮，必將有賴於是焉。〔註27〕

「興天理，滅人欲」是理學的重要命題，明代帝王以爲古代帝王之治是符合
天理的，明王朝之治承繼先王亦符合天理，故得以臻於治世，綿延永久。明
代歷朝之君對理學的提倡，這促進了理學在元代之後的重大發展。

　　清代是中國最後一個封建王朝，也是在元代之後以游牧民族入主中原的
王朝。它鑒於元王朝國祚不久的教訓，吸取了明代的治道經驗，因而雖理學
末流之弊在明代後期甚爲顯著，清初學術克服空虛疏漏之失而轉向實學，興
起經世之學與考據之學，但清代統治者仍堅持理學爲統治思想，而且愈益強
化。聖祖皇帝是清代最有學識和最爲英明的君主，清王朝政權是在康熙時期
穩固下來的，以理學爲治道的國策亦是由他製定的。他主強施行「爲政以德」
的儒家德治，於康熙九年（1670）上諭禮部：

朕今欲法古帝王尚德緩刑，化民成俗，舉凡敦孝悌以重人倫，
篤宗族以昭雍睦，和鄉黨以息爭欲，重農桑以足衣食，尚節儉以惜
財用，隆學校以端士習，黜異端以崇正學，講法律以儆愚頑，明禮
讓以厚風俗，務本業以定民志，訓子弟以禁非爲，息誣告以全良善，
誡窩逃以免株連，完錢糧以省催科，聯保甲以彌盜賊，解仇忿以重
身命。以上諸條，著通行曉諭八旗並直隸各省、州、府、縣、鄉、
村人等，切實遵行。〔註28〕

聖祖皇帝學識廣博，於理學尤有很深的造詣，大力提倡理學思想以施行德治。
康熙十二年（1673）他特命儒臣訂正明代纂集的《性理大全》，以爲它「明性
命仁義之旨，探主敬存誠之要，微而律數之精義，顯而道純之源流，以至君
德、聖學、政教、綱紀，靡不大小兼該，表裡咸貫，洵道學之淵藪，致治之
準繩也。」〔註29〕他要求天下臣民，認眞學習此書，因其爲致治之準繩，以
之爲治道的理論，則可復興三代之治世。聖祖皇帝於晚年又命儒臣李光地等，
選擇行世之理學諸書，取其要義，編爲《理學精義》以頒示天下。康熙五十
六年（1717）御製《性理精義序》云：

〔註27〕徐溥等編《明會典》卷首，《四庫全書》本。
〔註28〕雍正九年奉敕編《聖祖仁皇帝聖訓》卷六，《四庫全書》本。
〔註29〕《御製性理大全序》，《性理大全書》卷首，《四庫全書》本。

朕自沖齡,至今六十年來,未嘗少輟經書。唐虞三代以來,聖賢相授受,言性而已。宋儒始有性理之名,使人知盡性之學,不外循理也。故敦好典籍,於理道之言,尤所加意。臨蒞日久,玩味愈深,體之身心,驗之政事,而確然知其不可易。〔註30〕

他以多年的執政經驗和切身的體會,深感理學之於修身,治人,治國的重要意義,不僅是統治思想,應是普遍的眞理。世宗曾於雍正八年(1830)御記聖祖的庭訓格言,如聖主認爲:「自漢以來,儒者世出,將聖人經書,多般講解,愈解而愈難解矣。至宋時,朱熹集注《四書》、《五經》,發出一定不易之理,故便於後人。朱子輩有功於聖人經書者,可謂大矣。」他又說:「朕惟訓汝等,熟悉《五經》、《四書》性理,誠以其中,凡存心養性,立命之道,無所不具故也。」〔註31〕聖祖與其它宋以來諸帝王比較,他不僅以理學爲治道,而更將理學作爲個人修身齊家治國平天下的政治信念,對它有深刻的認識,並以之訓誡子孫。

清高宗對理學亦有深入的理解,他在國子監講《大學》第三章「爲人君止於仁,爲人臣止於敬,爲人子止於孝,爲人父止於慈,與國人交止於信」之義云:「是故爲人君者,匪爲博施濟眾以爲仁,即癉惡弼教之義,亦必當本於仁而出之,所謂止也。人臣之敬,詎其夙夜匪懈,恪恭承旨之謂,即繩愆糾謬,陳善閉邪,亦必當本於敬而出之,所謂止也。生事死葬,祭之以禮,人子之止於此者,蓋終身之事,非謂無父母即無子之止於善也,若夫父子日嚴,似殊無母之慈,而不知父之嚴,正所以行其慈也。至於兄友弟恭,夫唱婦隨,皆與人交之義,而朋友之信,因該其中矣。余故云:此雖言文王之止於至善,而實訓萬古五倫之要道也。」〔註32〕他對儒家倫理學說闡發得很精微,因它是維繫封建社會秩序的原則,如果五倫關係穩固,人們在關系序列中定位,則社會便易治理了。高宗在讀書時寫下大量札記,其中讀理學典籍的心得最多,如對《中庸》首章關於儒家之道云:「天命之謂性,性之與理,本非有二。蓋天以於穆不已,理化生萬物,而人皆得此理以爲生,即具此理以爲性。故體之於人,即可以識天命之不二,而驗之於天,又可以察人生之無奈。無極、太極、陰陽,此天之一理所流行也。性綠理而立,理從性而生,

〔註30〕 《御纂性理精義》卷首。《四庫全書》本。
〔註31〕 《聖祖仁皇帝庭訓格言》,《四庫全書》本。
〔註32〕 《欽定國子監志》卷五七,北京古籍出版社,2004年。

此人之本於理，以爲知覺也。不稟於天，則性何自；不應乎事，則理何由見？故理爲制事之宜，乃百聖不能易之至言也。夫豈別有所謂理而可以妄加之於人哉！通乎此，則一貫之道也，性善之旨也。然非至誠之人，不能達其說，蓋誠爲應事之本。忠君孝親必極其誠，然後能合其宜、合其道者，道心也。」〔註33〕這以周敦頤《太極圖說》的理論解釋「天命之謂性」，闡發「性」與「理」的關係，以天理作爲最高的政治倫理範疇，以此爲統治思想的邏輯的起點。

清代自聖祖關於在經筵和國子監講學，此後形成傳統。宣宗皇帝於道光三年（1823）在國子監講《大學》「欲修其身者、先正其心，欲正其心者，先誠其意」之義理云：「聖人垂訓後世，齊家、治國、平天下、胥本於一身。身也者，顯物重裕，表率之則也。有明德新民者，豈可忽哉！……人君以一身，上承堯、舜、禹、湯之緒，下慰億兆蒸黎之望，萬機至頤，一心應之，無偏無倚，始足以昭感化。然志壹則動氣，氣壹則動志，此皆意未能誠耳。……正朝廷以正百官，正百官以正萬民，未嘗不以修身示天下，而吾身之修，即莫不共揭於天下。」〔註34〕文宗皇帝咸豐三年（1853）在國子監「講《中庸》『中和』一節，《尚書》『皇天無親』四句。自王公大臣，以及有司百執事，自先聖先賢之裔，以及太學諸生，環集橋門璧水間以萬計」。〔註35〕我們可見中國最後一個王朝的諸帝在以理學爲治道方面，他們認眞學習，大力推行，以期加強思想的統治，求得國祚之長存。

三

儒家政治倫理學說之創立，即是爲統治階級服務的，它經漢儒的討論而形成理論系統，又經宋代新儒學家們的思辨而使之精密。這無疑是古代最完備的政治學說。南宋以來的統治者選擇它爲統治思想，以有俾於治道。統治者要想使它成爲社會普遍的價值觀念，則必須依靠知識階層的精英——士大夫。因爲他們所具的文化知識足以理解理學的義理，在立言和著述中闡釋，以便在社會上廣泛地傳播，從而使民眾受到教化。自唐代實行科舉考試制度，從士子中選拔人才，士子入仕後成爲統治階級成員。由此知識階層的精英分子大量加入統治階級，有利於優化國家管理的能力，並通過他們推行和加強

〔註33〕《日知薈說》卷二，《四庫全書》本。
〔註34〕《欽定國子監光》卷二四。
〔註35〕徐珂編《清稗類鈔》禮制類，中華書局，1984 年。

統治思想。自南宋後期以來的科舉考試開始以統治思想爲標準選拔人才，此後在元、明、清朝代使此成爲規範，並進一步程序化，以使統治思想不斷地世代貫徹，保證統治階級的成員樹立牢固的統治思想。

元王朝在建國初年爲培養人才，於京都國子監規定學生學習儒家經典《孝經》、《小學》、《論語》、《孟子》、《大學》、《中庸》，繼而學習《詩經》、《尚書》、《禮記》、《周禮》、《春秋》、《周易》。這是貫徹統治思想的一種方式，但僅在少數貴族子弟之間貫徹，其規模與影響俱甚微。朝廷也試圖恢復科舉考試，可能受到蒙古貴族的反對而未能施行，直到建國三十餘年之後的皇慶二年（1313）仁宗皇帝始決定開科取士，每三歲一次，詔書云：

> 惟我聖主以神武定天下，世祖皇帝設官分職，徵用儒雅，崇學校爲育才之地，議科舉爲取士之方，規模宏遠矣。朕以眇躬，獲承丕祚，繼志述事，祖訓是式。考稽三代以來，取士各有科目，試藝則以經術爲先，詞章次之。浮華過實，朕所不取。〔註36〕

經過準備，於延祐二年（1315）廷試取士。考試程序：漢人及南人第一場經問二題，於《大學》、《論語》、《孟子》、《中庸》內出題，用朱熹集注，復以己意結之，限三百字以上；第二場經義一道，各治一經，《詩經》以朱熹注爲主，《尚書》以蔡沈注爲主，《周易》以程頤和朱熹注爲主，《春秋》許用三傳，《周禮》用古注疏，限五百字以上，不拘格律；第三場策論一道，於經史時務內出題，限一千字以上。考試以首場《四書》題最重要；這是發展南宋後期考試側重理學思想而成爲定制。元代自延祐開科以來，共舉行七次考試，每次所取進士均在百人以下，故所取之士較唐宋爲少，而且士子雖經此途入仕，亦不能如唐宋進士可以擔任國家要職。雖然如此，畢竟給士子開通了一條仕路，在社會上發生了很大影響，以致州縣書院和私塾，也以培養子弟學習舉業。程端禮說：「今制取士，以德行爲首，經術爲先，詞章次之，蓋因之也。況今明經，一元朱子之說，使理學與舉業畢貫於一，以便志道之士——自唐宋科目所未有也。誠千載學者之大幸，尚不自知，而忍棄之耶？」〔註37〕儘管元代取士很少，仍給士子以希望，又因這樣的考試重《四書》文而使士子的學業與舉業相結合了，有利於傳播統治思想。士人景星自述學習舉業的

〔註36〕《元史》卷八一《選舉》一，中華書局，1977年。
〔註37〕程端禮《程氏家塾讀書分章日程自序》，《程氏家塾讀書分章日程》卷首，《叢書集成初編》本。

經過:「星幼承父命,嗣儒業,而苦無常師。年十六始得出就伯父黃先生（元言）。先生曰:『汝欲爲學,必先熟讀《四書》以爲之本,而後他經可讀矣。』星於是晝誦夜思,不敢少惰,居四年得初通大義。後欲明經習舉之業,先生又引星進郡庠,俾受《春秋經》於勾秉楊先生。一時師友切偲問辯,資益爲多。復得諸羽翼書,爲之啓發,然後益知《四書》奧義,不可不窮矣。」〔註38〕景星勤奮學習舉業,但未考中進士。他用了十年的時間將學習心得編撰爲《四書集說啓蒙》,於私塾中教授子孫們,讓子孫繼續走向科舉之路。《四書》文歷來不爲學界重視,散佚甚多,元代的今已無存。我們僅從元統二年（1334）殿試對策中可見到關於理學思想的論述。關於儒家之道與治道的問題,余闕回答說:「陛下有顏淵明睿之資,可以致修身之功,有堯舜君師之位,可以推先王之澤,不宜狃於近功,安於卑下,而不以聖賢自期也。臣願陛下萬機之暇,取孔孟之言而深究之,體之於身,揆之於事,求其何者爲欲,何者爲理,知爲理而必復之,明察其幾,勇以斷其決,日日而克之,事事而復之,則自心正身修,而仁不可勝用矣。」〔註39〕這發揮《大學》首章「自天子以至庶人,壹是皆以修身爲本」之義,希望皇帝學習孔孟之道,剋制私欲以復天理,修己以治人。羅謙在對策中則云:「故臣以爲日用常行之謂道,而數聖人皆斯道之主,行道有得謂之德,而數聖人皆至德之極。虛靈不昧謂之心,而數聖人皆以精一爲宅心之本,文豈有其異乎?至於霸者則不然。聖人之道本於己,霸者則不修身而治人。聖人之德形於內,霸者則捨內而治外。聖人之心純乎天理,而霸者之心則雜乎人欲,假仁義而已矣,恃土地軍兵之大而已矣。」〔註40〕這以君主對待天理與人欲的態度而區分王道與霸道,奉勸皇帝修身。我們從這兩份對策可見理學作爲治道已是考試的重要內容,亦可說明統治者通過文教政策以宣揚統治思想是確有成效的。

明王朝建國之初,關於科舉考試制度由太祖朱元璋與儒臣劉基製定,「專取四子書（《四書》）及《易》、《詩》、《書》、《春秋》、《禮記》五經命題試士」〔註41〕。考試之文通稱「制義」,它略仿宋代經義文,以聖人語氣爲之,形成「八股」格式。考試程序大體依照元代的規定,但強調士子必須用永樂間朝

〔註38〕 景星《學庸集說啓蒙序》,《學庸集說啓蒙》卷首,《四庫全書》本。
〔註39〕 《歷代金殿殿試鼎甲朱卷》元代試題試卷。
〔註40〕 同上。
〔註41〕 《明史》卷七十《選舉》二,中華書局,1977年。

廷頒布的《四書五經大全》所集理學之義理。在南宋人編的《論學繩尺》中所錄經義文已出現定格的傾向，經元代的沿襲，至明代終於形成「八股文」的體式。「八股文」因題目取自《四書》，又稱「四書文」，其文之發端爲破題，承題，後爲起講，起講分起股、中股、後股、末股，以發議論，每個段落都有兩股相比偶之文字，合爲八股。明代的八股文保存較多，茲錄兩篇：

孔子登東山而小魯　　　　　　　　　　　　　　　　　　　錢福

　　大賢於聖道之大，必先擬之，而後直言之也。夫道莫大於聖門也，遊之斯知之矣。大聖擬之，而後直言之，有以哉？其意曰：孔子以天縱之資，承群聖之統。道莫有大焉者也。欲觀聖人之道，胡不即登山者以觀乎？躋東山之巔，即魯地之七百一覽無餘；履泰山之巖，則禹服之五千極目可及。何也？所處益高，而視下益小耳。夫登高既不足於下，視大必不足於小。欲觀聖人之道，胡不即觀海者以觀乎？鼓楫於北溟，則河濟孟津險，視若衣帶；揚帆於東渤，則洞庭彭蠡之浩，渺若蹄涔。何也？所見既大，則小者不足觀耳。聖人之門，妙道精義鍾焉，猶地之有東山泰山也，猶水之有滄海也。遊聖人之門，見聖人之道，然後知其可放可卷，而天下莫不能載；可行可藏，而天下莫不能容。百家之說，坐見其偏；諸子之論，頓覺其弊。其與登山觀海者，何以異哉！〔註42〕

關雎樂而不淫　　　　　　　　　　　　　　　　　　　　　陳際泰

　　聖人論詩，而極贊乎風之始焉。夫詩之可以託始《關雎》者，豈苟而已哉？哀樂之際，已純乎詩之全矣。且後人之行，不侔乎天地，則無以配神靈之統，而理萬物之宜如此者，蓋以鮮矣。至用情而不過乎則，抑又難也。吾嘗一論乎《關雎》，《關雎》殆風之正，而情之準也。何者？《關雎》止乎得配，鮮不眇焉，而詩人重言之，以致其哀樂之意，執贄爲見小君之始，鮮不媚焉；而詩人重言之，以赴乎哀樂之節，溫厚和平，詩人之則，顧自邸廓而降，有遞而變之者矣。《關雎》蓋其發始者焉，風有初有中有晚，今令人讀之，其哀樂猶然，隆古之際獨此耳，國之氣運爲之也，邪正是非，風人可感，彼自江漢而遙，已有被而化之者矣；《關雎》尤其親炙者焉，風

─────────────────────

〔註42〕方苞編《欽文四書文・化治四書文》卷六，《四庫全書》本。

自家自國自天下，今令人思之，其哀樂依然，聖賢之徒獨此耳，國之德教爲之也，計深思遠，以暫御而存卿大夫之慮，發乎情，止乎禮義，以小人女子而有士君之行。嗟乎？至德之世，人皆知乎學問，而務返於性情。生民之始，王道之原，皆在《關雎》。詩之所託始於茲者，抑豈苟而已哉！〔註43〕

以上兩文頗爲典型，一題出自《孟子》，一題出自《論語》，它們本無多大義理可以闡發，士子僅就諸家注釋勉強敷衍成文。士子雖認眞探究理學精義，如果制義不合格，則不會錄取。翟台爲嘉靖乙未進士，他認爲科舉考試的內容頗爲全面，可以考見士子之學養，因此志於舉業，應盡到個人的努力，但考試是否成功，則是個人命運。他說：「夫人審於義利之辨，而消融其功利之念，則心體清明，義理自著。以此讀書，可以究聖賢之精也；以之作文，可以發聖賢之蘊也。若是則舉業自性中流出，未有不工者矣。」〔註44〕明代以八股文取士，使士子受到知識、思想、文體的種種限制，制義等同於文字遊戲，其弊已明顯呈現。曹于汴指責八股文取士之流弊，以爲國家集中優秀士子於學校，使他們探究理學的奧義，窮理修身，以期用於世。其制義之文若能體現所學，由科舉而入仕，則國家人才眾多，眞能取得治國平天下的效用。然而，八股文取士的結果，弄得所學與所爲之文皆不必合於儒家義理，出現大量抄襲裝飾之文以博取功名。這種文章無一字可以濟世。他希望舉業應以理學爲根本：「舉業而不本之理學，雖極工巧，識者多窺其微。庸人之腹，終不能仿聖人之口。亦未有理學徹而文不精者，孔、孟、周、程之文不在茲乎？固可睹矣。」〔註45〕八股文的流行，使理學在舉業中異化了，不可能如曹于汴的期望。然而明代統治者卻眞正實現了以理學爲統治思想而起到禁錮士子思想的作用。

清代科舉承明代之制，仍以首場考試爲重。首場《四書》三題，《五經》各四題，士子各占一經。《四書》以朱熹集注爲主；《周易》以程頤傳爲主，兼朱熹本義；《尚書》以蔡沈傳爲主；《詩經》以朱熹集傳爲主；《春秋》以左傳本事爲文，參考公羊、穀梁之說。康熙二十九年（1690）之後兼用《性理大全》、《太極圖說》、《通書》、《西銘》、《正蒙》等理學著作。康熙五十七年

〔註43〕《欽定四書文‧啓禎四書文》卷二。
〔註44〕翟台《惜陰書院緒言》，《叢書集成初編》本。
〔註45〕曹于汴《理學文鵠序》，《仰止堂集》卷一，《四庫全書》本。

（1718）論題專用《性理大全》。其餘兩場仍依明代之制。從首場的試題範圍，可見對理學思想的加強。高宗皇帝於乾隆元年（1736）上諭：

國家以經義取士，將使士子沉潛於《四子》、《五經》之書，闡明義理，發其精蘊，因以覘學力之淺深，與器識之淳薄，而風會所趨，即有關於氣運。誠以人心士習之端倪呈露者，甚微而徵，應者甚鉅也。顧時文之風尚屢變不一，苟非明示準的，使海內學者，於從違法取之介，曉然知所別擇，而不惑於歧趨，則大比之期，主司何所操爲繩尺，士子何所爲矩矱？〔註46〕

高宗深感《四書》文於文體及內容應進一步規範，便於士子應試，亦便於考官閱卷有一定標準，特命儒臣將明代及本朝諸大家之制義，精選數百篇爲《欽定四書文》以頒示天下，作爲範本。乾隆四十四年（1779）諭內閣關於制義：「務宜沉潛精義，體認先儒傳說，闡發聖賢精蘊。務去陳言，辭達理舉，以蘄合於古人立言之道，愼勿掉以輕心。」〔註47〕清代《四書》文，不僅很規範，而確實出現許多優秀的文章，茲謹錄兩篇：

心正而後身修　二句《大學》　　　　　　　　　　　　　　方舟

由心而至家，而明新之事合矣。蓋身以內之事，至心而止；身以外之事，自家而起，而皆統於身，故身修而明新之事合也。且明德之事歸於身，而古大人不遽求之身，而多方以事其心；新民之事起於家，而古大人不遽求之家，而多方以事其心與身修。何也？凡以身之修有定，其事於心正之中者，亦有益其事於心正之外者，而皆於心正之後得之定；其事於心正之中者，則潔而合之者也。蓋其事於心正之外者，則因而飾之者是也。吾身之物之足累吾身者，吾心中實無以與之將迎之僥，而官骸氣質之緣，絕於外而不入附；吾身之物之足爲功於吾身者，吾心中實見其有當然之則，而視聽言動之習，安於內而不馳。苟未至於心之正，則見爲之所宜絕，而心仍不絕者，雖力拒於形跡之間，而有揮之而不去者矣；見爲心之所宜安，而心仍有不安者，蓋其事於身修之外者，而皆於身修之後得之矣。其事於身修之中者亦存，蓋其事於身修之外者，而皆於身修之後得之定；其事於身修之中者，則動之以誠者是也，蓋其事於身修

〔註46〕　《欽定四書文》卷首。
〔註47〕　《欽定國子監志》卷首。

之外者，則明之以公者是也。道立而家人之志肅焉，求吾身而無可疵，則相反者有以形其醜，而燕私偷惰之氣，不作而自除；義和而家人之分誼平焉，對吾身而無所觖，則生爭者不自安於心，而怨思谿勃之風，不言而自靖。苟未至於身之修，則吾求其肅，而彼先未嘗見吾之肅，作威以震之，而有狃用而不行者矣；吾欲其平，而彼先不能信吾之平，遇事而調之，而將參差而自出者矣。修身而後家齊新民者，不可不務自也。〔註48〕

王者之跡熄　一章《孟子》　　　　　　　　　　　　李光地

　　作詩以寓王法，聖人之得統者然也。蓋王者治天下之法存於詩，故跡熄而詩亡矣。孔子取其義，而以《春秋》繼之，此可見其得統於文、武、周公，而文在茲乎？孟子意謂帝王之道，莫備於仲尼；刪述之功，莫盛於《春秋》。何則？王跡之未熄也，諸侯述職於王，則有讌饗歌詩，而勸誡之義著；王者巡狩列國，則有陳詩貢俗，而黜陟之義行。及其後也，其主大號，雖好而跡熄矣，變風變雅雖興，而詩亡之矣。孔子生於周末，傷王道之久廢，故作《春秋》而始東遷，其殆繼詩而存王者之跡者乎！何則？《春秋》，孔子因魯史舊文而修者也。列國之史，晉有乘焉，取其備國家之記載；楚有檮杌焉，取其誅奸諛於既死；魯有春秋，則文因天道以記人事焉。三者之書一也，所有則齊晉代興，會盟摟伐之事而矣，非有王者之跡也；所垂則列國史官，掌記時事之文而矣，非昔詩之為經也。然則《春秋》之作，何所取乎？孔子嘗曰：其義則丘竊取之矣。蓋王者於諸侯有勸誡焉，義之所立也，《彤弓》、《湛露》不可作矣，孔子則借王者之法，以示勸誡，此其大義之炳如日星者乎；王者於諸侯，既有黜陟焉，義之所在也，太師風謠，不可問矣，孔子則假南面之教，以明黜陟，此其分義之嚴於斧鉞者乎？定桓、文之功罪，則事雖霸，而實王秉聖心之筆削，則文雖史，而實經矣。跡熄而未熄，詩亡而不亡，以一時之義，而惟萬世列聖之道，不有孔子，人之異於禽獸者，誠幾希哉！〔註49〕

〔註48〕《欽定四書文・本朝四書文》卷一。
〔註49〕《欽定四書文・本朝時文》卷十二。

在《四書》文中有的題目實無義理可發揮，例如「子在川上曰」(《論語》)、「棠棣之華」(《論語》)、「行夏之時」(《論語》)、「詩曰妻子好合」(《中庸》)、「陳其宗器」(《中庸》)、「天子適諸侯曰巡狩」(《孟子》)、「詩云雨我公田」(《孟子》)、「徹者徹也」(《孟子》)、「鄉以下」(《孟子》)、「陳代曰不是諸侯」(《孟子》)。士子如遇上這類冷僻的怪題，仍得按八股文的格式成文，所以高宗皇帝雖發現許多應試時文毫無意義，要求認眞發揮儒家義理，然而在此制度下，其弊是不可避免的。晚清時期，維新思潮已經興起，西學東漸，封建王朝已岌岌可危，而統治者仍堅持維護統治思想。同治四年（1865）的殿試策問：「唐臣韓愈，推原性道，拔起於貞元、元和之間，然其議論之未盡純者何在？宋之大儒濂、洛、關、閩，專以發明心性之奧，至其得力之處，教人之術，能揭其大要歟？元儒首倡者何人，繼起者何氏，其純駁優劣，能詳言之歟？明代理學錄，孰爲居首，其於諸子出處成就，又各不同，可一一悉數歟？」〔註 50〕這要求回答理學史的系列問題。光緒三年（1877）的殿試策問：「夫稽古好文，帝王切要之用也。歷觀往代，或會諸儒講《五經》異同，或聚弘文館書二十萬卷講論至夜分乃罷，或日進《太平御覽》三卷，其勤若是。乃有謂以半部《論語》致太平者，有謂治道不出於《大學》一書者，果可爲定論歟？三代以下，儒者以董仲舒爲首正誼、明道二語，不涉功利，而《天人三策》後人猶有微辭。王通著《中論》，學者擬之《論語》，後人斥以爲僭妄。然則捨濂、洛、關、閩之學，皆不足爲進德之階歟？」〔註 51〕這要求將漢代以來儒學與理學之政治倫理學說進行比較。從這兩道策問來看，涉及的知識面較廣，而於儒家的義理探討也較深，如果對策予以展開發揮將是很好的論文，但從答卷來看，只要將問題的出處說清楚，略加敷衍，切近理學爲治道即可了。縱觀元、明、清三代統治階級爲貫徹統治思想，選拔符合政治需要的人才，採取八股文取士的方法束縛士子，使之就範於狹窄的殭化的程序；這眞正有俾於治道。宋明理學家們皆認眞探討儒家義理，堅持修身進德，以期達於聖賢的至善的崇高的思想境界。然而統治者將理學作爲治道，則僅是將它作爲統治思想，通過文教政策使之在社會現實強化而已。

〔註50〕《歷代金殿殿試鼎甲朱卷》清代試題試卷。

〔註51〕同上。

四

北宋王朝的建立結束了五代十國分裂割據的局面，加強了中央集權，在經濟方面亦發生了變化，商業和手工業發展，市民階層興起，中國進入封建社會後期階段。這時在學術界普遍出現對漢唐儒學傳統的懷疑，進而對儒家《五經》的懷疑；顯然傳統的儒家政治倫理學說已不適應社會發展的需要。新儒學者們從儒家聖人遺書中發現了真正的儒家之道，為傳統儒家政治倫理學說重建了理論基礎，形成了新的儒家政治倫理學說——理學。儒家的學說有理論、系統、經典、承傳，易為中國各階層人們接受。新儒學在理論上比傳統儒學更加精密，更加理論化，適宜於自天子以至於庶人。近世傅斯年論及儒家學說在漢代獨尊以後的情形說：

> （儒家）一旦立足之後，想它失位，除非社會有大變動，小變動它是能以無形的變遷而適應的。從漢武帝到清亡，儒家無形的變動甚多，但社會的變化究不曾變到使它四方都倒之勢。它之能維持二千年，不見得是它有力量維持二千年，恐怕是由於別家沒有力量舉出一個別家沒有的機會。〔註52〕

理學在南宋後期上升為統治思想，是儒家學說內部的調整以適應社會政治倫理的需要。歷史上雖有諸家政治學說的出現，但在中國社會政治經濟結構沒有根本變化時，它們是沒有力量與理學競爭的。南宋以來的統治集團所以將理學作為治道的理論，不僅因為理學為儒家之道重建了理論基礎，不僅因為使倫理綱常合乎理性並可為民眾之道德規範，也不僅因為提出了治國平天下的宏偉的政治理想，而是在於：

（一）統治者可以成為儒家道統的繼承者。在儒家道統中，孔子之前有堯、舜、禹、湯、文王、武王、周公，他們皆是道德至善的聖賢君主。理學家雖然自以為承傳了儒家之道，自孔子、孟子至周敦頤等統宗有承，但卻在理論上要以古代聖賢君主為依託，以樹立一個理想的治世。既然古代聖賢君主等統治者是儒家道統的理想人物，那麼後世的帝王可以認為其文治武功等同於三代，故應直承古代聖賢君主的道統，或者認為他才是儒家之道的真正的施行者。這樣道統即是治統了。朱熹曾經對宋孝宗說：「帝王之學，必先格物致知，以極夫事物之變，使義理所有，纖悉必照，則自然意誠心正，而可

〔註52〕傅斯年《論孔子學說所以適應秦漢以來的社會的緣故》，《傅斯年全集》第一卷，湖南教育出版社 2003 年，第 480 頁。

以應天下之物。」〔註53〕儒家的義理可使帝王修身而平治天下，顯然有利於弘揚儒家之道。宋孝宗對道統的意義尚缺乏認識，當時並未接受朱熹的意見。理學成爲治道的理論基礎後，帝王們漸漸認識到治道須依託道統。宋理宗即以理學恢復古帝王之治，元順帝稱自太祖至世祖乃繼三代以來帝王之治統。明世宗於嘉靖二十六年（1547）殿試策問云：

> 朕惟人君受天之命而主天下，任君師治教之責，惟聰明睿智，足以自臨。自古迄今，百王相承，繼天立極，經世牧人，功德爲大，是故道統屬之有不得而辭焉者。唐韓愈氏乃謂堯、舜、禹、湯、文、武、周公、孔子之傳，至孟軻而止。孟子則以堯、舜、禹、湯、文王爲君，皋陶、伊尹、萊朱、太公望、散宜生爲臣，各有聞見知見之殊。其詳略異同，果何義歟？其授受之微，有可指歟？宋儒謂周敦頤、程顥兄弟、朱熹四子，爲得孔孟不傳之緒而直接。夫自古帝王若是班歟？其講之道統，果求著述之功，果可與行道者並歟？抑門人尊尚師說，遞相稱謂，而忘其僭歟？〔註54〕

這已明確地表示帝王乃受天之命，兼君師之責，推行治道，其功德之大，擔負起承傳古代聖賢君主的道統。帝王是行道者，而理學家們對理學大師的尊崇，以之爲儒家聖人之後道統的承傳者，這是一種越次的僭妄。明世宗自認爲他才是直接帝王之道統。清聖主於康熙十六年（1677）說：

> 朕惟天生聖賢，作君作師，萬世道統之傳，即萬世治統所繫也……道統在是，治統亦在是矣。歷代聖哲之君，創業守成，莫不尊榮表章，講明斯道。朕紹祖宗丕基，孳孳求治，留心問學，命儒臣撰爲講文，務使闡發義理，俾益政治，……庶幾進乎唐虞三代文明之盛也夫。〔註55〕

聖祖認爲道統的承傳是以治統爲依據的，道統即是治統。歷代聖賢君主不僅承傳道統，而且是儒家義理的闡發者，他們之爲治即是期望臻於唐虞三代之治世的。我們由此可見理學成爲統治思想後爲統治階級所利用，其性質已發生變化，這突出地表現在關於道統的認識方面。統治者以道統爲治統，以自己爲道統與治統的承傳者，這樣可達到美化的作用，即使平庸、昏亂或殘暴的統治者也自稱聖賢君主和儒家之行道者了。

〔註53〕 《宋史》卷四二九《道學》三《朱熹傳》。
〔註54〕 《歷代金殿殿試鼎甲朱卷》清代試題試卷。
〔註55〕 《御製日講四書解義序》，《日講四書解義》卷首，《四庫全書》本。

　　（二）興天理，滅人欲正是統治階級宜於大力提倡的。新儒學諸派之間有種種分歧，但他們「興天理，滅人欲」的主張是完全一致的。周敦頤說：「欲，原是人本無的物。無欲是聖，無欲便是學。」〔註56〕程頤說：「人之為不善，欲誘之也。誘而弗知，則至於天理滅而不知反。」〔註57〕朱熹說：「人之一心，天理存則人欲亡，人欲勝則天理滅，未有天理人欲夾雜者。」〔註58〕王陽明說：「吃緊在去人欲而存天理。」〔註59〕理學家以「理」溝通天人之際，建立一個形而上的先驗的「道體」。這「理」實為「天理」，人性即天理的體現，自生以來為天所賦。人們發展本然之善，便是善，便是天理的復歸；人們所稟受的天理，即是倫理規範的「三綱」、「五常」。在理學家看來，除了維持人的生命的基本需要——粗劣的飲食、傳宗接代的夫婦生活、簡陋的居住、遮體的衣服而外，任何較高級的或新的需要都屬於人欲。他們將人的基本需要與發展需要，物質需要與精神需要，低級需要與高級需要，完全對立起來，假設它們互為消長，互相排斥，互相鬥爭。在個體生命中代表天理的善，代表人欲的惡，勢不兩立，因而必須剋制或滅絕私欲，以達於道德至善的境地。滅人欲的理論在客觀上非常有利於維持和鞏固封建社會秩序，非常有利於統治階級的政治利益。自宋代以來，社會經濟發展，資本主義萌芽因素增加，市民階層興起，人們物質欲望強烈，這些皆會導致社會的不安定。因此「興天理，滅人欲」的理論得到統治階級的提倡，他們希望天理流行，民眾歸真返璞，退回到堯舜時代，人們鑿井而飲，耕田而食，沒有欲望，與世無爭，自生自滅，易於統治。元順帝在殿試中要求回答天理與人欲的關係；明孝宗認為帝王之治合於天理，主張禁止人欲。清聖祖則訓誡說：

　　　　學問無他，惟在存天理去人欲而已。天理乃本然之善，有生之初，天之所賦與也。人欲是有生之後，因氣稟之偏，動於物，縱於情，乃人之所為，非人之所固有也。是故閑邪存誠，所以持養天理，堤防人欲，省察克治，所以辨明天理，決去人欲。若能操存涵養，愈精愈密，則天理常存，而人欲盡去矣。〔註60〕

〔註56〕《宋元學案》卷十一《濂溪學案》，中華書局，1986年。
〔註57〕《河南程氏遺書》卷二十五，《二程集》，中華書局，1981年。
〔註58〕《朱子語類》卷十三，中華書局，1981年。
〔註59〕《明儒學案》卷十，中華書局，1986年。
〔註60〕《聖祖仁皇帝庭訓格言》。

這完全接受了理學家的理論。清高宗從個人修養的角度談復人性之天理的經驗：

> 君子之治喜怒哀樂也，惟在涵養之功。涵養之功，曰存誠、主敬而已。誠則無妄，敬則無慢。存之於不睹不聞之地，而識之於莫見顯之時，至於元而不已，則天理全，而人欲泯。〔註61〕

這位皇帝悟得爲學之宗旨，擬從周敦頤主張的「存誠」和程頤倡尊的「主敬」作爲入德之門。清代這兩位皇帝對理學確有深切的理解，也試圖剋制私欲。然而許多帝王儘管並不懂得理學，但仍主張「興天理，滅人欲」，他們卻並不躬自實踐。統治階級的各種欲望得到了充分和過度的滿足，而普通民眾僅維持極簡單和極低級的生存需要，本無人欲可滅。「興天理，滅人欲」是統治階級對民眾而言的，這確實值得他們大力提倡。

（三）修身進德是統治階級對社會所期望的。理學家發現《禮記》中之《大學》一篇爲孔氏之遺書，將它作爲做學問的次第，也作爲努追求的政治倫理的理想。他們最關心的是個人的進德修業，通過格物、致和、誠意、正心、修身，進而齊家、治國、平天下。傳統的儒者具有強烈的從政願望，輔佐統治階級施行德政，提倡禮教，制禮作樂。理學家則更關注個人的進德修業，闡發《大學》之「自天子以至庶人，壹是皆以修身爲本」的義理。他們純從主觀願望出發，以爲從帝王到民眾，大家均以修身爲本，道德完善，天下就會不勞而治了。他們認爲只要修身心正，則齊家、治國、平天下之事可以類推。朱熹說：「學者須胸中義理明，以此去度量事物，自然泛應曲當……只是講明義理，以淑人心，使世間識義理之人多，則何患政治之不舉耶！」〔註62〕因此理學家主張的「修己以治人」，而實際上重在修己，通過講學而弘揚儒家之道。在理學家看來，師道重於王道，進德重於政治，試圖以個人至善的品德教育弟子，擴大社會影響；而且認爲儒家之道體現於日常行事，灑掃應對，待人接物。這樣，普通民眾皆可成爲道德完善之人。理學家「爲己」的傾向是爲統治者所欣賞和支持的，宋理宗即贊同擇善修身。清高宗於乾隆五年（1740）諭內閣云：

> 夫「爲己」二字，乃入聖之門。知爲己，則可讀之書，一一有益於身心。而日用事物之間，存養省察，闇然得修，世俗之紛華靡麗，不足動念，何患詞章聲譽之奪志哉！……誠能爲己，則《四書》、

〔註61〕《日知薈說》卷二。
〔註62〕《朱子語類》卷十三。

《五經》皆聖賢之精蘊，體而行之，爲聖賢而有餘。不能爲己，則雖舉經義治事，而督課之，立糟粕陳言，無俾實用，浮僞與詩文等耳。故學者莫先於辨志。志於爲己者，聖賢徒也；志於爲科名者，世俗之陋也。〔註63〕

理學家之學「尙己」，通過「修己」達於道之至善，以期成爲聖賢。他們並不汲汲於爲政，其學說爲弟子們廣泛傳播，由此擴大社會影響。這不通過行攻的方式，而使儒家之倫理學說可以爲社會各階層人們所接受，在客觀上間接地幫助了統治階級推行統治思想，有助於教化。理學家的這種倫理觀念確實值得統治階級的支持與鼓勵。

從上述可見理學家樹立的儒家道統，與天理、滅人欲的主張，修己進德的行爲，皆對統治階級的治道具有非常重要的意義，能爲封建社會後期的統治思想提供合理的新的理論。新儒學家的政治倫理思想精密而有系統，有承傳途徑，可爲社會各階層人們建立道德倫理的規範，故南京以來的統治者以之爲統治思想。1911年中國辛亥革命的勝利，推翻了中國最後一個封建王朝，以理學爲治道的統治思想也隨之而遭到批判，代之以新文化思想了。然而任何社會意識形態既形成之後，又具有相對的獨立性。理學也是如此，所以在辛亥革命後，作爲統治思想的理學失去了依存的社會基礎，仍難以徹底消失。國學運動中的國粹派學者們在新文化運動後依然將理學思想視爲國粹。蕭莫寒說：「宋之理學誠爲承五代以上學問家所研究之結晶，啓元明清三代治國學之門徑。故吾人研究國學者，得宋儒理學爲輔佐，則無異獲得第一把鎖鑰也。」〔註64〕何健說：「我們今日研究國學，要抱著致用而讀經的目的……其實程朱之學，重在內聖，陸王之學，重在外王。一個屬精微，一個極廣大。盡精微者偏於格物立誠這一方面，至廣大者偏於修齊治平一方面。把兩者結合起來，或可以內外兼到，後人何必強分異同呢？」〔註65〕國粹派學者們抱著通經致用、改變世道民心的目的來提倡理學思想，可見它作爲傳統文化思想即使在現代社會仍有其影響。這表明封建殘餘思想尙未完全清除。

（原刊《國學》集刊第二集 2015 年 12 月）

〔註63〕《欽定國子監志》卷首二。
〔註64〕蕭莫寒《論治國學之門徑》，《大廈學報》第 11 卷 7 期，1935 年。
〔註65〕何健《用最新的科學方法研究國學》，《國光雜誌》，第 17 期，1936 年 5 月。

評新儒學派「文以載道」觀念

一

　　二十世紀之初胡適等發起的文學革命實為白話文活動，僅是關於文學形式的改革，具有很大的局限性。早期馬克思主義者陳獨秀同時發表了《文學革命論》，觸及文學革命的內容，特別批判了「文以載道」的傳統文學觀念。他說：

> 文學本非為載道而設，而自昌黎（韓愈）以迄曾國藩所謂載道之文，不過抄襲孔、孟以來極膚淺極空泛之門面語而已。余嘗謂唐宋八家之文所謂「文以載道」，直與八大家之所謂「代聖立言」同一鼻孔出氣。〔註1〕

這使文學革命有了更深刻的反對傳統思想的意義。唐宋古文家雖然強調「文」與「道」的關係，並以復興儒家之道為己任，但「文以載道」實非他們提出的，而是新儒學派所主張的；它在中國的文學和文化思想上的影響，遠比陳獨秀所說的情形嚴重得多。古代儒學本與文學結下不解之緣。儒家經典中有《詩經》；儒家聖人孔子教育弟子因材施教而分為四科，其中即有「文學」一科；韓非曾指出「儒以文亂法」（《韓非子‧五蠹》）：因此，儒之本身即所謂文學之士〔註2〕。北宋中期興起的新儒學派，以理性思辨的方式探索儒家經典義理，從致知窮理以認識聖人之道，通過誠意、正心、修身的道德自省途徑以期實現齊家、治國、平天下的最高政治理想。這個新儒家派自稱「聖學」、

〔註1〕見《胡適古典文學研究論集》，上海古籍出版社1988年版，第73頁附錄。
〔註2〕參見郭紹虞《中國文學批評史》，上海古籍出版社1979年版，第9頁。

「正學」、「義理之學」、「性理之學」和「道學」，最後在南宋末以「理學」而被確立爲統治思想〔註3〕。新儒學派的理學家們爲了儒學的純正，試圖割斷儒學與文學的關係，對傳統的儒家文學觀念進行了修正與批評，表述了「文以載道」的觀念。

自唐代中期韓愈發起的古文運動，至北宋中期歐陽修主盟文壇而取得勝利。這一運動以復興儒學爲號召，實現散文的革新，意在使儒學與文學合而爲一。韓愈接受了傳統的儒家之道的觀念，即儒家的仁義道德。他爲儒家建立了道統，以爲儒家之道「堯以是傳之舜，舜以是傳之禹，禹以是傳之湯，湯以是傳之文、武、周公，文、武、周公以是傳之孔子，孔子傳之孟軻，軻之死，不得其傳焉。」（《原道》，《韓昌黎文集》卷一）韓愈以繼儒家道統自任，歐陽修高舉韓愈的旗幟而推進古文運動。所以蘇軾總結北宋古文運動的經驗時說：「自漢以來，道術不出於孔氏，而亂天下者多矣。晉以老莊亡，梁以佛亡，莫或正之。五百年而得韓愈，學者以愈配孟子，蓋庶幾焉。愈之後二百有餘年而得歐陽子，其學推韓愈、孟子以達於孔氏，著禮樂仁義之實以合於大道。」（《六一居士集敘》，《東坡集》卷二四）這樣在北宋古文運動勝利之後形成了一種由堯、舜、禹、湯、文王、武王、周公、孔子、孟子、韓愈、歐陽修的儒學道統，而唐宋古文家們儼然是正宗的儒學道統的繼承者。他們主張「文以貫道」、「文以明道」、「因文見道」或「文與道俱」，勉強將文學與儒學糾結一起，給學術界造成思想的紊亂。新儒學派在北宋中期興起之時，恰恰是古文運動勝利之際。理學家們努力將儒學與文學分離，以求建立一種純正的新儒學，重構新的儒家道統；爲此，他們必須批判古文運動，揭露古文家的欺騙與虛僞。伊川先生程頤說：「今之學者歧而爲三：能文者謂之文士，談經者泥爲講師，惟知道者乃儒學也。」（《河南程氏遺書》卷六）他將文人、經師與真正的儒者嚴格地加以區分，即以爲文章之學和訓詁之學皆非真正的儒學。程頤還指出韓愈因學文而及道的途徑是錯誤的，他說：「韓退之晚年所爲文，所得甚多。學本是修德，有德然後有言。退之卻是倒學了，因學文求所未至，遂亦有所得。」（吳开《優古堂詩話》引）古文家之學儒道是捨本逐末的，所以程氏教育弟子不可誤入歧途。程門弟子謝良佐說：「學者先學文，鮮有能至道，至如博觀泛覽，亦自爲害。故明道先生教予嘗曰：『賢

〔註3〕 參見拙文《新儒學之創始與名義演變過程》，《孔孟月刊》第33卷第1期，臺灣，1994年。

讀書慎勿尋數行墨』。」(《上蔡語錄》卷二）他們非常鄙視古文家。理學家之中攻擊北宋古文運動最激烈的是晦庵先生朱熹，其攻擊的對象主要針對蘇軾，因蘇軾是北宋古文運動後期的領袖〔註4〕，而且其文在南宋初年以來有著巨大的社會影響。朱熹與友人書云：

> 語及蘇學，以為世人讀之，止取文章之妙，初不於此求道，則其失自可置之。夫學者之求道，固不於蘇氏之文矣；然既取其文，則文之所述，有邪有正，有是有非，是亦皆有通焉，固求道者之所不可不講也。講去其非，以存其是，則道固於此乎在矣，而何不可之有？若曰惟其文之取，而不復識其理之是非，則是道自道，文自文也。道外有物，固不足以為道；且文而無理，又安足以為文乎！

（《與江尚書》，《晦庵集》卷三十）

他反對以文求道，更反對學習蘇文而不辨其邪正是非。他指出「道」之外無他物，意在說明蘇文是文而無理，有違於道，希望讀者善於識別。朱熹針對蘇軾關於北宋古文運動的總結性意見，尖銳地批評說：「抑嘗又以其徒（蘇軾）之說考之，則誦其言者既曰：吾（歐陽修）老將休，付之斯文矣；而又必曰：我所謂文，必與道俱。其推尊之也，既曰今之韓愈矣，而又必引夫文不在茲者以張其說。由前之說，則道之與文，吾不知其果為一耶，為二耶？由後之說，則文王、孔子之文，吾又不知其與韓、歐之文果若其班乎？否也！」（《讀唐志》，《晦庵集》卷七十）文中引用大量的蘇軾之語加以批駁。朱熹意在說明聖學為本，文章為末，聖學失傳數百年來學者皆竟尚無實之文。蘇軾雖然對韓愈和歐陽修作了很高的評價，但他們也徒事無實之文，去道甚遠。蘇軾繼歐陽修主盟，提出「文與道俱」；朱熹指出這是將文與道混為一談，將聖人之文與韓歐之文等量齊觀，都是極端錯誤的。

理學家與古文家之爭集中表現在文與道的關係上，演為「文以貫道」和「文以載道」之爭。韓愈的門人李漢在《昌黎先生集序》裡說「文者貫道之器也」，概括了古文家對文與道關係的認識。新儒學派的創始人周敦頤提出了「文以載道」，其《通書・文辭》云：

> 文所以載道也。輪轅飾而人弗從，徒飾也，況虛車乎？文辭，藝也；道德，實也。篤其實而藝者書之，美則愛，愛則傳焉。賢者得以學而至之是為教。故曰：言之無文，行之不遠。然不賢者，雖

〔註4〕詳見拙文《蘇軾與北宋古文運動》，《西南師範大學學報》1993年第4期。

　　父母臨之，師保勉之，不學也，強之不從也。不知務道德而第以文
　　辭爲能者，藝焉而已。(《周濂溪先生大全集》卷六)

「貫道」與「載道」這兩個觀念在字面的差別並不是很大的，然而它們皆各
有特定的內涵：貫道是道必藉文而顯，載道是文須因道而成。〔註5〕理學家與
古文家關於文的價值及文對道的輕重的理解是有明顯區別的。在理學家看
來，文是一種載具，如果失去主體，或主體不用它，它則是無用的虛飾，或
無用的技藝。朱熹解釋說：

　　　文所以載道，猶車所以載物。故爲車者必飾其輪轅，爲文者必
　　善其詞說，皆欲人愛而用之。然我飾之而人不用，則優爲虛飾而無
　　益於實，況不載物之車，不載道之文，雖美其飾，亦何爲乎？

　　(《周濂溪先生大全集》卷六)

朱熹辨明文與道爲二物，而文有載道之文和不載道之文，因而反對文以貫道
之說和反對不載道之文。這樣在概念上較爲明確了。他批評「文者貫道之器」
云：「這文皆是從道中流出，豈有反能貫道之理？文是文，道是道，文只是吃
飯時下飯耳。若以文貫道，卻是把本爲末。以末爲本，可乎？」(《朱子語類》
卷一三九)這說明道與文是本與末的關係，古文家學道是將本爲末了。蘇軾
的「文與道俱」，表現「文」「道」並重之意，更易迷惑人，故朱熹再次批評
云：「道者，文之根本，文者道之枝葉。惟其根本乎道，所以發之於文皆道也。
三代聖賢文章，皆從此心寫出，文便是道。今東坡之言曰『吾所謂文，必與
道俱』，則文自文而道自道，待作文時旋去討個道來入放裡面，此是它大病處。」
(《朱子語類》卷一三九)事實上蘇軾所謂的「道」，並非純粹的儒家之道，
然而朱熹從儒家之道來理解，固有其特殊的理由。朱熹認爲即是載道之文，
道與文也是根本和枝葉的關係，而「文與道俱」是將文與道分離，作文時偶
而附會，臨時找個「道」來，這樣絕不能起到載道的作用。從朱熹嚴厲批評
北宋古文運動之後，載道之文盛行，而「貫道」與「載道」之爭了結，以後
者取得社會的認同，爲理學思潮的傳播起到了推動的功效。宋季理學家王柏
發表了具有總結性的意見，他說：

　　　文以氣爲主，古有是言也。文以理爲主，近世儒者常言之。李
　　漢曰「文者貫道之器」，以一句蔽三百年，唐文之宗，而體用倒置不

―――――――――――――
〔註 5〕郭紹虞《文學觀念與其含義之變遷》，《照隅室古典文學論集》，上海古籍出版
　　　社 1983 年版，第 100 頁。

知也；必如周子曰「文者所以載道也」，而後精確不可易。夫道者形
而上者也，氣者形而下者也。形而上者不可見，必有形而下者爲之
體焉。故氣亦道也。如是之文始有正氣。（《題碧霞山人王公文集後》，
《魯齋集》卷十一）

王柏不僅要求「文以載道」，而且要求文體純正，確立了「文以載道」的權威
性。

在中國文學批評史上劉勰的《原道》與韓愈的《原道》，所講的「道」都
是傳統的儒家之道，其核心內容是「仁義」。這種社會倫理準則是較爲抽象的，
適應範圍也較廣泛。新儒學派所理解的「道」是他們刻意學習聖賢道德至善
之道，所以他們又稱其學爲「道學」，以區別於傳統的儒學。朱熹的弟子北溪
先生陳淳概括新儒學派關於「道」的解釋云：

推其根源所自來，則出於天命之自然；而語在全體所會，則實
具於吾心。惟是氣稟、物欲之交累，而致知力行等工夫少，得人勇
猛去做。如果有能做得此工夫，淨辨至到，則是理可復於我，由中
而見於四體，則目視耳聽有常度，手舉足履有常節，至於動容周旋，
無不中禮者皆仁義禮智，睟面盎背之餘而爲道德之容；見於庶事接
物，則爲父子有親，爲君臣有義，爲夫婦有別，爲長幼有序，爲朋
友有信，無不各盡其道者。（《答西蜀史杜諸友序文》，《北溪大全集》
卷三三）

這「道」即「天理」，個人剋制私欲使天理復歸，於是行爲符合「三綱」、「五
常」的要求而臻於道德純善的境界。它顯然是具有個人內省傾向和封建倫理
化的特點，這有利於封建倫理道德的普及與封建社會秩序的鞏固，使人性受
到嚴重的桎梏，意味著封建統治意識的強化。「文以載道」說引導之下產生的
是缺乏形象、沒有情感、滅絕人欲、消失個性的作品，是言理的、觀物的、
雅正的、樸拙的、道德至善的作品。這樣的作品固然體現了「天理流行」，卻
喪失了文學藝術的生命，僅是一些乾癟枯燥的勸善文字而已。

二

儒學雖與文學有著較密切的關係，而新儒學派從「文以載道」的觀點出
發企圖淡化這種關係，否定傳統的文學觀念，在本質上輕視文學的社會功能，
從而反對文學創作。程頤以爲「作文害道」，「爲文亦玩物也」（《河南程氏遺

書》卷一八）；文章「乃無用之贅言也，不止贅而已，既不得其要，則離眞失正，反害於道」（《河南程氏文集》卷九）。朱熹告誡弟子「作詩間以數句適懷亦不妨，但不用多作，蓋便是陷溺爾。當其不應事時，平淡自攝，豈不勝如思量詩句！」他認爲學者當以修身窮理爲務，「今言詩不必作，且道恐分了爲學工夫，然到極處，當自知作詩果無益。」（《朱子語類》卷一四〇）關於作詞，朱熹說：「小詞，前輩亦有爲之者，顧其詞義如何，若出於正，似無甚害，然不作更好也。」（《答孫敬甫書》，《晦庵集》卷六三）王柏將小詞視爲鄭衛之音而堅決反對，他說：「予嘗謂鄭衛之音，『二南』之罪人也；後世之樂府（詞），又鄭衛之罪人也。凡今詞家所謂膾炙人口者，則皆導淫之罪魁也。」（《雅歌序》，《魯齋集》卷五）然而理學家們在實際上又與文學創作有種種瓜葛，難以割斷聯繫。如程頤即作有《養魚記》、《褉飲詩序》、《印銘》、《聞舅氏侯無可應辟南征詩》、《謝王佺期寄丹詩》、《遊嵩山詩》等，而朱熹的詩文作品就更多了，僅其詩便有一千三百餘首，還有一卷《晦庵詞》。理學家邵雍、程顥、張載、胡宏、張栻、眞德秀、魏了翁、吳泳等，私下也是喜好文學創作的，其中魏了翁與吳泳均各有詞集傳世。這種矛盾的現象，其淵源來自儒家固有的觀念。因理學家自詡得聖人不傳之秘，自稱是儒學的正宗，而儒家聖人曾讚賞詩歌吟詠。他們爲自己竊好文學的興趣作了新的解釋，而且以爲是儒家傳統之一。孔子的弟子子路、曾皙、冉有、公西華侍坐；孔子令他們各言其志。曾皙最後說：「莫（暮）春者，春服既成，冠者五六人，童子六七人，浴於沂，風乎舞雩，詠而歸。」（《論語‧先進》）孔子讚嘆說：「吾與點（曾皙）也。」朱熹解釋云：「曾點（皙）之學，蓋有以見夫人欲盡處，天理流行，隨處充滿，無少欠闕。故其動靜之際，從容如此。而其言志，則又不過即其所居之位，樂其日用之常，初無捨己爲人之意，而其胸次悠然，直與天地萬物，上下同流，各得其所之妙，隱然自現於言外。視三子之規規於事爲之未者，其氣象不侔矣，故夫子嘆息而深許之。」（《論語集解》卷六）曾皙可謂有聖賢氣象了，理學家們以他爲學習的榜樣。濂溪先生周敦頤「雅好佳山水，復喜吟詠」（度正《彭推官詩序跋》），即有此種氣象。程顥也認爲「興於詩者，吟詠性情，函暢道德之中而歡動之，有『吾與點』氣象。」（《河南程氏外書》卷三）所謂「性情」，吳泳解釋說：「人函天地陰陽之性，則有喜怒哀樂之情。」（《情辯》，《鶴林集》卷三七）它是人所稟賦的天理與個體感性的結合，是人的自然個性。理學家以爲吟詠性情，體現天理流行，人欲消

盡，便如曾皙一樣具有聖賢氣象了。早期理學家邵雍是最喜吟詠性情的，後來魏了翁爲其詩集《擊壤集》作序云：

> 宇宙之間，飛潛動植，晦明流峙，夫孰非吾事？若有以察之，參前倚衡，造次顛沛，觸然呈露，凡皆精義妙道之發焉者。脫斯須之不在，則芸芸並軀，日夜雜糅，相代乎前，故於吾何有焉？若邵子使猶得從遊舞雩之下，浴沂詠歸，毋寧使曾皙獨見與於聖人也與？洙泗已矣，秦漢以來，諸儒無此氣象。（《鶴山集》卷五二）

邵雍觀察萬物以自適，以明化育流行，上下昭著，正能體現精義妙道，因而符合儒家「察夫天地」之意。魏了翁高度評價了邵雍，竟以爲秦漢以來僅其一人具有聖賢氣象。曾皙浴沂詠歸是一種樂趣，理學家們對此表示羨慕，似乎希望在「窮理盡性」之際，也有日常生活的樂事，或者竟能在日常生活樂事中悟得精義妙道。南宋學者羅大經說：

> 吾輩學道，須是打疊教心下快活。古曰無悶，曰不憫，曰樂則生矣，曰樂莫大焉。夫子有曲肱飲水之樂，顏子有陋巷簞瓢之樂，曾點有浴沂詠歸之樂，曾參有履穿肘見、歌若金石之樂，周（敦頤）程（顥）有愛蓮觀草、吟風弄月、望花隨柳之樂。學道而至於樂，方是眞有所得。大概於世間一切聲色嗜好洗得淨，一切榮辱得喪看得破，然後快活意思方自此生。（《鶴林玉露》丙編卷二）

這種樂趣是學者之樂，是聖賢之樂，是他們悟道之後感到天理流行、私欲盡退之樂。它與世俗的聲色嗜好之樂在文化層次上是有高低之區別的；因有這種樂趣才顯得超凡入聖。在羅氏所謂古今聖賢之樂中，曾皙浴沂詠歸與周敦頤、程顥吟風弄月、望花隨柳相同或相近。他們胸懷坦蕩，在美好的自然景物中感到美與自由的喜悅，這比孔子的曲肱飲水、顏回的簞瓢陋巷、曾參的履穿肘見的寒乞之樂是不能同日而語的。顏回等聖賢是滿足飲食、衣著的基本需要之樂；曾皙等是吟詠之樂，在人的需要層次上已屬高級的需要了。所以理學家們雖然曾探討過顏子所樂何事，也肯定顏子樂道不憂貧的精神，但他們寧可選擇吟詠之樂。在理學家看來，吟詠之樂並非是美的享受，亦非主體之自我表現，而是可以從活處觀理，於吟詠中述理。羅大經說：

> 古人觀理，每於活處看。故《詩》曰：「鳶飛戾天，魚躍於淵」。夫子曰：「逝者如斯夫，不捨晝夜」；又曰：「山梁雌雉，時哉！時哉！」孟子曰：「觀水有術，必觀其瀾」；又曰：「源泉混混，不捨晝夜。」

明道（程顥）不除窗前草，欲觀其意思與自家一般；又養小魚，欲觀其自得意：皆於活處看。故曰：「觀我生，觀其生」；又曰：「復見天地之心。」學者能如此觀理，胸襟不患不開闊，氣象不患不和平。

（《鶴林玉露》乙編卷三）

詩歌既可以吟詠性情，又可於活處觀理和述理，這當然就是載道了。吟詠之樂既然屬於聖賢氣象，也就值得效法了。那麼，文學作品若得其正是不會「害道」的，也就不是「無用之贅言」或「玩物喪志」了。這樣，理學家們在文學基本觀念和偶而文學創作之間存在著矛盾，使他們在理論上不能自圓其說，而又在染指於文學時處於兩難的心境。他們是理學家，否定文學的價值，反對創作活動；他們又是文人，難以忘情於吟風弄月的愛好。因此在宋代文學中出現了理學家之詩、理學家之詞和理學家的言理之文。它們都體現了「文以載道」的精神，形成獨特的藝術風格，自為一個流派。這是極矛盾的文化現象，它卻真實地反映了理學家從載道與衛道的觀點，自覺地改造文學，使文學失去獨立性而降為載道的工具；為此寫作了言理之文、頭巾氣之詩、雅正之詞作為範本，以擴大理學思潮的社會影響和改變傳統的文學特性。南宋以來，它在文學史上所產生的消極影響是決不可低估的。劉克莊說：「今諸公貴人憐才者少，衛道者多」（《跋湯垕孫長短句》，《後村先生大全集》卷一一一）；這是因「為洛學者皆崇性理而抑藝文」（《跋黃孝邁長短句》，《後村先生大全集》卷一○六）。宋遺民周密深沉地嘆息說：「諸老率性理，卑藝文。朱氏主程而抑蘇，呂（祖謙）《文鑒》多去取朱意，故文字多遭遺落者，極可惜。水心葉（適）氏『洛學興而文字壞』，至哉言乎！」（《浩然齋雅談》卷上）這都客觀地說明了自南宋後期理學成為統治思想之後，「文以載道」的觀念流行，文學受到嚴重的壓抑與破壞。當然，理學家吟風弄月之作也偶而出現一些獨得理趣、平淡自然的好作品，但從其總體情況而言則是失敗的。

三

理學家們在學術活動中致知窮理的執著而嚴肅的精神十分可敬，但以這種精神對待文學則顯然違反了文學的特點和規律。文學不再是服從主體內在的情感，而是屈從於外在的某種必然性，製造出的是一種假象：既非生活的真實，亦非藝術的真實。中國新儒學派同歐洲中世紀哲學家們極為相似：他們「恰恰把我們今日視為謬誤的一種觀念提舉到神化的地步；他們是人類宗

教迷誤和哲學迷誤的頌揚者，倘無對人類的絕對眞理的信念，他們不會這樣做」〔註6〕。當我們現在回顧理學家們提倡「文以載道」，並在實踐中將文學引向異化的道路時，不難發現他們那種近似宗教的狂熱與固執所陷入的迷誤；同時表明中國文學思想的進程中存在一個似乎不可避免的厄運。

自明代以來，理學作爲統治思想的地位日益鞏固。此後人們理解的「道」，即是新儒學派的「天理」，亦即「三綱」、「五常」的異化，它成爲社會價值的標準。顧炎武談到明季學風時說：「今之言學者必求諸《語錄》，《語錄》之書始於二程，前此未有也。今之語錄凡乎充棟矣。」（《下學指南序》，《亭林文集》卷六）「文以載道」的觀念隨著理學地位的鞏固而普及。統治階級以政教的方式，尤其以科舉考試的方式，強化「文化載道」觀念。明代專取《四書》及《詩》、《書》、《易》、《禮記》、《春秋》五經命題試士，謂之制義。制義之文爲程序化的「八股文」，內容則是新儒學派的「道」。這實際上廢除了唐宋以來以詩文取士的傳統，體現了封建統治階級對士人思想的禁錮，以有利於封建制度的穩固。所以「明興以八股取士，而文學遂衰。一時講學之徒，高談德性，恥言文章。經學非唐之專精，性理襲宋元之糟粕」〔註7〕。清代科舉考試沿襲明制而有所加強。各級考試均特重首場八股文。士人習舉業必須熟讀宋代理學家朱熹的《四書集注》、程頤的《易傳》、蔡沈的《書集傳》、朱熹的《詩集傳》、胡安國的《春秋傳》和元代理學家陳澔的《禮記集說》；除宋元理學家注釋的儒家經典外，還得學習康熙皇帝的《御纂性理精義》、周敦頤的《太極圖說》和《通書》、張載的《西銘》和《正蒙》。〔註8〕各級考試的首場命題範圍均在以上典籍內，這在有清一代成爲科場定例，表現了以新儒學爲中心的統治思想權威。「文以載道」的觀念因有政教手段強化推行，不僅八股文以極端的方式貫徹，其它的正統文學如詩、賦、古文，以及通俗文學如戲曲、小說等也不得不受影響。新儒學在明清時代的獨尊，遂成爲我國近代和現代所理解的傳統思想，因而在本世紀之初必然作爲新文化運動直接打倒的對象。當時提出的「覆孔孟，鏟倫常」，「把四千年的『國粹』也同時推翻」，「講禮教的就是吃人的」，「打倒孔家店」等憤激口號，究其實質是反對以新

〔註6〕引自《悲劇的誕生——尼采美學論文選》，三聯書店1986年版，第207頁。
〔註7〕胡蘊玉《中國文學史序》，引自《中國近代文論選》，人民文學出版社1981年版，第475頁。
〔註8〕參見《清史稿》卷108，《選舉》3。

儒學為代表的傳統思想的。作為新文化運動的重要組成部份之文學革命是應該徹底反對「文以載道」的，然而很可惜，新文學家們對此缺乏深入的理論認識。儒家的政治教化的文學觀，在我國根深蒂固，有良好的土壤與氣候的條件，最後形成了極端的「文以載道」觀念。它自有特定的歷史內涵，又有廣泛的社會基礎，因而很容易以各種變形的狀態在中國現代的各個時期出現，力圖使文學屈從於社會的政治的規範，在異化的過程中喪失自己的本位。當然，文學的審美絕不是超功利的，它必然受到政治的、哲學的、倫理的觀念影響，表現出一種思想和藝術的傾向。這種創作傾向如果體現了時代的審美理想，即體現了人們關於至善至美的生活的追求和至善至美的人的觀念，則其價值的等級總是與精神生活的等級相一致的。精神生活等級裡自然包含了道德價值。這種道德價值絕不是簡單地等於某個統治集團的倫理原則，它應是一個時代社會的、公眾的、民族的精神生活原則，而且有著相當的穩固性。例如通俗文學作品表現民間的「忠」、「義」、「情」等的價值觀念便不同於新儒學派和封建統治階級的價值觀念。如果作家以藝術形象生動而真實地表現了該時代精神生活的基本特徵，表現了民族一般的思想與情感的歷史，便接近了時代文化精神的本質。只有站在民族文化精神的意義上來理解時代的審美理想，才可能不致將它納入某種社會利益集團的狹窄範圍而使它具有更廣闊與崇高的意義。「文以載道」恰恰是否定文學價值而強制推行一種統治階級的政治倫理觀念。文學的社會效應的產生絕非如理學家的認識那樣單純，他們不瞭解某些循規蹈矩的道德上四平八穩的作品，表面上是有助於政治教化的，其功效似可以立竿見影，但卻不能產生美感的效應和感染的作用，也就不能令心靈震動，頑石感化，禽獸變人。可以說當某個時代對文學的功利性的要求變得極端狹隘，使文學僅成為統治集團的「載道」之具時，其所表現的時代精神生活的特徵則必然是片面的、扭曲的、畸形的、病態的，因而在民族文化精神中缺乏穩固性，遠遠偏離人類精神的本質。所以當這種文學的歷史文化背景一旦消失，它也就很快變得毫無價值而淹沒於文學歷史的長河中了。「文以載道」觀念引導下的眾多作品的歷史命運即是如此。這個文學理論批評史上的教訓，至今尚值得我們深思和總結。

（原刊《社會科學研究》1995 年第 5 期）

論黃宗羲的儒學觀念與其理學史體系之建構

　　清初著名學者黃宗羲於晚年完成《明儒學案》之後，繼而撰著《宋元儒學案》，其著述之宗旨是闡明自宋迄於明末理學的淵源與發展過程。由於《宋元儒學案》是未定稿，其後經黃百家和全祖望的修訂增補而形成今本《宋元學案》，但他們的修訂增補違背了原著之意，致使對其性質產生誤解。黃宗羲所理解的儒學是「理學之儒」，而非傳統的一般的儒學觀念。他正是根據此觀念而撰著《明儒學案》與《宋元儒學案》的。此兩著體現了著者對宋元明理學的深邃的認識並建構了理學史的體系，而在對理學的評論中表達了自己的思想。此兩著所涉及的一些學術問題，是很值得重新探討的。

一

　　北宋中期興起的新儒學——理學，或稱道學和聖學，它重新闡釋了儒學傳統，著重探討儒學的義理，形成了新的儒家學說。新儒學派為了儒學的純正，將辭章之學和訓詁之學的儒者排斥於儒林之外，以為義理之學才是真正的儒學。新儒學的創始者之一的伊川先生程頤說：「今之學者歧而為三：能文者謂之文士，談經者泥為講師，惟知道者乃儒學也。」〔註1〕他將當時的學者分為三類，認為漢唐以來的經師和唐宋古文運動以來的文章之士，他們皆非儒者，惟有理學家們才是深知儒家之道的儒者。唐宋古文大家都自稱是繼承儒學傳統的，明道先生程顥區別文士與儒者說：「學者須學文，知道者進德而

〔註1〕《河南程氏遺書》卷六，《二程遺書》，上海古籍出版社，2000年。

已……學文之功，學得一事是一事，二事是二事，觸類至於千百，至於窮盡，亦只是學，不是德。有德者不如是。故此言可為知道者言，不可為學者言。」〔註2〕學者求學問，瞭解事實；知道者是關注自我的道德修養，學習古代聖賢立身處世以增進道德。新儒學派在宋代迅速發展壯大，理學成為時代思潮，並於南宋後期上升為中國統治思想。理學家們特別注重儒學內聖成德的道統的傳承，以為儒家之道在孟子之後失傳，自北宋濂溪先生周敦頤等理學創始者才發現了儒家之秘而繼承了儒學傳統。因理學家提倡講學之風，強調師承淵源，於是在南宋後期當理學成為統治思想時，他們建立了新的道統。朱熹的弟子熊節的《性理群書句解》受到其師《伊洛淵源錄》的啟示，列出理學家傳道的派系淵源。黃榦在《聖賢道統傳授總敘論》裡總結了儒學道統的承傳關係：堯、舜、禹、湯、文王、武王、周公、孔子、顏子、曾子、子思、孟子、周敦頤、二程、朱熹。他解釋說：

> 聖賢相傳，垂世立教，燦然明白，若天之垂象昭昭然；而隱也，雖其詳細之不同，愈講而愈明也。學者之所尚道，承而固守也，違乎是則差也，故嘗撮其要旨而明之，居敬以立其身，窮理以致其知，克己以滅其私，存誠以致其實：以四者而存諸心，則千聖萬賢所以傳道而教人者，不越乎此矣！〔註3〕

這概括了理學家傳道的基本精神，宋以後的理學家們皆守奉此儒學傳統。明末孫奇逢著的《理學宗傳》較詳而系統地論述宋明理學十一家——周敦頤、程顥、程頤、張載、邵雍、朱熹、陸九淵、薛瑄、王守仁、羅洪先、顧憲成——的宗傳系統。其《理學宗傳序》云：

> 嘗思之，顏子死而聖學不傳，孟氏歿而聞知有待。漢、隋、唐三子漸演其端，濂、洛、關、閩五子大其傳。嗣是而後，地各有其人，人各鳴其說，而見有偏會，識有大小，莫不分聖人之一體焉。……蓋仲尼歿至是且二千年，由濂洛而來，且五百有餘歲矣，則姚江（王守仁）豈非紫陽（朱熹）之貞乎？余謂元公（周敦頤）接孔子先知之統，而孟子自負為見知。靜言思之，接周子之緒者，非姚江其誰與歸？〔註4〕

〔註2〕黃宗羲《宋元學案》卷十三《明道學案》引，中華書局，1986年。
〔註3〕《宋元學案》卷六十三《勉齋學案》引。
〔註4〕孫奇逢《夏峰先生集》卷四，《叢書集成初編》本。

這樣，儒學道統在理學的發展中得以承傳，淵源有自。在理學家的觀念中理學即是真正的儒學。黃宗羲的儒學觀念源於明末著名理學家劉宗周；他從劉宗周學習理學，繼承了理學家的道統。

劉宗周（1518～1645）字起東，號念臺，浙江山陰人，曾講學於蕺山，世稱蕺山先生；有《劉子遺書》與《劉蕺山集》傳世。劉宗周之學遠紹程朱，近宗王陽明之學。他在《聖學宗要序》云：「孔孟既沒，越千餘載，有宋一大儒起而承之，使孔孟之道，煥然復明於世，厥功偉焉。三百餘年而得陽明子，其傑者也。夫周子，其再生之仲尼乎？明道不讓顏子，橫渠、紫陽亦曾、思之亞，而陽明見力直追孟子。自有天地以來，前有五子，後有五子，斯道可謂不孤。」〔註 5〕其《聖學宗要》乃輯周敦頤《太極圖說》、張載《西銘》和《東銘》、程顥《識仁》和《定性書》、朱熹《中和說》、王陽明《良知自答》和《拔本塞源論》，於文之每段加評語，以這些理學經典作為學者入德之門。劉宗周於明代崇禎八年至十四年（1635～1641）在鄉閒居講學時，黃宗羲已是壯年，邀一時名士數十人前往受業，自此深得蕺山之學。理學家們特別重視個人道德修養，講求為學的工夫，以「主誠」、「持敬」、「致知」、「窮理」等作為道德修養之門徑，它們是各家傳承聖學的心法。明代中期以來，王陽明的心學盛行，它為理學的一個支派。王陽明提倡「致良知」，以為每個人皆存在判斷事物善惡是非的天賦能力，道德倫理的標準在每個人的心中。這發展了孟子的「良知」說。《孟子‧盡心上》：「人之所以不學而能者，良能也；所不慮而知者，其良知也。」「致良知」為進入聖學的門徑，雖然這在當時具有反對權威學說的積極意義，但其末流則出現束書不觀，自以為聖人，遊說無根，枯寂空疏的弊病。劉宗周甚受王陽明心學的影響，於崇禎十二年（1639）特從王氏著述中集其要語三卷為《傳信錄》以傳陽明之學。他說：「先生特本程朱之學而求之，直接孔孟之傳曰『致良知』。自此人皆知吾之心即聖人之心，吾心之知即聖人之無不知，而作聖之功，初非有加於此也。」〔註 6〕王學之弊在明末甚為顯著，劉宗周雖接受王學，卻主張「慎獨」為入德之門。《中庸》第一章：「道也者，不可須臾離也。是故君子戒慎乎其所不睹，恐懼乎其所不聞。莫見乎隱，莫顯乎微，故君子慎其獨也。」此是認為學習儒家之道，應以戒懼的心理去遏止人欲，才能對道持專一的態度。黃宗羲解釋其師之為學

〔註 5〕 劉宗周《劉子遺書》卷一，《四庫全書》本。
〔註 6〕 劉宗周《重刻傳習錄序》，《劉蕺山集》卷九，《四庫全書》本。

宗旨說：「先生宗旨爲愼獨。始從主敬入門，中年專用愼獨工夫。愼則敬，敬則誠。晚年愈精微，愈平實，本體只是些子，工夫只是些子。仍不分此爲本體，彼爲工夫。亦並無這些子可指，合於無聲無臭之本然。從嚴毅清苦之中，發爲光風霽月，消息動靜，步步實歷歷見。」〔註7〕劉宗周乃理學之儒，其愼獨宗旨及理學宗傳觀念皆對黃宗羲的學術思想產生了非常重要的影響。

黃宗羲理解的儒學，實即「理學之儒」，以「知道」、「進德」爲儒學之宗旨，承傳了自宋以來理學所傳承的儒學道統。因此他反對《宋史》從「儒林」中分列出「道學」列傳：

> 以鄒魯之盛，司馬遷但言《孔子世家》、《孔子弟子列傳》、《孟子列傳》而已，未嘗加「道學」之名也。《儒林》亦爲傳經而設，以處夫不及爲弟子者，猶之傳孔子之弟子也。歷代因之，亦是此意。周、程諸子，道德雖盛，以視孔子則猶然在弟子之列，入之《儒林》正爲允當。今無故而出之爲「道學」，在周、程未必加重，而於大一統之義乖矣。〔註8〕

道學——理學是宋代新出現的儒學派別，《宋史》於《儒林》之外別立《道學》是合於學術發展實際情況的。黃宗羲之所以反對別立《道學列傳》是因堅持理學之儒的觀念，認爲只有理學才是眞正的儒學。在《留別海昌同學序》裡，黃宗羲繼續論述了關於《宋史》之「道學」一門，然其認識已更周詳。他認爲宋代儒者已有專主「事功經制」，是儒者之改頭換面，所以《宋史》立「道學」以示區分。然而道學又分列爲理學與心學。在明季則言心學者不去讀書窮理，言理學者又專注於章句訓詁〔註9〕。因此他主張嚴格以理學宗傳爲線索以認定儒學，而反對將心學從理學中分裂出的。

理學家講求道統，是將理學從中國傳統學術中分立出來，但從學術的發展來看，漢唐的許多儒者同時又是著名的文章大家，特別是宋以來的歐陽修、王安石、曾鞏和三蘇等學者皆以文章著稱，而理學家們於文章則相形見絀。這在明末以來因有關於「學統」之爭，這涉及儒者與學者或文章家之區分。黃宗羲認爲宋元理學家朱熹、陸九淵、呂祖謙、魏了翁、眞德秀、黃榦、許

〔註7〕黃宗羲《子劉子行狀》卷下，《黃宗羲全書》第一冊，浙江古籍出版社，1985年。

〔註8〕《宋元學案》卷二《泰山學案》黃百家按語轉引。

〔註9〕黃宗羲《南雷文定》前集卷一，《續修四庫全書》第 1397 冊，上海古籍出版社，2003 年。

衡、金履祥、吳澄等，是承傳真正學統的，他們的文章亦具有《史記》和《漢書》的精神。其它如歐陽修、王安石、蘇洵、蘇軾、蘇轍、劉攽、陳亮、陳傅良、唐仲友等是學海的支流。晚宋的葉適、劉辰翁亦僅得微言大義的一部份。他反對言理學者不善文，而言文章者失於理，以為承學統者是將二者統一的〔註10〕。黃宗羲顯然以宋元著名理學家為學統之正宗，他們是區別於其它學者與文章家的。他將學統與道統等同，補足了其理學之儒的觀念。黃宗羲晚年撰者《明儒學案》和《宋元儒學案》正是依據其理學之儒的觀念以闡述理學宗傳的學術淵源，並由此建立理學史體系的。

二

黃宗羲於康熙十五年（1676）完成《明儒學案》六十二卷；此年他六十七歲。這部《明儒學案》實為明代理學史，它以著名理學家為個案，對每家之學術宗旨作出總評，繼而介紹其生平與治學情況，最後匯列有關語錄及論學之著。劉宗周著有《有明道統錄》，乃依照《名臣言行錄》之例匯列明代諸儒——理學家之言行，以示儒家之道的承傳。他還對黃宗羲說：「陽明之後不失其傳者鄒東廓（守益）、羅念庵（洪先）耳。」〔註11〕黃宗羲秉承師說，又針對自宋以來周汝登的《聖學宗傳》和孫奇逢的《理學宗傳》之疏失而重新撰述明代理學史之著。他說：

> 從來理學之書，前有周海門《聖學宗傳》，近有孫鍾元《理學宗傳》，諸儒之說頗備。然陶石簣（望齡）《與焦弱侯書》云：「海門意謂身居山澤，見聞狹陋，常願博求文獻，廣所未備，非敢便稱定本也。」且各家自有宗旨，而海門主張禪學，擾金銀銅鐵為一器是海門一人之宗旨，非各家之宗旨也。鍾元雜收，不復甄別，其批注所及未必得其要領，而其聞見亦猶海門也。學者觀羲是書，而後知兩家之疏略。〔註12〕

清代初年學術界鑒於明代學術空疏之弊，批判明代理學——王陽明心學之末流，興起了考據學與經世之學。黃宗羲在此時能從學術史的高度重新客觀地評價明代理學。他說：「嘗謂有明文章事功，皆不及前代，獨於理學，前代之

〔註10〕黃宗羲《沈昭子耿岩草序》，《南雷文定》後集卷一。
〔註11〕《子劉子行狀》卷下。
〔註12〕黃宗羲《明儒學案發凡》，《明儒學案》卷首，中華書局，1986 年。

所不及也，牛毛繭絲，無不辨晰，眞能發先儒之所未發。」〔註13〕黃宗羲認
爲明代理學的成就是超越了宋代理學的，特別是在辟釋氏的理論方面辨析最
爲深刻清晰。所以他關於明代理學史之著既是秉承師說，亦在糾正周氏與孫
氏著述之失，更旨在全面總結有明一代理學之成就。

　　黃宗羲按照其理學之儒的觀念，在全面考察明代理學的發展之後，特別
推崇王陽明之學。他認爲：

　　　　有明學術，從前習熟先儒之成說，未嘗反身理會，推見至隱，
　　　所謂「此亦一述朱，彼亦一述朱」耳……自姚江（王陽明）點出「良
　　　知人人現在，一反觀而自得」，便人人有作聖之路。故無姚江，則古
　　　來之學脈絕矣。然「致良知」一語，發自晚年，未及與學者深究其
　　　旨，後來門人各以意見攪和，說玄說妙，幾同射覆，非夫立言之本
　　　意。先生格物，謂「致吾心良知之天理於事事物物，則事事物物皆
　　　得其理。以聖人教人只是一個行，如博學、審問、愼思、明辨皆是
　　　行也。篤行之者，行此數者不已是也。」〔註14〕

王學是自宋以來理學史上的新創，影響明代中期以後理學的發展。黃宗羲在
《明儒學案》裡以王學爲中心，由此上溯明代理學家吳與弼（康齋）、陳獻章
（白沙）、薛瑄（敬軒）、呂柟（涇野）、王恕（石渠）。王學特盛，其門下形
成浙中、江右、南中、楚中、北方、粵閩各派，其末流則爲泰州學派。晚明
又別出顧憲成爲首的東林學派，而劉宗周則是王學的最後的弘揚者，亦是明
代理學的終結者。所以《明儒學案》實爲明代理學宗傳史。黃宗羲在此著中
對各家學術宗旨的探究，源流的追溯，宗派的區分，及學理的批評，均體現
了高度的理學水平。此著是一部博大精深的第一部斷代思想史，而更確切地
說則是一部明代理學史。

　　在完成《明儒學案》之後，黃宗羲又撰著《宋儒學案》和《元儒學案》，
因後者篇幅不多，遂合爲《宋元儒學案》，在他八十二歲患重病之前已基本上
完成，但爲未定稿。其後經黃百家和全祖望的修訂增補，又由王梓材與馮雲
濠據各種稿本校勘整理，於道光十八年（1838）刊刻傳世，即今之百卷本《宋
元學案》。王梓材與馮雲濠在《校刊宋元學案條例》裡云：

〔註13〕《明儒學案發凡》。
〔註14〕《明儒學案》卷十《姚江學案》。

　　梨洲（黃宗羲）原本無多，其經謝山（全祖望）續補者十居其
六七。故有梨洲原本所有，而爲謝山增損者，則標之曰「黃某原來，
全某修定」；有梨洲原本所無，而爲謝山特立者，則標之曰「全某補
本」；又有梨洲原本，謝山唯分其卷第者，則標之曰「黃某原本，全
某次定」；亦有梨洲原本，謝山分其卷第而特爲之立案者，則標之曰
「黃某原本，全某補定」。〔註15〕

王梓材與馮雲濠在校刊《宋元學案》時於每學案下均注明原本與補本情況，
並於每學案所用資料亦間注明所補者，而所附諸家案語均詳爲標明。茲據《校
刊宋元學案條例》所提供的線索，則黃氏原本計有三十一個學案：安定——
胡瑗、泰山——孫復、百源——邵雍、濂溪——周敦頤、明道——程顥、伊
川——程頤、橫渠——張載、上蔡——謝良佐、龜山——楊時、鷹山——游
酢、和靖——尹焞、武夷——胡安國、豫章——羅從彥、橫浦——張九成、
艾軒——林光朝、晦翁——朱熹、南軒——張栻、東萊——呂祖謙、梭山復
齋——陸九韶陸九齡、象山——陸九淵、勉齋——黃榦、潛齋——輔廣、木
鐘——陳埴、北溪——陳淳、鶴山——魏了翁、西山——眞德秀、北山四先
生——何基等、雙峰——饒魯、介軒——董夢程、魯齋——許衡、草廬——
吳澄。黃宗羲從嚴格的理學之儒的觀念，按照宋元理學的發展過程與宗傳關
係，完成了《宋元儒學案》的初稿。他於每個學案編輯了基本的資料，寫下
一些序錄和評論，將宗傳關係指示明確。宋代理學創自北宋中期的周敦頤，
黃宗羲追溯其淵源而認爲：「言宋儒者必冠濂溪，不復思夫有安定、泰山之在
前也。」〔註16〕故《宋元儒學案》首列安定學案，繼列泰山學案。宋代理學
自程頤大興講學之風，程門弟子眾多，使理學得以承傳和發展。黃宗羲認爲：
「程門高弟，予竊以上蔡（謝良佐）爲第一，《語錄》嘗累其手錄之。語者謂
道南一派，三傳而出朱子（熹），集諸儒之大成，當等龜山（楊時）於上蔡之
上。不知一堂功力，豈因後人軒輊！且朱子之言曰：『某少時妄志於學，頗藉
先生之言以發其趣。』則上蔡固朱子之先河也。」〔註17〕關於朱熹的學術淵
源，黃宗羲說：「龜山三傳得朱子，而其道益光。豫章（羅從彥）在（龜山）
及門中最無氣焰，而傳道卒賴之。先師（劉宗周）有云：『學脈甚微，不在氣

〔註15〕《宋元學案》卷首。
〔註16〕《宋元學案》卷二《泰山學案》。
〔註17〕《宋元學案》卷二十四《上蔡學案》。

魄上承當。』豈不信乎！」〔註 18〕這樣，以二程和朱子之學爲中心，備述其淵源與承傳關係，遂建構了宋代理學宗傳系統。全祖望在對《宋元儒學案》進行整理和補訂時，因他本是史學家，於黃宗羲原著的宗旨理解有異，便大量增補了非理學系統的學者如歐陽修、陳襄、司馬光、范鎮、劉安世、范祖禹、晁說之、趙鼎、汪應辰、唐仲友、樓昉等學案，並將王安石的新學和三蘇（蘇洵、蘇軾、蘇轍）的蜀學以附。這樣固然可以較全面地體現有宋一代之學術，但卻完全違背了黃宗羲的理學之儒的觀念，使《宋元學案》的學術水平大大低於《明儒學案》。因此我們探討黃宗羲的儒學觀念與其關於理學史體系的建構，應以其《宋元儒學案》之原本爲依據。我們將《宋元儒學案》與《明儒學案》合觀，則宋代理學發創於胡瑗，經周敦頤與二程創立，朱熹集濂洛之學的大成，再傳許衡與吳澄在元代繼續發展；至明代由吳與弼和陳獻章再傳程朱之學，繼而王陽明的心學在明代中期後盛行；劉宗周於明末將心學與程朱之學統一，成爲理學的終結。黃宗羲將理學七百年的發展過程，進行了淵源探究，宗派辨別，宗旨論斷；建立了理學史的體系。它反映了理學發展的歷史眞實，是我國傳統學術史的典範之作。

三

《宋元儒學案》與《明儒學案》之所以具有學術史的典範意義，是因黃宗羲在著述中關於理學諸家學術宗旨的明確判斷，對理學諸概念的深刻闡釋，對爭論的問題的合理的評論，尤其是對理學發展過程的流弊的嚴厲的批評。

理學家爲學的宗旨各有不同，對其認識首先是把握其宗旨。黃宗羲說：「大凡學有宗旨，是其人之得力處，亦是學者之入門處。天下之義利無窮，苟非定以一二字，如何約之，使其在我。故講學而無宗旨，即有嘉言，是無頭緒之亂絲也。」〔註 19〕理學家的爲學宗旨均概括得很簡要，它是個人道德修養的途徑，也是其論學的主張，表現出其學術的基本特徵。這是理學家與漢唐諸儒的相異之處，因而黃宗羲於各家學案非常注意對其宗旨的把握，故在《明儒學案》裡對每家宗旨皆有較詳的論述，而在《宋元儒學案》裡亦保留一些簡要的評語。關於理學創始人周敦頤的學術宗旨，黃宗羲認爲：「周子之學，

〔註18〕《宋元學案》卷三十九《豫章學案》。
〔註19〕《明儒學案發凡》。

以誠爲本。從寂然不動處握誠之本，故曰主靜立極。本立而道生，千變萬化皆從此出。化吉凶悔吝之途，而反覆其不善之動，是主靜眞得力處。靜妙於動，動即是靜。無動無靜，神也，一之聖也，天之道也。千載不傳之秘，固在是矣。」〔註20〕先秦儒家以爲儒者修身，「先正其心，欲正甚心者，先誠甚意」，誠意則須主靜，用功於在靜中默察不善意念之萌，使之歸於靜。這是周敦頤爲學之宗旨。關於程顥之學，黃宗羲說：「明道之學，以識仁爲主，渾然太和元氣之流行，其披拂於人世，亦無所不入，庶乎『所過者化』矣。故其語言流轉如彈丸，說『誠敬有之』便說『不須防檢，不須窮索』，說『執事須敬』便說『不可矜持太過』，惟恐稍有留滯，則與天不相似。」〔註21〕程顥雖然主張孔子之「仁」，但以認識「仁」爲入德之門。他對於周敦頤的「立誠」與程頤之「主敬」均理解得平易近人。朱熹雖然宗奉洛學，但實際上傳程頤之學，所以明道之學不甚流行。關於明代理學家陳獻章之學，黃宗羲以爲：「先生之學，以虛爲基本，以靜爲門戶，以四方上下，往古今來，穿紐湊合爲匡郭，以日用、常行、分殊爲功用，以勿志、勿助之間爲體認之別，以未嘗致力而應用不遺爲實得。遠之則爲曾點（孔門弟子），近之則爲堯夫（北宋邵雍），此可無疑者也。」〔註22〕明代理學自陳獻章爲學之道始入精微，他用工夫處在於「涵養」，天下之物皆無動於中，尤其注意於在日常生活中表現出高尚的德操。王陽明之學是明代理學的高峰，其學經過三次變化，最後提出「致良知」，標誌其「心學」的成熟。黃宗羲說：「先生以聖人之學，心學也。心即理也，故於致知格物之訓，不得不言：『致吾心良知之天理於事事物物，則事事物物皆得其理。』夫以知識爲知，則輕浮而不實，故必以力行爲工夫。良知感應神速，無有等待，本心之明即知，不欺本心之明即行也，不得不言『知行合一』。」〔註23〕這對王學的宗旨概括得簡明準確，成爲理解其學的關鍵。在對理學諸家宗旨的探究中，表現了黃宗羲對諸家之學的深入理解，他對諸家之學異同的辨析，使我們易於認識他們各自的學術特質。

宋明理學家從傳統儒學中發掘出諸多新的概念，其內涵極爲豐富，往往是一個哲學範疇。諸家對這些概念或範疇並無確切的解說，以致造成研究理

〔註20〕 《宋元學案》卷十二《濂溪學案》。
〔註21〕 《宋元學案》卷十三《明道學案》。
〔註22〕 《明儒學案》卷五《白沙學案》。
〔註23〕 《明儒學案》卷十《姚江學案》。

學的一些障礙。黃宗羲於諸家學案中凡涉及重要概念均作了簡明的闡釋，例如關於「心」與「性」，他說：「夫在天為氣者，在人為心；在天為理者，在人為性。理氣如是，則心性亦如是，決無異也。人受天之氣以生，祇有一心而已，而一動一靜，喜怒哀樂，循環無已。當惻隱處自惻隱，當羞惡處自羞惡，當恭敬處自恭敬，當是非處自是非，千頭萬緒，感應紛紜，歷然不能謂者，即是所謂性也。初非別有一物，立於心之先，附於心之中也。」〔註 24〕這是以王陽明心學來解釋「心」與「性」的關係，而且繼承了宋代理學家將自然與人之心性聯繫，以指示完善人的道德修養之路。關於「理一分殊」，朱熹曾說：「余之始學，亦務為籠侗宏闊之言，好同而惡異，喜大而恥於小。而延平（李侗）之言曰：『吾儒之學，所以異於諸異端者，理一而分殊也。理不患其不一，所以難者分殊耳。』余心疑而不服，以為天下之理一而已，何為多事若是。同安官餘，以延平之言反覆思之，始知其不我欺矣。」黃宗羲評云：「自朱子為是言，於是後之學者，多向分殊上理會，以自託於窮理之說，而支離之患生矣。若不見理一，則茫然不知何者為殊，殊一殊個甚麼？為學次第鮮有不亂者。切莫將朱子之言錯會。」〔註 25〕這辨清了理的統一與分異的關係，若不見理的統一性，則不能見到理的變異，二者之間是存在辯證關係的。關於「敬」理學家發揮《周易·坤》「敬以直內，義以方外」之意，特為程頤所提倡，其意有兩層：一是由「敬」入「誠」，於治學主張專致；一是尊師重道，首先表現為對師長的尊敬。黃宗羲說：「此即『涵養用敬，進學致和』宗旨所由立也。……敬，只是主一。主一則既不之東，又不之西，如是則只是中；既不之此，又不之彼，如是則只是內。存此則自然天理明白。」〔註 26〕他又補充說：「自周元公主靜，立人極開宗，明道以靜字稍偏，不若專主於敬，然亦恐以把持為敬，有傷於靜，故時時提起。伊川則以敬字未盡，益之以窮理之說，而曰『涵養須用敬，進學在致知』，又曰『只守一個敬字，不知集義，卻是都無事也』；然隨曰『敬以直內，義以方外，合內外之道』。蓋恐學者作兩項工夫用也。」〔註 27〕理學家們從儒家典籍中尋求到一些關於性與與道德的概念加以發揮，很注重治學——道德修養的門徑。他們各家對一些

〔註 24〕 《明儒學案》卷四十七《諸儒學案》。
〔註 25〕 《宋元學案》卷三十九《豫章學案》。
〔註 26〕 《宋元學案》卷十五《伊川學案上》。
〔註 27〕 《宋元學案》卷十六《伊川學案下》。

重要概念的理解是不完全相同的，所以黃宗義在探討各家宗旨時作了闡釋，並比較異同，使學者易於理解各家之宗旨。

關於理學家之間的一些爭論的問題，黃宗義是將理學思想視為一個揚棄的過程，在更高的學理意義上看待它們的是非。周敦頤的《太極圖說》是新儒學的理論基礎，是關於哲學本體之說。他提出：「無極而太極。太極動而生陽，靜而生陰。靜極復動。一動一靜，互為其根。分陰分陽，兩儀立焉。陽變陰合，而生水火木金土，五氣布順，四時行焉。」〔註28〕由陰陽變化而產生萬物，分別善惡；聖人與天地之德合，以中正仁義為道之原，以主靜為入道德之門。周氏此說來源極複雜，南宋理學家陸九淵懷疑它非周子之說，尤其是關於「無極」的問題。朱熹為此與陸九淵反覆辯論，莫衷一是。黃宗義評論云：「朱陸往復，幾近萬言，亦可謂無余蘊矣。然所爭只在字義，先後之間，究竟無以大相異也。惟是朱子謂『無極即是無形，太極即是有理，在無物之前而未嘗不立，有物之後在陰陽之外而未嘗不行於陰陽之中』。此朱子自以理先氣後解周子，亦未得周子之意也。羅整庵（順欽）《困知記》謂：『無極之真，二五之精，妙合而凝；三語不能無疑。凡物必兩而後可以言合。太極與陰陽，果二物乎？其為物也果二，則方其未合之先，各安在耶？朱子終身認理、氣為二物，其原蓋出於此。』不知此二語，正明理氣不可相離，故加妙合以形容之，猶《中庸》言『體物而不可遺』也。非『二五之精』，則亦無所謂『無極之真』矣。朱子言無形而有理即是，是尋『無極之真』於『二五之精』之外，雖曰無形而實有物，亦豈無極之意乎！」〔註29〕這是從理學思辨的角度來評論關於「無極」的問題，思辨已臻於高境。黃宗義是主張「理」與「氣」同在的，肯定了周子之說。在關於《太極圖說》之爭後，陸九淵與兄九齡又同朱熹相會於江西鵝湖寺，以詩倡和，展開了治學方法之爭。黃宗義作了長篇評論，他最後說：「且夫講學者，所以明道也。道在撙節退讓，大公無我，用不得好勇鬥狠於其間，以先自居於悖戾。二先生同植綱常，同扶名教，同宗孔孟，即使意見終於不合，亦不過仁者見仁，知者見知，所謂『學焉而得其性之所近。』原無有背於聖人，矧夫晚年又志同道合乎！」〔註30〕這從整個新儒學之宗旨來看，朱陸之爭是異中有同的。他認為朱陸兩先生應

〔註28〕《宋元學案》卷十二《濂溪學案》。

〔註29〕同上。

〔註30〕《宋元學案》卷五十八《象山學案》。

該共扶「聖道」，然而從他們異同之辨，又使儒道更明於天下後世。關於王陽明的心學，在明代即有學者認爲它出自禪學，此前宋代理學即與禪學存在極爲隱微的聯繫。黃宗羲論及王學的宗旨後評析云：「儒、釋界限只一個理字。釋氏關於天地萬物之理，一切置之度外，更不復講，而只守此明覺；世儒則不恃於明覺，而求理於天地萬物之間，所以絕異。然其歸理於天地萬物，歸明覺於吾心，則一也。向外尋理，終是無源之水，無根之木，縱使合得，本體上已費轉手，故沿門乞火與合眼見闇，相去不遠。先生（王陽明）點出心之所在爲心，不在明覺而在天理，金鏡已墜而復收，遂使儒、釋疆界，渺若山河，此有目者所共也。」〔註 31〕在對待「理」的態度上，儒家與佛家是不相同的。王陽明致良知於事物，事物皆得其理的見解，使儒、釋相區別了。黃宗羲的許多評論，在學理上是很深刻的，能啓發我們對理學問題的認識。

儒家的最高政治目的在於「治國平天下」，強調經世致用，具有入世的積極進取的態度。理學家則更關注「修身」，提高個人道德修養，以具有「聖賢氣象」爲最高的道德境界。他們一般將所學僅限於人生日用，而有退避社會的傾向；而且因重在傳道，遂忽視對學術的追求。這種傾向在明代王學盛行之後，其弊端尤爲顯著。黃宗羲的哲學思想屬於理學的心學範疇，然而他清楚地見到理學之弊，並給予批判。南宋初年以來「道學」——理學曾被認爲是「僞學」而遭到禁黜，南宋中期以後解禁，附會者眾多，如宋人周密說：「世又有一種淺陋之士，自視無堪以爲進取之地，輒亦自附於道學之名，褒衣博帶，危坐闊步，或抄節語錄以資高談，或閉目合眼號爲默識。而扣擊其所學，則於古今無所聞知；考驗其所行，則於義利無所分別。」〔註 32〕黃宗羲在考察宋代理學的發展後也同樣發現：「自嘉定以來，黨禁既開，人各以朱子之學爲進取之具，天樂淺而世好深，所就日下，而剿掠見聞以欺世盜名者，尤不足數。」〔註 33〕明代王學的末流發展爲泰州學派，黃宗羲批評說：「陽明先生之學有泰州（王艮）、龍溪（王畿）而風行天下，亦因泰州、龍溪而漸失其傳……泰州之後，其人多能以赤手搏蛇，傳至顏山農（鈞）、何心隱（梁汝元）一派，遂復非名教之所能羈絡矣。顧端文（憲成）曰：『心隱輩坐在利欲膠漆盆中，所以能鼓動得人，只緣他一種聰明，亦自有不可到處。』宗羲以爲非其聰明，

〔註31〕《明儒學案》卷十《姚江學案》。
〔註32〕周密《齊東野語》卷十一。
〔註33〕《宋元學案》卷八十二《北山四先生學案》。

正其學術也。所謂祖師禪者，以作用見性。諸公掀翻天地，前不見有古人，後不見有來者。釋氏一棒一喝，當機橫行，放下拄杖，便如愚人一般。」〔註34〕這些理學家自以為聖人，小慧充斥，流入狂禪，善於掩飾其愚人一面，給晚明學術帶來巨大的危害。黃宗羲在《贈編修弁玉吳君墓誌銘》裡集中地批判晚明心學云：

> 儒者之學，經天緯地，而後世乃以語錄為究竟，僅附問答一二條於伊洛門下，便廁儒者之列，假其名以欺世。治財富者則目為聚斂，開闔扦邊者則目為粗材，讀書作文者則目為玩物喪志，留心政事者則目為俗吏。徒以生民立極，天地立心，萬事開太平之闊論鈐束天下。一旦有大夫之憂，當報國之日，則默然張口，如坐雲霧。世道以是潦倒泥腐，遂使尚論者以立功建業別是法門，而非儒者之所與也。〔註35〕

明王朝滅亡的歷史原因複雜，但由王學而導致空疏狂怪的學風，卻因此在清初得到清算，從而提倡經世之學和考據之學。黃宗羲是蕺山先生劉宗周之學的傳人，在他全面考察七百年理學的歷史後，對理學有較為客觀而合理的認識。他於理學在中國學術史上的終結之時，肯定理學在儒學發展過程的意義，從理學各派的分歧而見到其整體的共同性，在高度評價理學的創新時而又清醒地批判其流弊。因此由其《宋元儒學案》和《明儒學案》所建構的理學史體系，是對理學的學術總結，亦是中國最為深刻的專學的學術史。我們讀這兩部巨著時，常常見到著者理性思辨的高度及含蘊的探索真理的精神。

（原刊《孔孟學報》第 92 期 2014 年）

〔註34〕 《明儒學案》卷三十二《泰州學案》。
〔註35〕 《南雷文定》後集卷三。

附錄：獨特的道路，廣闊的視野
——文學史家謝桃坊先生訪談錄

湯　君

　　謝桃坊，1935年生，成都人，1960年畢業於西南師範學院中國語文系，現爲四川省社會科學院文學所研究員。著有《柳永》、《蘇軾詩研究》、《宋詞概論》、《中國詞學史》、《宋詞辨》、《詞學辨》、《宋詞論集》、《唐宋詞譜校正》、《敦煌文化尋繹》、《中國市民文學史》、《四川國學小史》、《國學論集》等，發表專業學術論文兩百餘篇。本刊特別委託四川師範大學文學院湯君教授採訪謝桃坊先生，並根據錄音整理成此訪談錄，以饗讀者。

　　今天是2015年9月4日，因紀念抗日戰爭勝利七十週年休假，我受《文藝研究》編輯部委託，特到四川社會科學院宿舍拜訪詞學家、文學史家謝桃坊先生。謝先生仍然住在四川社科院最角落的一套五十餘平米的老房子裡。他的書房名奭齋，其含義頗隱晦，面積只有十平米左右，圖書四壁立，整整齊齊，還有一個傳統的卡片櫃。書房的窗戶北向，可見成都錦江的秀麗風姿。先生今年滿八十，本是杖朝之年，但身心健康，起居有常。早上喜到附近百花潭公園進行一小時的較強度體育鍛鍊。先生平素不喜煙酒，惟好飲茶。每日早上把茶喝舒服，即開始做學問了。

一、曲折坎坷的人生之路與學海歷程

　　湯君　謝老師，就我所知，您的研究範圍是非常廣泛的。可否請您談談早期治學道路的選擇以及學術基礎的鋪墊？

　　謝桃坊　也不是很廣泛。我的學術道路的確有點特殊。我讀小學是渾渾噩噩的，簡直記不得學的啥子。我父親文化不高，是做小生意的。母親不識

字，根本不管我。在小學的成績，每學期放榜，我都在乙等，平均成績七十多分，我不如好多同學。1947 年底我畢業了，父親叫我去賣紙煙。我賣了半年紙煙，後來父親看我這樣下去也不行，就送我到牛市口場口外劉家院子去讀私塾。老師劉杲新先生字少農，老百姓都喊他劉少農。他曾經是軍閥劉存厚的幕僚，那時叫師爺；劉存厚垮臺之後，他在鄉下教書。我父親把我送到他那兒去了。劉杲新先生接觸過維新思想，讀過梁啓超的著作。他的字寫得好，我還留有他的手跡。他對我與那些學生不同，不要求我背書。我去就讀《四書》，上午我自己看朱熹的注釋，他偶而講一兩段。下午先寫字，大字和小字。寫了字，他有時候出個作文題，或者有時出個上聯。

湯君　我很好奇的是，他想通過這種方式教會學生什麼呢？

謝桃坊　他不教啥子，就叫你做。我那時買到一本江都余春亭的《詩韻集成》，那是平水韻，它有注釋。他說你把《唐詩三百首》裡頭的律詩注出來是哪個韻部。要注出來，就得去翻《詩韻》。因爲律詩都用平聲韻，我注了幾十首過後，不看《詩韻》就知道屬於哪個韻部的了。

湯君　那豈不是我們現在要記這些韻部，也都可以運用這個方法？

謝桃坊　對，這個方法最好，最好！通過這些訓練，我一下子就懂韻部了，也懂得平仄了。《四書》我半年就讀完了。我家裡有一部《古文觀止》，他給我圈，教我讀，也沒有讀完。有一次我拿了家裡的兩個銀元，去廣益書局買了好幾本書，有《莊子》、《左傳》、《戰國策》、《周易》。他不要求我讀哪本書，我想讀哪本書他就給我講一下。我背後是他的書架，只有三部書：《香豔叢書》、《古今說部叢書》，是筆記雜書，是商務印館的排印本；還有一部《八賢手箚》。那陣子我慢慢的讀它們，這樣擴大了視野。書房隔壁是祠堂。當時一位大學生，也是他們本家的，他每天早上做農活過後，大約十點鐘的樣子回來了，就在祠堂裡面高聲吟誦詩句和古文。他吟誦得很好，我聽了以後就學會了詩文吟誦的方法了。那時候有一種好奇的心理，凡是古書我都想讀，讀不懂的也讀。劉杲新先生使我產生讀書的興趣，引起我對知識的渴求，我覺得作爲一位老師來說，做到這一點就夠了。1950 年秋回農村，我參加清匪反霸、減租退押和土地改革。我當青年組長，文教委員，我那陣積極得很，家庭成分也好，好像新中國就在培養這批年輕人。從那時起，我接受了新文學。我在當文教委員的時候，蘇姓地主院子裡頭，堆了一屋子書。我拿了一本《離騷》和《花間集》回去。

湯君　這就注定了一輩子的軌跡。

謝桃坊　但是新書我也接觸了些。那個地主是懂新文化的，他的書給我印象最深的是三本新書：一是《高爾基傳》，不曉得哪個寫的，我很認眞的讀了，很感動。一是趙樹理的小說《李家莊的變遷》，土紙印的，寫土地改革。還有無名氏的《塔裡的女人》。在農協會辦公室訂有各種報紙，如《川西農民報》、《說說唱唱》等，這些我讀了很多，吸收了新的東西。1952 年 9 月，我才十七歲，參加了成都市工農業餘教育工作，以後又轉到小教。我參加工作後，仍然很想讀書。當時看到同事的馬列主義水準非常高，我羨慕得很，於是我就開始讀系統的馬列主義著作，但是讀不大懂。范文瀾的《中國通史簡編》和《中國近代史》對我影響很大，我認眞讀了的，而且很記得。我在搞普選工作的時候，也在讀，床頭就放著。

湯君　您的自學能力特別強，而且能夠指導自己的人生。

謝桃坊　1954 年我轉到了小學去工作，教歷史和語文，那段時間自學就更強烈了。當時喜歡寫新詩，寫小說，讀了很多書。我覺得認眞讀過的書對我影響很大又獲得比較系統知識的是蘇聯薛格諾夫的《西洋哲學史簡編》。這本書使我對西方的哲學有了整個的概念，視野開闊了。還有尙鉞的《中國歷史綱要》，我讀得很細；它跟《中國通史簡編》寫得不同，理論性更強。弗里契的《歐洲文學發展史》，因爲我沒有讀過那些作品的原著，看不懂。斯特洛果維奇的《邏輯學》，也讀不懂。此外，反覆讀了幾次的是《唯物與經驗批判論》和《哲學筆記》。我也讀了梁啓超的《清代學術概論》與何兆清的《科學思想概論》。那段時間讀得很雜，都是自學，自己寫筆記，寫要點。晚上，下了學習後，其它老師都去馴馬橋那裏吃酒、吃麵，我就一個人坐在那兒讀書。

湯君　我從您剛才說的這麼多書單子來看，感覺人這一輩子，沒有哪一本書是白讀的。這些東西對您來說都很了不起，都有用。

謝桃坊　所以 1956 年可以自由報考高校我才考得起，成績也比較好。你看，這一段經歷，一是我沒有讀過中學，是私塾開啓了我的智慧；然後參加工作有一定的社會實踐經驗，還有一定的教學經驗；而且通過自學，獲得了多種知識。從那時起我就喜歡文藝理論了，或者哲學。1956 年考入西南師範學院後，當時想成爲文學理論批評家，自己定了一個非常龐大的計劃，要建立一個紮實的理論基礎，外國歷史，西方哲學史，中國思想史、哲學史，中國整個學術史，都要熟悉。第一步先學中國思想史，以侯外廬的《中國思想

通史》和呂振羽的《中國政治思想史》爲綱。我第一學年，從《周易》、《老子》，一直到《宋元學案》、王夫之的著作，以及近代廖平的著作，這條線索，是拉通了的。俞樾編的《諸子集成》我是讀完了的。我還把前四史即《史記》、《漢書》、《三國志》和《後漢書》讀完了，把《資治通鑒》看完了。十三經沒有必要詳細讀完，我看黃侃點校的《白文十三經》，通讀後有個印象：中國的文化內容我曉得了，儒家經典這些東西我曉得了。我又發現教師閱覽室咋那麼多書，簡直是狂喜。我把《四部備要》的書目抄完，因爲我很重視目錄。當時在歷史系閱覽室，我把《四庫全書總目提要》和《中國叢書綜錄》抄了很多，足足一本。

湯君　讀書最多的階段對您來說大概就是這一時期？

謝桃坊　1957 年我的道路改變了。我不願意接近老師，怕給老師帶來政治上的災害。老師也不願意接近我們。我情節比較輕，態度比較好，留校學習，但是我們就成爲一種特殊的群體。那些同學在管我們，我們沒得言論、行動的自由，經常喊我們勞動，課程就時斷時續。

湯君　您在大學的遭遇這些事情，當時家裡人知道嗎？

謝桃坊　家裡不知道，我沒有跟家裡說。我讀書三年不回家，1959 年那一年暑假我回家，也沒給家裡說。但是我父親在人民公社伙食團做管理工作，他們內部說了。他回來問我，我說是。父親不責備我，他認爲我成熟了。他說：「社會就是暗中有很多機關。」這個機關是啥子意思呢？像武俠小說中描寫的那樣，在暗道，你一進去，刀光劍器就出來了；或者你踩到什麼翻板，一下就把你翻下去了；或者掉個什麼東西把你整到，那個就叫機關。他說：「社會好像就是有各種暗藏的機關，你弄不好就遭。」1958 年以後，我就決定研究宋詞。

湯君　契機呢？

謝桃坊　契機就是我曾經搞了一段文史研究，主要是地方文史，覺得不適合我。我覺得沒得興趣，沒有多大的意義。我想找一個專業，即能滿足我理性需要，又能滿足我感性需要，所以後來我想走純學術道路，就選擇了宋詞研究。

湯君　您現在是詞學研究的大家了。

謝桃坊　算不上。我就開始搜集能夠見到的詞學資料。我入學的那年，吳則虞先生剛剛從西師調到中國科學院。他是研究中國先秦哲學的，研究詞

學的成就也非常高，給西師買了很多詞學書籍。他買的我都看過。我曾經發現《四部備要》本的清眞詞，還有他批的。他編的《詞的知識》我摘錄了很多。那陣子基本上能夠見到的詞學書籍，我全部分類做了筆記，現在還保存了一本收集的資料。我感到很奇怪的是，毛晉編的《六十名家詞》我把它讀完了。萬樹的《詞律》，我也讀完了。讀完能夠見到的詞學書籍後，我已經完全掌握了詩詞格律。大約在 1960 年上半年，我又泛讀各種書籍。當時想到，一旦離開高校出去，是不容易讀到這麼多書的。所以，敦煌學書籍，那時能夠見到的也都讀了。另外，涉獵了語言學、美學、經濟學、西方哲學、心理學、催眠術、精神分析學。那時候奇奇怪怪，狼吞虎嚥讀了很多書，而且記了很多筆記。這些筆記基本上都保存到現在。我覺得年輕時候泛觀博覽相當好。在大學四年中，我是學無師承，沒得業師，沒得哪個指導我，完全靠自學。我認爲自學就是杜甫說的「轉益多師是吾師。」比如我讀那些學術著作，看人家的思想是如何表達的，他有啥子特別的思想，他怎樣研究那些問題的，他們採用了啥子方法，他的基本學術觀點是啥子，哪些我可以接受，哪些是我不接受的；從當中獲得了系統的知識或者受啓發，或者接受了某些思想，它就是你的老師。所以我的人生道路和治學道路很奇特，基本上以自學爲主，沒得師承，沒有讀過中學，還有二十年的苦難日子，其間當了十五年農民。你說我這治學道路是不是很特殊？1980 年參加中國社科院考試，那時我在聖燈中學教語文，報考的是副研究員，以助理研究員錄取。進了社科院以後，我找到了人生的歸宿，應該說治學道路就很正規了，但是跟你們現在的治學又有點不同：首先，我是按照我的意願在做，我想研究啥子就研究啥子。我一到社科院就準備研究詞學。我不參加任何集體項目，不申請任何課題，保持獨立和自由，也不參加這裡的人事糾紛和派系鬥爭。我按照自己的路子走，這個與你們有點不同。

湯君　我們這一輩大都是大學畢業，讀碩士，讀博士，到高校工作，彷彿是從工廠批發出來的一群人。

謝桃坊　應該說是很正規的，這樣很好，但是我們那一代就不同了。我們那一代學者跟二十世紀上半葉那些學者有相通的地方，但是因爲政治背景不同，就有更艱難的地方。

二、時代特色下的學術觀點和治學方法

湯君　您在那樣特別的年代裡，短暫而又艱辛的大學階段，居然如饑似渴地通過強大的自學能力，自覺接受了中國思想史、中國古典文獻學、文藝學、文化學、西方哲學、史學、美學、詞學、敦煌學等等，建立了如此廣泛的知識結構，真的了不起。難怪我在拜讀您每一部著作或每一篇文章時都有一種突出的感覺，就是你有自己特殊的深厚理論素養和科學研究方法。

謝桃坊　你的感覺是對的。其實也不外乎就是在五四新文化運動精神影響下的歷史唯物主義的學術觀點，以及理論的、歷史的、科學考證的學術方法。我們那個時代的人，很自然的會接受這些並用之於學術。

湯君　我素日拜讀您的著述的時候，明顯察覺到了這些，但「欲辨已忘言」，不能總結得這麼簡潔而純粹。今天您一語道破天機。

謝桃坊　是這樣的：我們那個年代接觸的都是蘇聯的文藝理論。我們讀大學時，講文藝理論的是潘仁齋先生，基本上採用的都是蘇聯的文藝理論。我自己認真讀過的有畢達可夫的《文藝學引論》，還抄了很多下來。以前，我還讀過維諾格拉多夫的《新文學教程》等。文藝理論方面對我影響最大的是季莫菲耶夫的《文學原理》，現在看來，去掉它某些部份，它比任何一家學術都有價值，或者說更適合我用。此外，在讀大學之前，我很喜歡讀《杜勃羅留波夫選集》。這是個天才的文學批評家，辛未艾譯的，譯得好。此後，我也很喜歡法國泰納的《藝術哲學》。此外，還有車爾尼雪夫斯基的《生活與美學》，周揚譯的。另外就是，（上個世紀）從五十年代起，人民文學出版社編的《古典文藝理論譯叢》，我很喜歡，現在還保留幾冊。大概我的文藝理論是受到這些方面的影響。

湯君　我記得最初向您請教學問的時候，您也給我介紹過這些書目，並叮囑我要積纍一定的文學理論修養。

謝桃坊　談到西方的文藝理論，它必然就與哲學密切相關。我年輕的時候，也曾經喜歡新文學。後來自學了歷史、邏輯學以及其它學問之後，我更喜歡哲學。這方面對我影響比較大的、讓我從中獲得了真正的知識的，是薛格諾夫的《西洋哲學史簡編》。因為我沒有讀過中學，缺乏科學知識，我又讀了何兆清先生的《科學思想概論》。這兩部書使我獲得了比較系統的西方哲學知識。以後我又讀了亞里斯多德、柏拉圖、黑格爾、費希特、康德、休謨的古典哲學著作。但這些著作我讀得是半懂不懂的，因為都很深奧。後來讀馬

克思的博士論文，以及他的《1844年經濟學哲學手稿》，還有列寧的《哲學筆記》等，收穫更多些。我讀這些哲學書，主要是接受其中的一些個別的論點，而且把它們抄成卡片。

湯君　實際上這是您的揚棄過程？

謝桃坊　哎呀，也談不上揚棄。因為我無法接受他們的體系，我讀得並不太懂。他們的體系都很奇特，我只能接受他們個別的觀點。比如我們舉幾個例子：「最豐富的是具體的和主觀的」，「本質具有某種假象」，「在必然性中生活並不是一個必然性」，「真理是過程」，「常識一跨入廣闊的研究領域就會遭到最驚人的變故」，「凡是在精神上最活躍的東西沒有批判能夠予以毀滅」，「留意意外之事是研究決策工作者的座右銘」。像這些論斷，你初聽會感到驚奇，但確實是真理。

湯君　您以後是在生活經驗中檢驗這些理論更多呢？還是在文學研究中檢驗得更多？理論的積累對於文學的研究到底有多重要？

謝桃坊　這些東西呢，主要是在文學研究中來印證，或者說用這些理論來指導研究，跟生活倒還沒有多大聯繫。我們那一代人有個特點，就是很喜歡學習馬克思主義哲學。

湯君　理論深度對於古典文學研究究竟有多重要？

謝桃坊　可以說相當重要！每個研究對象中，都有其自身特殊的學理。當你接觸到具體的研究對象時，要把它從專業方面談得很夠，這就不是一般的理論能夠解決的，那是修養。因為你有了這個修養之後，你去發揮學術問題的學理，它就能夠達到很高的層次，而且是專業高度的理論水準。任何學術研究，如果缺乏學理的高度，那就始終沒有靈魂。

湯君　可不可以進一步解釋一下什麼是學理？因為可能很多年輕人不太懂得這一點。

謝桃坊　比如研究具體學術問題，怎麼樣從事實上升到理論層次？這個東西要從研究中總結出來。

湯君　您的多部學術著述，不管考證類的文章也好，研究類的文章也好，它好像並沒有一個明顯的某一家的系統理論，但是整個結論都有一種令人感動的情懷。還有您總結出的一些歷史經驗和文學情感，又總是很有深度，很有道理。

謝桃坊　是這樣的。曾經有學生問過我：「謝老師，你有沒有文學理論？」我說：「我沒有。我所面對的是一個一個具體的問題，我只探討具體問題。」我是想把每一個具體的問題，從事實的研究、分析，然後將它的意義或者說是價值判斷力求在理論上站得住腳，可能就夠了。如果我寫一部書，我總得表達一種觀念，通過具體的分析論述，整體上給讀者一個觀念。

湯君　您做學問非常關注現實？

謝桃坊　嗨！我對現實，其實也並不是怎麼關注。我更關注學術現實的情況。因爲我們研究學術的如果不瞭解整個學術的情況，不適應它，你的著作出版社就不接受，讀者就不歡迎，所以你必須關注整個學術發展趨勢。我所謂整個學術發展趨勢，它應該包括這幾個方面：第一，你應該熟悉中國哲學社會科學的雜誌，你應該曉得它的性質，它發表的文章情況？你要曉得出版信息，出版了那些書，哪些出版社偏重出哪些書？此外，你還應該瞭解學術界以前的狀況，現在的狀況，具體到你的同行在進行啥子專案的研究，而且要善於分析同行或者同事他們治學的優長。這樣綜合起來，你會看到，目前你從事這個專業，發展到什麼程度了。那麼，無論做什麼，能預見到下一步它可能向哪一步發展，我就先做這個工作。

湯君　您很理性、理智、很適度。您有深厚的理論修養，但卻樂於做辛勤地考證。幾乎您所有的著作都是實證的和理論的，然後付之於完美的表述。您既善於發掘材料的思想意義或文化內涵，也善於在實證的過程中展現合理的內在邏輯結構，然後輔之以純淨、雅致、準確、流暢的書面白話的表述方式，所以您不管是專業的詞學、詩學、國學、蜀學著述，還是較爲通俗的市民文學、敦煌學的著述，都具有很強的可讀性，無論是學理還是實證方面均經得起競爭激烈的學術界的檢驗，影響日益廣泛，著作也一版再版。

謝桃坊　必須要把它們結合起來。比如說我研究某位詞人，我如果在他生平事蹟，在他作品的眞僞上，還有其它某個事蹟上有所發現，糾正了前人的錯誤，進入藝術分析，再進入理論探討，就會有一個獨特的路子，就和別人不同。因爲我有新的基礎和依據，就可能取得比較好的成果。如果完全借用人家的，就不行。

湯君　所以，您的研究方法，是根據具體的研究對象來靈活確定的。

三、從詞學到國學以及三部插曲

湯君　謝老師，顯然在學術上，您是一個多產的多面手。但第一成就，還是當屬詞學，所以一般學術界會稱您爲詞學名家。您第一篇詞學論文是怎麼寫成的？

謝桃坊　我第一篇詞學論文，是到四川社科院來之前，就早已經寫好《宋代民間詞論略》。我初到社科院，也就是進入了學術界，一切都陌生。要在學術界突破，就必須選擇一個人家研究得很少的，或者沒有研究過的課題，所以我選擇《宋代民間詞論略》。這篇文章在《貴州社會科學》第 3 期發表了，被《中國古代、近代文學研究》全文轉載。1983 年，突然發表了幾篇文章，一篇是在《光明日報》的《文學遺產》發表的《略談夢窗詞與我國傳統創作方法》，在《文學遺產》季刊發表《張炎詞論略》，又在《中華文史論叢》發了《宋代歌妓考略》。這三篇很重要，那一年我一下就成名了。

湯君　這並不意外。根據您前期的積纍，其實也正是厚積薄發的階段。

謝桃坊　我的《柳永》的小冊子，也在上海古籍出版社出版了。然後約我寫宋詞賞析的也多了，大概寫了五六十篇。僅是《唐宋詞鑒賞辭典》，我就寫了 32 篇，把我寫累了。《柳永》那個小冊子規定只能寫五萬多字，我花了 40 天就寫起。我交給上海古籍出版社，問編輯還需不需要修改？他說不修改了。當時我準備把我原來讀大學時寫的《宋詞發展史略》擴大一下，寫 30 萬字左右。後來我知道詞學界已經有人在寫宋詞史，我再寫出來就沒有啥意思了。另外，我認爲一般的宋詞史，雖然比較全面，但是學術價值不高，就是說它沒有達到一定的深度。它可能面廣，有系統，但是價值不是很大，所以我確定了寫《宋名家詞研究》。

湯君　這個題目貌似很簡單，但是你要確定哪些是名家詞呢？你的標準要和其它的人不同。

謝桃坊　這的確很麻煩。第一個要確定哪些是名家？這個事情就不好辦。毛晉編的《宋六十名家詞》實爲六十一家。周濟有《宋四家詞選》，戈載有《宋七家詞選》，陳匪石 1927 年出了《宋詞舉》，選了十二家詞。龍榆生先生的《唐宋名家詞選》，宋名家詞就是幾十家。咋個辦呢？我確定了兩個原則：它有沒有獨創性？它在宋詞發展史中是不是有著重大意義？根據這樣的原則來確定，就選了十二家。北宋六家，南宋六家。北宋是柳永、晏殊、歐陽修、蘇軾、周邦彥、李清照，南宋是辛棄疾、姜夔、劉克莊、吳文英、王沂孫、

張炎。每家詞我計劃寫兩萬字，這就比一般的詞史篇幅多得多。另外，我想給讀者一個比較完整的印象：第一，簡單介紹一下他的生平事蹟，然後介紹他整個的著作、詞學，他的詞集的版本情況；第二，對他的詞的思想性、藝術性分析，然後再評價他在詞史上的地位。寫起後，四川文藝出版社認為還應該加些概述性的東西，我於是就加了《宋詞的時代文學意義》、《詞與宋代文化生活》兩章，其中包括宋詞的演唱、歌妓與詞的傳播，詞的社會化過程，宋人的詞體觀念的形成、宋詞的發展趨勢，介紹整個詞的情況，然後論述北宋名家詞、南宋名家詞。

　　湯君　您在這本書的藝術分析上用功較多。記得我第一次讀的時候，很感動。您的研究方法，很有特點。請允許我稍微岔開一下。我記得幾乎讀您的比如《中國市民文學史》，《宋詞概論》，《蘇軾詩研究》，《詞學史》，包括以後的《國學論集》，《敦煌文化尋繹》這些，很多時候都覺得是夫子自道，感覺到都是您本人的經歷或者說是思想感情。特別是關於宋代的部份，我記得當年我還曾經寫過很多體會在這些書的天頭地腳。

　　謝桃坊　這個我自己倒是沒啥子感覺，可能是我在分析這些詞的時候，融入了一些自己的情感在裡頭。有人說：「筆尖帶著情感。」但是情感不要偏激，不要過份的融入，應該是有限的融入。

　　湯君　您的《中國詞學史》，既能深入，又能淺出，可讀性很強，也是它影響大的一個原因吧。您完成了它以後，開始轉向了艱深的詞體、詞律的研究？

　　謝桃坊　當寫詞學史的時我五十多歲，那是精力最旺盛的時候。完成後，大概從 2000 年，我就開始關注詞體和詞的格律的研究。這個問題比較難，比較枯燥、繁瑣，純粹屬於實證方法的研究。詞體包括的是詞樂、詞律、詞韻。詞的音樂肯定要研究，但那不是我的長處。我主要研究詞體格律。南宋滅亡以後，詞樂散佚，它變成純文學了。所以到了明代，很多詞學家開始總結它的格律，編訂詞譜。清代初年，萬樹編的《詞律》應該說是集大成之作，是在康熙十八年編成的。他的詞學相當嚴格，這部書的學術價值也極高。康熙五十四年，又由朝廷令王奕清等很多學者重新編訂詞譜，叫《康熙詞譜》，一般叫做《詞譜》。它選的調更加齊備，方法更科學。萬樹已經整理得很好了，他發現了句法，如上三下四，上三下五。其它古典文學當中少用這種句法，詞裡面很多。他把詞的平仄規律做了大量訂正，做得很好。《詞譜》更全面、

更系統，它是旁邊注平仄符號，就是白圈、黑圈、半白圈、半黑圈，這樣注釋，用起來要方便些。從此之後，學填詞者基本上是以這兩種詞譜爲標準，不會離開這個範圍。但是問題在於，這兩種詞譜的問題其實相當多。第一就是他們收了很多聲詩，收了大曲，《詞譜》又誤收了很多元曲。所以只有用律詞的觀念才能解決。

湯君　洛地先生的律詞觀念在我個人看來也非常科學。因爲受您的指點和影響，我在用律詞這個概念檢驗敦煌曲子詞的時候，發現可以幫助理清敦煌曲子詞研究中的很多混淆的概念。用律詞的概念去考察敦煌曲子詞，則盛唐時代的《雲謠集》以及稍後歸義軍時代的曲子詞，它們和五代蜀地的《花間集》乃至宋詞都有一脈相承的血緣關係。

謝桃坊　洛地先生跟我是好朋友，他很多詞學觀念和我是反起的，但他的律詞觀念我是完全接受的。九十年代後期，洛地先生發表了很多律詞的意見，我完全支持。我比洛地先生應該說發揮得更夠，更好。我想編一部新的詞譜，取代萬樹和王奕清的詞譜，作爲詞體研究的新規範。但是人家咋個相信你呢？你整這些東西，要學術界相信你，要出版社相信你，你必須在重要雜誌上發表系列的文章。我於是 1999 年在《文學遺產》上發表了一篇《詞譜檢論》，後來又發了一篇《唐宋詞調考實》。那個時候，我的《唐宋詞譜粹編》也出來了，就把它寄給上海古籍出版社總編室，商量說想編一部《唐宋詞譜校正》，選 500 個詞調，大約 50 萬字，八個月交稿。他們同意了。結果從 2011 年 1 月份起，到 8 月，剛剛八個月，我完成了 55 萬字。我完成這部書的時候，很累。好在我不用到圖書館去借書，家裡的資料和工具書完全夠了。這部書出來後，其中有些排印上的小錯誤，只能等到以後再版的時候糾正了。我是想做到能夠體現我們這個時代關於詞體研究的比較科學一點的水準，努力去做，只是努力而已，可能還有些缺憾。這部書出來以後，學術界也很歡迎。我感覺遺憾的是啥子呢？還有三百多個調我沒有編完。如果編完了，就好了。所以我關於詞學研究，自從《唐宋詞譜校正》出來後，就算有個圓滿結束了。以後可能還會寫點文章，但不會太多了。

湯君　您以前跟我聊過，您不願意建構一個理論系統或者學術系統。但是從您對宋詞的研究，到對詞學史的研究，再到詞譜的整理，它其實是一個比較圓滿的系統研究了。

　　謝桃坊　是的，它們構成了一個我研究詞學的系統，所以我說我的宋詞研究基本上圓滿結束了。

　　湯君　您剛才談到的一點對我來說特別觸動，很受教益。那就是您為了讓自己的《詞譜》取信學術界，努力先發表高品質的系列論文。

　　謝桃坊　這裡面我的一個經驗是：自己的《詞譜》要讓出版社能夠接受，你咋個讓人家相信你的是正確的？所以必須發一系列的文章，經得起學術的檢驗，人家才接受。為了達到這個目的，你得逐步地一個難題一個難題的解決，最後弄出來，讓人家接受。所以這譜八個月之內完成之後我很累，從此我再也不寫專著了。

　　湯君　目前國內詞學研究，您也算是最完整的一家了吧？

　　謝桃坊　那些東西，還是讓人家評價比較好，反正我盡到我的努力就夠了。應該說我在現代詞學方面是有一定的影響的，可能客觀上也能夠推動現代詞學的發展，提出一些新的理論。我整個治學，應該說主要是詞學。其它一些同行呢，有些成就也比我高，但是我可能比他們要全面一些。特別是解決詞體研究的方面，可能國內是相當少。所以最近河北大學準備請我去講學，就是講關於詞體的研究。

　　湯君　您主要的學術定位是詞學，它們的長久生命力已經從它們一再重版中得到顯示了出來。一個學者做到這些已經很不容易，很了不起了，可是您居然在此期間還成就了同樣也顯示出了長久生命的幾部「插曲」？您自己曾經把它們形容為「隻部插曲」，但其實都是些非常專門的研究。

　　謝桃坊　我的主要研究還是詞學。這三部插曲，有些是偶然的，有些是我需要休息一下子進行的學術轉移完成的。現在我就說說這三部插曲：第一部，是《蘇軾詩研究》。關於蘇軾的評價，建國以來基本上是否定的，因為蘇軾反對王安石新法，便把他作為大地主的代表。新時期剛剛到來，也正是撥亂反正的時候，四川成立了蘇軾研究學會。我發現，關於蘇軾詩歌的研究，當時還沒有一部學術專著。可能是因為，要把蘇軾詩這二千七百多首，分散研究可以，把它看作一個藝術體系作為整體去把握，很不容易，應該說是很多人駕馭不住的。我當時讀了幾遍蘇軾詩，照樣的感覺難下手。最難的是藝術分析，因為宋詞的藝術分析我駕輕就熟，但對蘇詩的分析，他的藝術成就究竟在哪，很難掌握。給我最有指導意義的、幫助最大的，是紀昀評點的《蘇文忠公詩》。這部書恰恰我們院裡頭有，清代的刻本，我把它全部借出來了，

宣紙印的，還是套色印的。紀曉嵐的分析，把藝術特點說的很到位，我一下子懂了，能夠進行蘇軾詩分析了。

　　湯君　您的這部著作，還是運用了歷史唯物主義的文藝觀點，所以比較強調他的詩的思想性。

　　謝桃坊　這個理論框架我還吸收了季莫菲耶夫的那些理論。現在看來，那麼多年它還有影響，主要是寫得比較樸實，也基本上抓住了蘇軾詩的思想和藝術特點。寫得薄弱的是蘇詩對後世詩歌的影響，比較草率了一些。遺憾的是，我應該寫蘇軾的詩學思想。蘇軾有詩歌理論，我當時忽略了。最近我完成了一篇文章，就是《蘇軾詩學思想的意義》，交出去了，算是把這個缺點彌補起來了。總之這部書，在某些方面顯得還有點小問題，但總體上說，也算第一本關於蘇軾詩研究的著作，可能對想理解蘇詩的人，還是有一定指導意義。如果今後有機會出版，我還要修訂。

　　湯君　您的這種自我完善的精神真的很了不起！您自己的著作不需要等待別人的檢討，一般人也沒有那個高度。但您自己在檢討自己，不斷地自我超越。這就是您之所以成就斐然，學術生命力持久不衰的一個原因吧！您的這種精神其實還用在《敦煌文化尋繹》這部通俗著作上。我記得初次見到您寫這部書時，那個夏天，您狹小的客廳裡擺了一把椅子，那上面堆了幾十本灰不突突的敦煌學方面的著作。您對我說：「嗯，別看這是一部通俗的小書，要把它寫好，還真不容易，得全力以赴！」我至今都能重新體驗到當時的那種感動，真的很受教育。

　　謝桃坊　《敦煌文化尋繹》，那是偶然的插曲。2006 年，我正在寫《市民文學史》。有一天我到四川人民出版社閒談。編輯王華光是山東大學朱德才先生的研究生，研究宋詞的碩士生，他恰恰在編一套「失落文明」的叢書，我談到敦煌文化也是失落的文明，如果不是 1900 年那個偶然的發現，可能誰也不知道它，因而算是失落的，失落又找到的。我說了過後就算了。誰知道沒有好久，他就約我寫這本書。他說謝老師，你寫敦煌文明這本書，不管你咋個寫。哎呀，我說，我不是專門研究敦煌的，咋個寫呢？他說你不是完全不懂，正因為這種情況，你對敦煌學有客觀的看法。如果真正找那些研究敦煌學的人來寫，他距離很近，對敦煌文化沒有全面的看法，寫出來恐怕還不適合我們；而且這書是比較通俗的，找你來寫最合適。我答應了，三個月就寫完了，又作古正經的抄了三個月。我覺得除了現在看到的敦煌學這類書而外，

以前介紹敦煌的，多半介紹敦煌藝術，比如姜亮夫的《敦煌，偉大的藝術寶藏》。我重點想介紹敦煌的文獻，敦煌文獻裡頭一大半都是佛經，但是其它的都很寶貴。還有，這些敦煌文獻藏在莫高窟，誰藏的？這些是啥子性質？有人說是佛教徒藏的，是佛家的文獻；方廣錩說的是廢紙。大概主要是這兩種意見。

湯君　您的結論說是歸義軍政府藏的。

謝桃坊　這是我提出來的，沙州都督府文獻。我形成了一篇文章，就是《敦煌藏經洞之沙州都督府文獻》，在《文獻》雜誌發了。這是一種新的說法，是我寫這本書發表的唯一文章，也自成一說。我寫這本書主要想表達一個意思，就是我們中國學者把研究敦煌學作爲一種使命感，那麼艱難地到處去搜集敦煌文獻，進行很艱苦的研究。年輕學子讀了此書讓他們產生學術的使命感，我的目的就達到了。

湯君　你的書就是這個特點，始終感覺到一種情感的流淌，它有感染力。包括《中國市民文學史》也是這樣，當時我讀它的時候也做了很多筆記。

謝桃坊　我在《中國詞學史》完成之後，感覺到詞學研究又告一個段落，一下找不到新鮮的感覺。怎麼辦呢？當時的行流歌曲在中國大陸興起，通俗小說也盛行，鴛鴦蝴蝶派小說又盛行，好像是市民文學再度興起。

湯君　好像那是瓊瑤小說、武俠小說都紛紜而起。

謝桃坊　是很盛行，所以我就研究市民文學。這個研究相當困難，比如胡適有《白話文學史》，鄭振鐸有《中國俗文學史》，曹聚仁有《平民文學概論》，他們的內容我不願意重複。而且最麻煩的是，「市民」這個概念基本上是外國引進來的。中國有市民，但是沒有這個概念。那麼中國有沒有市民階層，這個市民階層什麼時候興起的更難確定。啥子叫市民文學，市民文學啥子時候興起的，也很難確定。1940 年，茅盾先生在延安魯藝講學，就講過中國市民文學，寫了部《中國市民文學概論》，但是這部書的書稿很快在戰爭中遺失了。茅盾先生晚年回憶錄中談到講市民文學的情況，但是他的觀念還是有些問題。市民文學的興起是屬於歷史研究和經濟史研究的範圍，我花了很多時間閱讀關於經濟史的著作，日本加藤繁和美國湯普遜關於中國經濟史的著作使我很受益。我只能把市民文學中最能代表市民思想意識的這些東西提出來，一般的就不談了。每一個題弄起來，材料都幾乎是浩若煙海，所以進度很慢，斷斷續續七年，寫了三十萬字，發表了系列文章。我在這部書裡，

想表達我們中國傳統文化中最富活力的一種精神。這種精神產生的時間，也和歐洲文藝復興產生的時間差不多。國外捷克斯洛伐克學者胡克實，他也有這個意見。我這部書，應該說寫得最流暢，我是放手在寫。另外，有些觀點相當大膽，我以爲不能發表的，結果有時又還發表了。我有些論斷也大膽，但是經過份析後，還不得不承認，它還有點文化意義，是我們中華民族的最活躍的精神。

湯君　您的路子眞的是與眾不同。您前期的學術積纍，一點都沒有浪費。我覺得在您的國學研究中，這些積纍又重新爆發了一次，而且功力積澱的愈加深厚。

謝桃坊　1997 年上海古籍出版給我出了《宋詞辨》的論文集。2006 年我再給他們聯繫，把《詞學辨》這個論文集給他們，主要談詞學、詞體，裡面有很多繁瑣的考證文章。如果說《宋詞辨》那本書一般的讀者都可以看，但《詞學辨》這本書就相當專門、相當枯燥，考證文章居多。結果他們接受了，同意出。所以我交稿後，又感覺詞學研究告一大段落了。我咋個辦？這個時候，我們國內的國學研究熱潮正在興起。我瞭解基本情況後，就轉入國學研究。當時對於國學這個概念，其實大家都很模糊。我看了一些資料後，認爲國學可能就是我們中國傳統文化的學術，但是深入下去之後，發現還不是這樣的。所以我花了很長的時間，寫了一篇《論國學》。

湯君　您在這篇文章中認爲，國學是以科學考證方法研究中國傳統文化中的若干狹小問題，是一門綜合性的傳統學科。

謝桃坊　簡單說，國學屬於考證學。郭沫若就是這麼看的，其它也有人這麼看。國學就是考據學，它只能研究狹小問題。如果研究大的問題，就得涉及理論，就不屬於國學了。我這個見解要得到人家承認，就必須發表出來，而且要在重要雜誌上發表出來，所以我就寄給《學術界》。安徽的《學術界》是一個很有名刊物，辦得很好，很具有前沿性。恰恰第二年，2007 年，中央文史館舉辦國學論壇，四川省文史館派我參加，我提交的文章就是《論國學》。國學研究對象跟方法？它解決啥子問題？那篇文章談的是這個。我做了發言，可能當時還有很多人不贊同我的看法。這篇文章在 2007 年由《學術界》刊出了，被改成《國學辯證》，是一位老編輯很看重這篇文章。後來這篇文章又收入了中央文史館編的《國學論壇》論文集裡，《江蘇文史研究》又轉載。關於國學，我給學術界提出了一種新的見解。

　　湯君　記得您最初在構思這篇文章的時候，跟我聊到這個見解，老實說當時我還很恍惚惶惑。可是及至拜讀了您大作以及後來為您的《國學論集》寫書評的時候，我不得不深深佩服您堅持真知的智慧和勇氣。因為您所有的結論都是依據國學的歷史進程而來的，拿出如此之多的詳實證據，我知道您的這個觀念並不容易被反駁。

　　謝桃坊　我研究國學，是從歷史入手。我先要瞭解國學的歷史，也就是說從章太炎起，一直到民國時期有關國學運動的概況。有哪些高等院校辦過國學研究所？出版過哪些國學刊物？從歷史來瞭解，這樣才可能給國學下個合理的定義。大致說來，章太炎和《國粹學報》那一批國粹學派，他們提倡國學的目的是改良國民性，救中國，是懼怕西方新思想的傳入會使中國傳統文化受到影響。他們要力圖保存國粹，認為保存國粹就保存了中華。他們理解的國粹就是儒家的倫理道德，所以他們的目的不是純粹的學術，而是想宣揚儒家的倫理道德來救中國，來改變世道民風。這一批人是屬於文化保守主義者，他們跟新文化實質上是對抗的。1919 年，胡適發表了《新思潮的意義》。他是站在新文化的觀點上來談國學，提出用科學的方法整理國故。後來胡適在 1923 年發表了《〈國學季刊〉發刊宣言》，代表新文化派對國學、對中國傳統文化的態度。胡適當時理解的國學是：凡是研究中國過去的一切文化的就是國學。這個定義有點空泛。胡適關於國學的論辯，主要是做小說《紅樓夢》《水滸傳》《儒林外史》《鏡花緣》《兒女英雄傳》等系列的考證。尤其是對《紅樓夢》的考證，是那時經典的國學研究論文。顧頡剛在 1926 年發表了《北京大學國學門週刊發刊詞》，他認為國學就是研究中國的歷史，是把國學等同於史料學。這個定義太狹隘了。同年，顧頡剛又發表了《古史辨》的第一冊的序言，以疑古的精神探討了很多中國傳統文化當中的細微問題。我認為古史辨派是國學運動的一個主要的流派。1928 年，傅斯年在中央研究院創立了歷史語言研究所，形成了中國的歷史語言學派。這個學派它同樣是以科學的考證方法來研究中國歷史上的小問題。但它和古史辨派有點不同。古史辨派研究的盡是些敏感的問題，影響很大的問題。他們呢是學院派，研究整個中國歷史上的問題。古史辨派主要是研究漢以前的古史，而他們則是把中國古代一直到清代很多細小問題都做了研究。所以這個派別我認為也是國學運動中的一個流派。關於這兩個學派我都發表過文章。《古史辨派在國學運動中的意義》發表在《文史哲》，《論傅斯年與歷史語言學派在國學運動中的意義》發

表在《社會科學戰線》。我這兩個論點，應該說都能成立。從國學運動的歷史來看，基本上是國粹派跟新思潮兩個派，應該說新思潮派是主流。我們談國學，主流應該是這一派。這些考證看起來與我們的現實無關，但其實它有相當重要的意義。所以顧頡剛說這種研究是我們國家的學術命脈。

湯君　感覺您談國學運動在四川的時候，談得特別輕鬆和熟練。

謝桃坊　是。因爲抗日戰爭時期，國學運動的中心就轉移到四川來了。重慶成爲國學研究的中心，成都也還可以，所以我才寫了《四川國學小史》，2012 年出版了《國學論集》。去年我建議我們社科院和四川省人民政府文史館合作，辦一個純學術的雜誌，就是《國學》集刊，得到我們院領導的支持。現在第一集已經出了，第二集馬上付印。這個事情是成功了。第一集三十多篇文章，考證文章就佔了三分之二。在《國學》集刊發刊詞裡，我把我這個觀點是表述清楚了的。我們不觀照現實，不搞普及，不搞教育。這是研究國學最高級的一個刊物，我們要保持它的純學術性。正因爲這一點，我們得到很多人的支持。

四、治學經驗與遺憾

湯君　一整天的訪談，您給我們提供了以前從未有過的豐厚信息，太辛苦了。我想請您給廣大的青年學者聊聊您治學的經驗。

謝桃坊　好！因爲我年輕時代被耽擱了，我眞正從事專業的學術研究是到社科院之後。1981 年到現在已經三十五年了，這當中經驗教訓也多，我想談談主要的經驗。第一，要有學科意識。從事某一研究，就應該知道這個研究在學科歸屬上屬於哪一科？東一下，西一下，沒有學科意識，始終形成不了專業。所謂專業，就是一個學科歸屬的問題。現在我們說的這個學科，最好是第三級學科。比如就文學來說，文學是一級學科，中國文學是二級學科。以下以時代來分，以題材來分，如詞學應該屬於三級學科。所以一般來說以三級學科來定位最好，它就稍爲專門一點，不會空泛。你必須對這個學科有興趣，要有系統的知識。還有，要有學術使命感，這種使命感驅使你有責任去發展你的學科。怎樣去發展你的學科呢？是既有短期的規劃，也有長遠的規劃，一步一步很艱難地去實現。第二，是學術的轉移。學科研究當中，某一階段學術成果出來後，暫時找不到新的感覺，需要一個學術休息的時候，最好向鄰近的學科轉移。這要由知識結構決定，

要既感興趣又能夠駕馭得住。因為一轉到新的學術園地後，馬上就會有新的感覺，就會發現新的課題。因為不是一直從事這個學科的研究，可能就會很客觀的看待這個學科的學術情況，會發現一些長期研究那個學科的人沒有發現的問題。而且，你的視角也就不同了。我的治學情況自己分析了一下，大概是七年一變，七年一個週期。每一次變化都是向鄰近的學科轉移，這樣才能保持學術的旺盛生命，才能有活力，學術視野也就不斷擴大，路子也就越走越廣闊。這又跟博覽泛觀有關係，跟廣博的知識有關係。第三，是學理的探究。這就是對研究對象做更深的理論意義的發掘，這使智慧達到一種很高的理論層次。我所以一再說這是學術研究的靈魂。但是要做到這一點，很不容易，我們只能一步一步地去逼近它去追求它。總的來說就是這三點，其它細的就不說了。

湯君　很了不起，很受益，很感動。那麼謝老師，您在治學過程當中，有沒有感到還有缺憾或遺憾的地方？

謝桃坊　有。先說缺憾。我的缺憾也多。在知識方面，我缺乏科學知識。

湯君　咱們人文學者，為什麼一定要具備科學知識？

謝桃坊　不，一定要有。我沒有讀過中學，沒有讀過初中和高中，沒有受到正規的自然科學教育。

湯君　但是那些不都是些很淺的知識麼？

謝桃坊　不不，你不懂，你別看到它淺，不不。還有就是我沒得宗教知識。不管佛教、道教、基督教，其它啥子教，我都不喜歡。我這個人是沒得信仰的，我不信這些。因為我受了歷史唯物主義思想的影響，我是無神論者，不相信超自然的力量，所以我跟宗教無緣，在本質上是自由主義者，啥子都不信。還有外語呢，我只學過一年俄語，就學不起走了，這也是缺憾，知識結構上的缺憾。另外，因為我不用電腦，我也不想學它。我認為用電腦有很多缺憾，現在就不說了。我的信息來源就不如你們。對新的出版信息，發表的文章，你們去檢索得很全面，我不檢索，就不曉得。還有呢，我僅僅是個普通的研究人員，所以缺乏學術資源的支持。這些缺憾都對我有很大的影響。我想，人不可能有十全十美，總有缺憾。你要想有成就，就必須揚長避短，充分發揮你的潛力就夠了。可能我就善於揚長避短。

湯君　這恰好就是聰明，就是智慧。

謝桃坊　不是聰明，只是善於發揮自己的潛力。好多人的潛力沒有發揮出來，很可惜。我遺憾的是，我的詞學無傳人。《詞學》的主編馬興榮先生是四川人，他多次說過希望把我的詞學傳下去，但是傳不下去。

湯君　我自己首先深感慚愧。

謝桃坊　我想編一部完整的詞譜，但是精力不夠了，也缺乏資源的支持，那個工程太大了，我完不成它。我想寫一部《國學史》，我完全有這個能力，掌握的資料也多，但是還很不夠，還要做很多的考察，所以僅僅寫了一部《四川國學小史》，《國學史》是完不成了。即使《四川國學小史》想修訂，也沒得條件了。當然還有很多課題，都無法了。這些都是我的遺憾。這些有待年輕的這一輩去完成了。人總是有遺憾的，不可能完滿。

湯君　最後，可不可以請您對當前的學術界提出些批評，或者給出些建議意見？

謝桃坊　我對當前的學術界的情況，應該說瞭解的不多。但是我感到有幾點是很不好的。第一，我感到申報課題，搞課題，可能會誤了一代學者。有些課題，重要的課題應該做。但是現在的情況是怎樣的呢？一種是他的成果已經成熟了，去申報一個課題，不過就是給點經費。還有一種情況，他對那個課題並沒有很深入的研究，去申報一個課題，把經費拿到手，草草率率的完成。還有一種情況是，一些有名的學者，申報課題很容易。他像包工頭一樣，包個工程下來，叫弟子們給他做事情，他來主編。這耽擱了年輕人出成果，盡是幫他做，幫包工頭打工，這是最惡劣的。實際上這些成果出來後，因爲研究的問題窄，品質不高，草率完成，所出的優秀成果是微乎其微的。年輕人老是靠著這些名家做課題，結果是沒有進入眞正的學術研究，可能會誤一代人。第二，我認爲各種評獎制度完全可以取消，沒得必要。從中央到各省到學校到各級，那個評獎，就像徐無聞老師說的是下大染缸。你不曉得這個獎是咋個評出來的，看著是公正的，眞正有價值的沒有評出來，其中參雜的因素太複雜。第三，中國學者發表的文章和出版的著作現在是世界第一，但很多是屬於沒得價值的。原因跟機制有關係。其實高校應該採取一般的教師和搞研究的分離，科研輔助人員與科研人員分離。不適合搞學術的，不要要求他搞學術。第四點，大型課題很多是無學術意義的。還有資料彙集式的、那些重重疊疊的，它有啥子意義？資料價值都說不上，是浪費資源。還有就是可以不必校注的，還有那些大而空的課題，都不要再搞了。我說這些是尊

重哲學社會科學發展的自身規律，要提倡學術的獨立和自由。我們這個時代可以說是學術的繁榮了，但應該有悠久生命力的那種學術著作出現，應該有不愧於我們這個時代的真正學術著作出現。總之，在學術繁榮的情況下，你們這一代，使用著先進的學術工具，你們也能幹，你們也聰明。現在博士生很多，十個裡面有一個成功就不得了。未來的學術就寄希望於你們這一代了。

湯君　好，非常感謝您！這場漫長的訪談，太辛苦您了！但我相信，不只是我自己，所有有緣讀到這篇訪談的年輕人都會從中受到真實的教益。真誠的祝您永葆青春活力，健康長壽，學術生命之樹長青！（在此作者特別鳴謝四川省社科院文學研究所彭東煥師兄協助錄音和筆記！）

附記：此錄乃湯君教授據訪談之原始記錄整理的，在《文藝研究》雜誌二〇一六年第九期發表時，內容已作改動和增刪，標題亦有改動。我仍喜歡此原始對談，它更真實和自然。讀者可由此瞭解我的治學情況；故以作附錄。

謝桃坊

2016 年 10 月 25 日識於奭齋